PATRIK KÜHNEN | FELIX GREWE

Enjoy your Game

Warum Tennis das schönste Spiel des Lebens ist – und wie du immer gewinnst!

NEUER SPORTVERLAG

Für die Tennis-Community

Vorwort

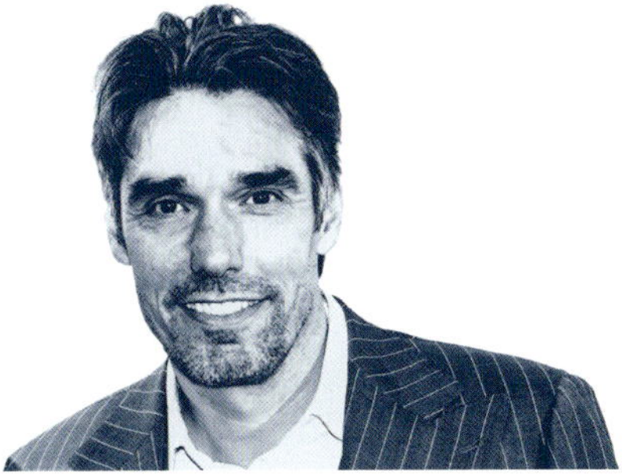

Liebe Leserin, lieber Leser,

als Patrik und Felix mich baten, das Vorwort für ihr Buch zu schreiben, war ich sofort gerne bereit, ihrem Wunsch nachzukommen. Nicht nur weil mich mit Patrik eine langjährige Freundschaft verbindet, sondern auch weil Tennis einen großen Teil meines Lebens bestimmte und meine Leidenschaft für diesen wunderbaren Sport auch 25 Jahre nach Ende meiner Profikarriere noch immer Bestand hat. Tennis hat mich so viel für das Leben gelehrt. Deshalb finde ich es auch großartig, dass Patrik und Felix in diesem Buch genau diese Aspekte beleuchten und immer wieder einen Transfer vom Sport zum Leben herstellen.

Tennis war und ist für mich in erster Linie ein Spiel, das gespielt und weniger gearbeitet werden sollte. Es soll Freude machen. Die Freude darüber, dass einem der eine Schlag gelungen ist, von dem man glaubte, man könnte ihn nicht. Oder das Glück, das man empfindet, wenn man ein wichtiges Match gewonnen hat. Aber auch Frust gehört dazu. Der Frust über den schlechten Tag, an dem einfach nichts klappt und man glaubt, nicht gut genug zu sein. All das macht ein Spiel aus. Emotionale Höhen und Tiefen, ähnlich wie bei „Mensch ärgere Dich nicht“. Als ich Kind war, haben wir es oft mit der Familie gespielt. Ich kenne kein Spiel, bei dem man Emotionen so sehr im

Spannungsbogen zwischen Glück und Frust erlebt. Für mich war es damals schwer, das Spiel nur als solches zu sehen und sowohl Sieg als auch Niederlage gleichermaßen zu akzeptieren.

Beim Tennis kann man vieles selbst gestalten und beeinflussen. Aber die Tatsache, dass ein Gegner auf der anderen Seite steht, macht es schwieriger. Und dann ist da noch der unvorhersehbare Faktor Glück, der häufig ebenfalls großen Einfluss hat. Dies habe ich 1991 in Wimbledon selbst erlebt, in dem Jahr, als ich den Titel gewann: In der Runde der letzten 16 war ich gegen Alexander Volkov eindeutig auf der Verliererstraße und stand kurz vor dem Aus. Im fünften Satz lag ich mit einem Break hinten und war mit meiner Leistung sehr unzufrieden. Als Volkov zum Match servierte, gelang mir ein Passierschlag, der zunächst die Netzkante berührte und anschließend auf der Linie landete. Dieser eine Punkt brachte die Wende: Volkov haderte mit sich und mir gelang nicht nur das Break, sondern ich gewann auch das Match. Der Rest ist Geschichte. Dieses Beispiel zeigt, dass man nie den Glauben an sich selbst verlieren darf, egal wie es läuft. Denn trotz meiner Unzufriedenheit habe ich während des gesamten Matches immer daran geglaubt, gewinnen zu können. So wurde ich 1991 schlussendlich Wimbledonsieger.

Der unerschütterliche Glaube an die eigenen Möglichkeiten machte beispielsweise Andre Agassi zu einem großartigen Champion. Andre war als Spieler bekannt dafür, Punkt für Punkt zu spielen. Er glaubte immer an seine Chance – völlig unabhängig vom Spielstand. Nicht zuletzt dadurch war er ein extrem unangenehmer Gegner und wurde zu einem der dominierenden Spieler unserer Zeit. Und vielleicht ist dies auch einer der Gründe, warum ich es nie geschafft habe, gegen ihn zu gewinnen.

In diesem Buch wird beschrieben, welche Dinge man beim Tennis beachten und bedenken sollte. Es soll Hilfestellungen geben, um mit Situationen sowohl auf als auch außerhalb des Platzes umzugehen. Die Tipps und Anregungen sind geprägt von den Erfahrungen eines ehemaligen Profis einerseits und denen eines Freizeitspielers andererseits. Und obwohl diese beiden Welten scheinbar sehr weit auseinanderliegen, so gibt es doch erstaunlich viele Parallelen. Denn egal auf welchem Level man spielt, die

Herausforderungen eines Tennismatches sind sehr ähnlich. Und die mentalen Anforderungen sind vergleichbar, unabhängig von der Spielstärke.

Tennis ist ein Spiel, das Spaß machen soll – für mich ist es das schönste der Welt. Aber es ist dennoch nur ein Spiel. Eines, bei dem es darum geht, sich selbst so zu akzeptieren, wie man ist, und aus seinen Fehlern zu lernen; sich zu hinterfragen und immer an sich zu arbeiten. Mit seinen zahlreichen Facetten kann Tennis aber auch für den Alltag ein wertvoller Lehrmeister sein – für den Umgang mit Siegen und Niederlagen. Und es kann uns anspornen, das Beste aus uns herauszuholen.

Ein Satz, der mein Leben geprägt hat, ist in Wimbledon in einen Holzbalken über dem Spielereingang zum Centre Court eingebrannt: „If you can meet with triumph and disaster and treat those two impostors just the same …“
Dieser Auszug aus Rudyard Kiplings Gedicht „If“ besagt, dass man den Centre Court nur betreten sollte, wenn man sowohl im Sieg wie auch in der Niederlage gleichermaßen respektvoll mit sich, seinem Gegner, den Zuschauern, dem Schiedsrichter, den Ballkindern und den Linienrichtern umgeht. Für mich bedeutet es, dass es im Sport und auch im Leben nicht immer nur darauf ankommt, ob ich gewinne oder verliere, sondern vor allem darauf, wie ich mich in den unterschiedlichen Situationen mir selbst und auch meinem Umfeld gegenüber verhalte.

Ich wünsche Ihnen viel Freude beim Lesen dieses Buches und hoffe, dass Sie die eine oder andere Anregung bekommen – als Tennisspielerin bzw. Tennisspieler, vor allem aber auch als Mensch.

Ihnen alles Gute!

Ihr

Michael Stich

Inhalt

Warm-up

Schön, dass du dir die Zeit nimmst für **„Enjoy your Game"**! Eines vorweg: Es ist kein typisches Trainingsbuch. Dieses Werk ist zum Schmökern, Schwelgen und Reflektieren. Eine Sammlung von Gedanken und Impulsen, Fragen und Antworten, Zitaten und Anekdoten, Geschichten und Erinnerungen rund um den schönsten Sport der Welt. Ein bunter Mix aus Inspirationen für dein Tennisspiel und dein Leben – es gibt schließlich so viele Parallelen. Zusammengestellt aus den Erfahrungen eines dreifachen Davis-Cup-Champions und eines routinierten Freizeitspielers. Der eine von uns hat in den größten Stadien der Welt aufgeschlagen, Jimmy Connors in Wimbledon besiegt, Andre Agassi bezwungen und im Doppel mit Michael Stich und Boris Becker historische Siege errungen. Der andere kennt die Profitour als Journalist und beschäftigt sich seit vielen Jahren als Coach mit den mentalen Herausforderungen des Spiels. Zwei völlig verschiedene Biografien – und doch viele Gemeinsamkeiten. Vor allem: die Liebe zum Tennis. Dieser Sport verbindet Menschen auf der ganzen Welt miteinander. Wer den Ball öfter, schneller und präziser über das Netz peitscht, ist dafür nicht wichtig. Was sich auf dem Center Court von Wimbledon erleben lässt, unterscheidet sich in vielen Aspekten nur unwesentlich von den Möglichkeiten auf den rund 40.000 Ascheplätzen in den deutschen Clubs. Auch darum soll's in diesem Buch gehen.

Das wichtigste Spiel bestreiten wir selten gegen unseren Gegner auf der anderen Seite des Netzes, sondern meist gegen uns selbst. Oft spielen wir gegen unsere eigenen Ansprüche und Erwartungshaltungen, manchmal auch gegen die der anderen, die wir uns zu eigen machen. Wir kämpfen um Respekt und Anerkennung, die uns der Erfolg gefährlicherweise verspricht, und vergessen dabei, wie wichtig Spaß und Leichtigkeit sind. Es gibt Menschen, die glauben, ein Gewinner sei in der Gesellschaft mehr wert als ein Verlierer. Sie knüpfen ihren Selbstwert an Siege und stehen deshalb ständig unter Druck, werden von Selbstzweifeln und von der Angst vor dem Scheitern geplagt. So können auf einem Tennisplatz mentale Entgleisungen brutalster Art entstehen. Jede Spielerin und jeder Spieler kennt diese Gefühle – vom Anfänger bis zum Profi. Oft scheint es jedoch so, als würden die größten Stars, die um einen Haufen Preisgeld, Weltranglistenpunkte und Rekorde kämpfen, mit mehr Gelassenheit ans Werk gehen als so manche Freizeitspieler, die am Sonntagmorgen für ihr Punktspiel in der Bezirksklasse mit bleierner Schwere in Kopf und Beinen über den Court schlurfen.

Tennis ist ein Spiegel des Lebens. Diese Botschaft zieht sich durch die mehr als 250 folgenden Seiten, die voller Anregungen und Gedanken stecken. Werkzeuge für die Konzentration und den Umgang mit den Stimmen im Kopf. Anstöße für ein bewussteres Training, Tools fürs Match, Übungen zum Experimentieren, Impulse zum Nach- und Umdenken. Was du nicht finden wirst, sind klassische Anweisungen, Richtig-und-Falsch-Schubladen, erst recht keinen Zehn-Punkte-Plan zum Erfolg. Alles, was wir dir präsentieren, sind Angebote zum Ausprobieren, damit du herausfinden kannst, was für dich funktioniert und was nicht. Um eigene Erfahrungen zu machen und zu lernen, anders als normal zu denken, mutig und neugierig zu sein.

Lies dieses Buch am besten nicht wie einen Roman von vorn bis hinten. Besser ist, du blätterst es einfach durch und tauchst dort ein, wo deine Aufmerksamkeit hängen bleibt. Packe es weg, wenn das Interesse abflaut. Hole es vor oder nach einem Match aus deiner Tasche, schlage es irgendwo auf und vertraue, dass dir diese Seite jetzt genau den richtigen Impuls liefert. Funktioniert so nicht das ganze Leben?

Dieses Buch lädt dich ein, Tennis als ein Spiel zu betrachten und dich an deine Leidenschaft fürs Spielen zu erinnern. Dich weniger an deiner mittelmäßigen Rückhand oder deinem unrunden Aufschlag zu reiben, sondern die Begeisterung fürs Bälleschlagen an sich zu priorisieren. Das ist nämlich nicht nur für die Seele gut, sondern auch für die mittelmäßige Rückhand und den unrunden Aufschlag. Wir wollen dich ermuntern, mit (Denk-)Gewohnheiten zu brechen und Neues auszuprobieren. Grenzen zu verschieben, weil sie ohnehin nur im Kopf existieren. Das Buch soll dich inspirieren, anders zu denken als bisher! Am besten weniger, weil die meisten Menschen zu viel denken – besonders beim Tennis. Das ist nicht einfach, aber man kann es trainieren wie einzelne Schläge oder die Beinarbeit. Oft lassen wir uns von unserem Denken lenken, einschränken, benutzen. Besser wäre es, die Fähigkeit zum Denken bewusster und gezielter einzusetzen, nämlich so, wie sie uns nützlich ist. Das funktioniert bei niemandem immer. Aber bei jedem immer öfter, der es übt.

Unsere wichtigste Message lautet: Tennis kann so einfach sein – und glücklich machen. Mit der richtigen Einstellung ist das Spiel wie ein Kurzurlaub für den Kopf. Ein Ausflug aus dem lauten, hektischen Alltag in eine von weißen Linien eingerahmte, ganz andere und wunderbare Welt, in der nichts mehr zählen sollte als die Freude am Spiel. Finde es selbst heraus ...

Enjoy your Game!

Patrik Felix

„Manchmal ist man einfach nur glücklich beim Spielen. Einige Leute, auch Medien, verstehen nicht, dass es okay ist, einfach nur Tennis zu spielen und es zu genießen. Sie denken, man müsse alles gewinnen, es müsse immer eine Erfolgsstory sein. Und wenn nicht, was ist dann der Sinn? Vielleicht muss man zurückgehen und überlegen: Warum habe ich angefangen zu spielen? Weil ich es einfach mag. Es ist ein Traumhobby, das zu einer Art Beruf geworden ist. Manche Leute verstehen das einfach nicht."

ROGER FEDERER

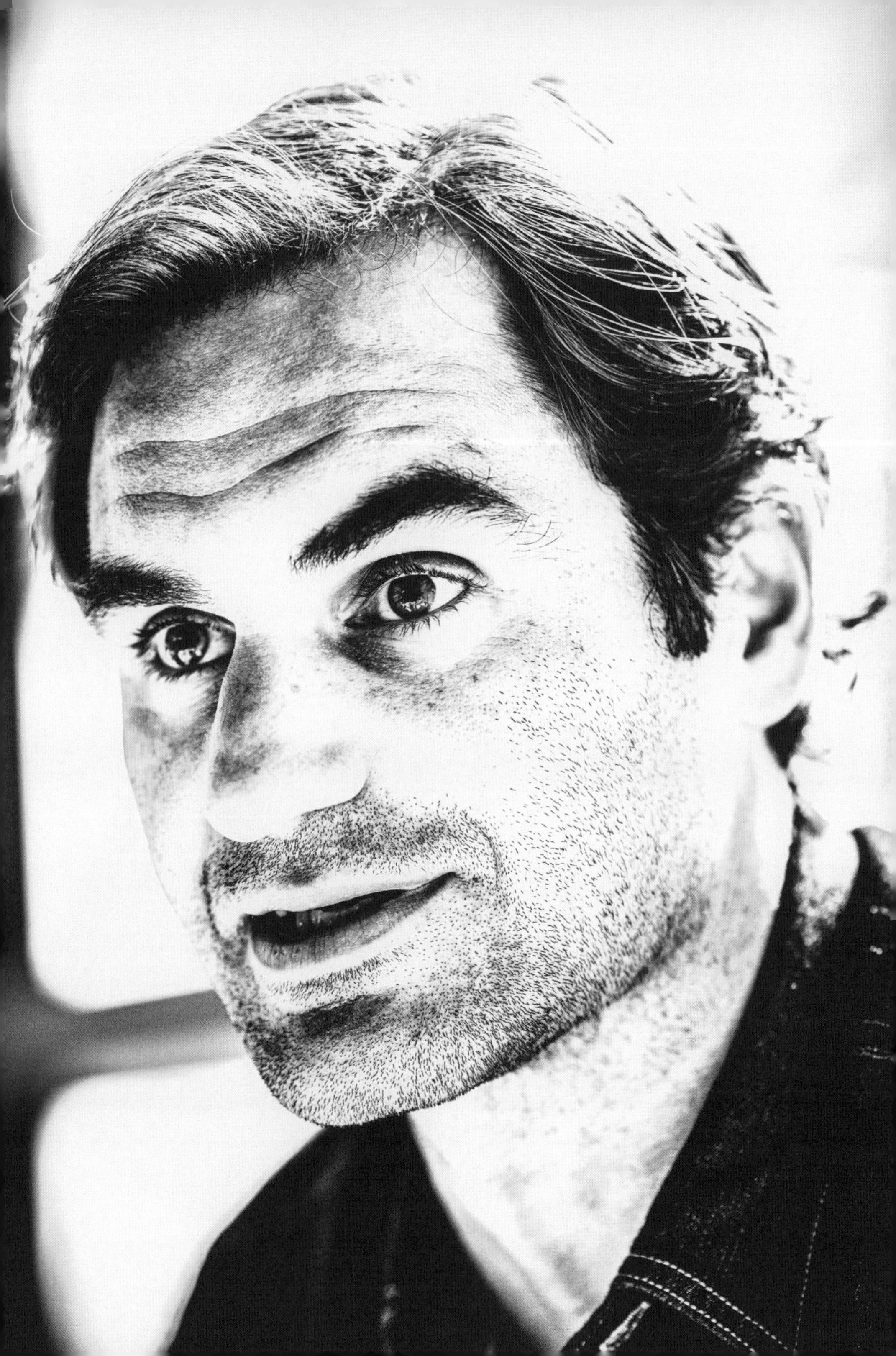

Nimm dir Zeit für die Beantwortung der Frage. Ein paar Minuten, ein paar Stunden, vielleicht Tage oder Wochen. Schreibe alle Gedanken auf, die dir in den Sinn kommen. Welche Antworten überraschen dich? Welche neuen Erkenntnisse entstehen daraus? Kehre von Zeit zu Zeit zu dieser Frage zurück – spätestens, wenn du den Court das nächste Mal frustriert verlassen hast.

Warum spielst du ***wirklich*** Tennis?

KAPITEL 1

KONZENTRATION & FOKUSSIERUNG

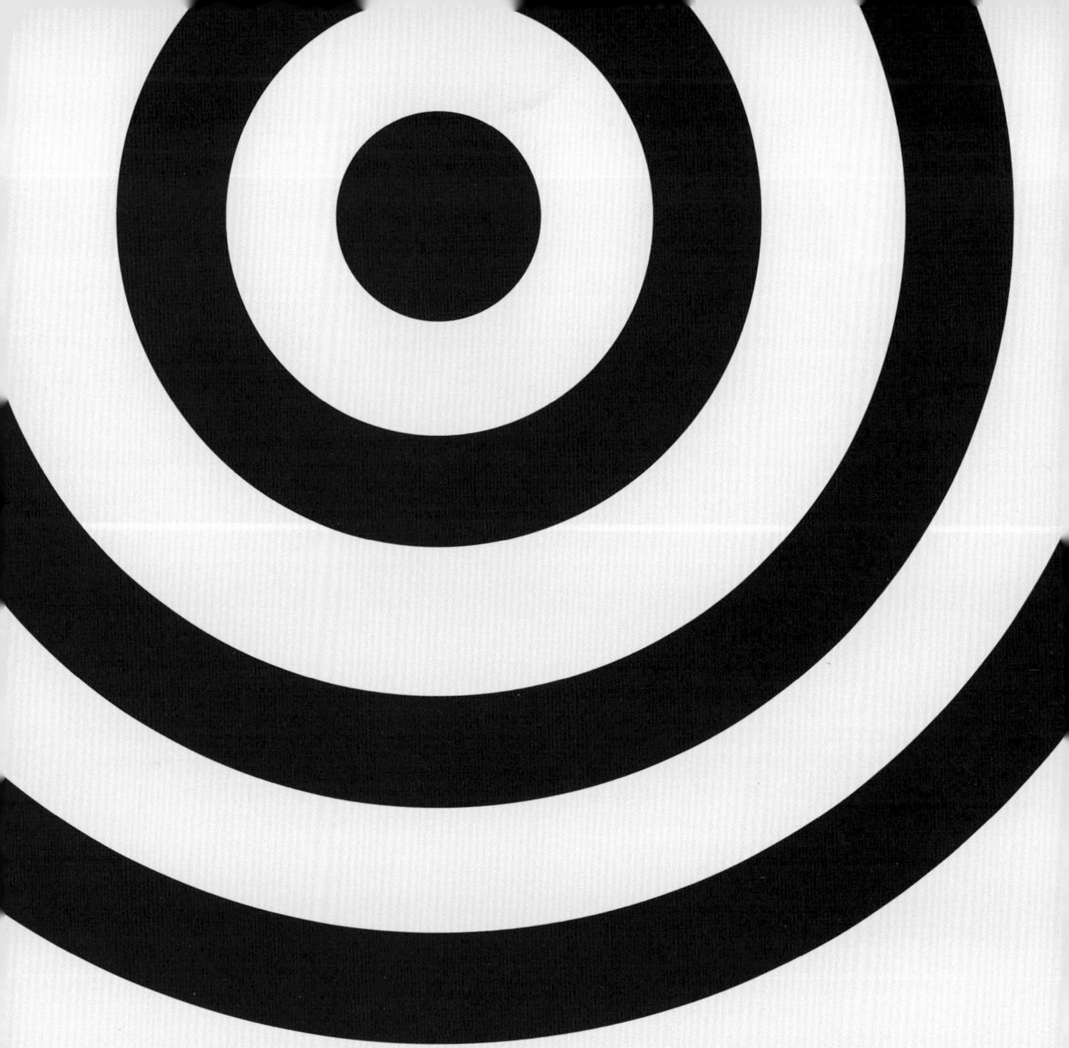

Wie du deine inneren und äußeren Ablenkungen reduzieren und die kritische Stimme in deinem Kopf zur Ruhe bringen kannst – auf und neben dem Tennisplatz.

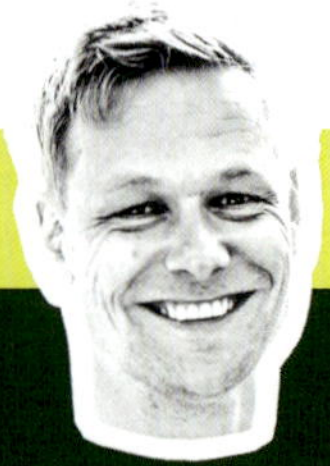

Aus meinem Tagebuch

DER LÄNGSTE BALLWECHSEL MEINES LEBENS

Oktober 2011. Ich treffe Patrik in der Türkei und erlebe mit ihm eine Woche, ohne die dieses Buch vermutlich nicht existieren würde. Im gewaltigen Ali Bey Resort in Manavgat, auf einer der größten Tennisanlagen der Welt, veranstaltet er ein Camp für Freizeitspieler. Training beim Davis-Cup-Kapitän – für die Teilnehmer ein Traum. Und für mich ein spannender Einblick, denn ich bin als Reporter für das *tennis MAGAZIN* vor Ort.

Am Ende der Woche lädt mich Patrik auf den Court ein – eine Privat-Audienz. Bevor wir Bälle schlagen, plaudern wir über Tennis. Je länger wir sprechen, desto mehr entdecken wir, wie ähnlich unser Blick auf die mentalen Herausforderungen und die Parallelen vom Tennis zum Rest des Lebens ist. „Ein großartiger Typ", denke ich. Patrik ist ebenso wie ich fasziniert von Timothy Gallweys Bestseller *The Inner Game of Tennis*. Vor allem die Übung *Bounce und Hit* (s. Seite 40) hat es uns angetan. Allerdings zu diesem Zeitpunkt noch in einer leichten Abwandlung: Wir zählen beim Aufsprung des Balls „eins" und im Treffpunkt „zwei" statt „Bounce" und „Hit". Der Effekt ist der gleiche: Man findet den eigenen Rhythmus und es entsteht ein wunderbar angenehmes Gefühl beim Spielen. Die Gedanken werden ruhiger und die Aufmerksamkeit liegt verstärkt auf dem Ball. Wir könnten stundenlang darüber quatschen. Es ist der Beginn einer besonderen Verbindung. Mir geistert zum ersten Mal die Idee für ein gemeinsames Buch durch den Kopf.

Aber erst wollen wir den längsten Ballwechsel unseres Lebens spielen. „200-mal ohne Fehler übers Netz – jeder von uns 100 Schläge. Das schaffen wir!", behauptet Patrik großspurig, ohne den Hauch eines Zweifels. Ich soll das Tempo finden, mit dem ich in der Lage bin, den Ball wie ein Roboter ins Feld zu befördern, erklärt er mir. Gerade in engen Phasen eines Matches sei das Selbstvertrauen in die eigene Konstanz oft entscheidend. Patriks Optimismus, dass er mir 100 fehlerfreie Schläge in Serie zutraut, ehrt mich. Aber ich bin skeptisch. Doch einem dreimaligen Davis-Cup-Sieger widerspricht man nicht. Also beginnen wir – und ahnen beide nicht, wie sich diese Einheit entwickeln würde.

Eineinhalb Stunden später. Alle Versuche sind gescheitert. Immer wieder war ich es, der irgendwann, nach 20, 30, 40 oder 50 Schlägen patzte. Doch jetzt stecken wir in einer vielversprechenden Rally, haben jeder die 60, 70 und 80 Ballkontakte gemeistert. Je näher das Ziel rückt, desto ängstlicher spiele ich. Dann wird Patrik ein bisschen kürzer und in meinem Kopf höre ich es rufen: „Nur reinspielen, bitte kein Fehler!" Mein müder Körper stolpert in Zeitlupe zum Ball, den ich mit einem Not-Slice irgendwie über das Netz schaufele – er segelt ein paar Zentimeter hinter die Grundlinie. Wieder nichts! Wie ein nasser Sack falle ich auf die Bank, der Schweiß tropft auf die rote Asche. „Das war's, das wird heute nichts mehr", höre ich mich schnaufend rufen. Der Himmel über Manavgat verdunkelt sich bereits, und in der letzten halben Stunde habe ich nicht nur gegen meine inneren Dämonen gekämpft, sondern auch gegen unzählige Mücken, die mich bedauerlicherweise schon immer mehr mochten als ich sie.

Meine Stimmung ist am Nullpunkt. Am Zaun stehen gut und gern 20 Zuschauer, die schon seit einer Weile amüsiert beobachten, wie ich mich mit einer offenbar unerreichbaren

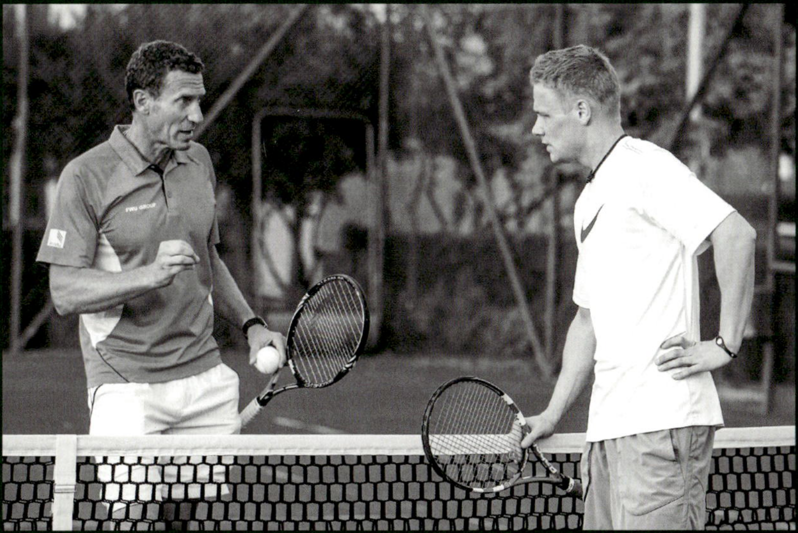

Eine Session, die ich nicht vergessen werde: 2011 mit Patrik in Manavgat.

Herausforderung quäle. Gleich werde ich an ihnen vorbeigehen müssen, denke ich, sie werden Patrik um ein gemeinsames Foto bitten und mir mitleidige Blicke zuwerfen. Fotograf Jürgen Hasenkopf hat seine Kamera längst eingepackt. Ihm knurrt der Magen. „Lassen wir's für heute?", frage ich Patrik. Für mich ist die Sache klar. Immerhin war der letzte Versuch durchaus respektabel. Doch er schaut mich mit einem Blick an, als würde ich ihm eine Wurzelbehandlung vorschlagen. „Aufgegeben wird nur ein Brief!", ruft er, „hat Thomas Muster mal gesagt!" Dann joggt er zum Clubhaus, um das Flutlicht einschalten zu lassen. In diesem Moment begreife ich, dass es ihm wirklich ernst ist und ich den Platz erst verlassen werde, wenn unsere Challenge geschafft ist. Das ist wohl der Unterschied zwischen einem Profi und einem Amateur, denke ich.

Patriks Eifer setzt bei mir neue Kräfte frei, vor allem im Kopf. Es imponiert mir, dass der Davis-Cup-Captain zur Not sein Abendessen opfern würde, nur damit ich den Platz mit einem Erfolgserlebnis verlasse. Andererseits ist es mir unangenehm, dass ich seinen Arbeitstag derart in die Länge ziehe. „Was denkt er über mich?", frage ich mich, wohl wissend, wie wenig

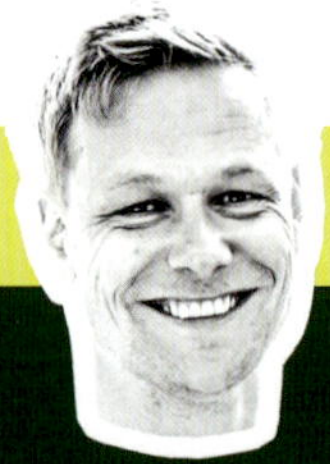

Aus meinem Tagebuch

zielführend und hilfreich dieser Gedanke ist. Ich kann ihn trotzdem nicht verhindern. Dabei ist Druck das Letzte, was ich jetzt brauche. Gleichzeitig wächst mit jeder Minute mein Wille, es meinem Coach und vor allem mir selbst doch noch zu beweisen. Als wir weiterspielen, erinnert mich Patrik an unseren Fokus – den Ball. „Du weißt schon, ‚eins' beim Aufspringen, ‚zwei' im Treffpunkt", ruft er, streckt den Zeigefinger in meine Richtung und zieht die Augenbrauen hoch. So schaut er sonst nur Tommy Haas und Philipp Kohlschreiber im fünften Satz an. „Achte darauf, dass du präzise zählst!", ruft er mir hinterher.

Und dann, irgendwann, beginnt sie, diese eine magische Rally, an die wir uns beide für immer erinnern werden. Mit jedem Schlag versinke ich mehr und mehr in einen Trancezustand. Ich vergesse die Zuschauer, meinen prominenten Coach auf der anderen Seite des Netzes und meine eigenen Zweifel. Ich nehme kaum noch etwas wahr, was um mich herum passiert. Fast scheint es, als würde mein Körper befreit und losgelöst von meinem störenden Geist seine Arbeit verrichten. Im wahrsten Sinne des Wortes habe ich nur noch Augen für den Ball. „Eins, zwei"; „eins, zwei"; „eins, zwei". Während ich darauf achte, wann der Ball vor mir den Boden berührt und wann ich ihn mit dem Schläger treffe, vergesse ich sogar unser Ziel. Auf dem Schiedsrichterstuhl sitzt ein kleines Mädchen, es zählt seit mehr als zwei Stunden unsere Ballkontakte. Irgendwann ruft die Kleine: „Ihr habt es geschafft!", doch wir spielen weiter, noch eine ganze Weile. Bis der Ball mit meinem 147. Schlag an der Netzkante hängen bleibt.

Als Patrik mir im Anschluss an unsere Marathon-Session, inzwischen ist es längst stockfinster, noch eine Übung für meine Beinarbeit mit auf den Weg gibt, wird mir endgültig klar, was das Mindset eines Champions auszeichnet.

WAS ICH GELERNT HABE:

Zum einen, wie sich der Flow wirklich anfühlen kann. Das Gefühl, wie im Tunnel zu spielen und nicht mitzubekommen, was um mich herum passiert. Zum anderen aber auch die simple Botschaft, die zum wichtigsten Gesetz des Lebens taugt: **Gib niemals auf!** Wie hart eine Challenge und wie steinig ein Weg zum Ziel auch sein mag – wenn du immer weitergehst (oder eben weiterspielst ...), ist es nur eine Frage der Zeit, bis du dein Ziel erreichen wirst. Die eigenen Grenzen zu verschieben und durchzuhalten, obwohl du am liebsten hinwerfen würdest, ist eine der kraftvollsten Erfahrungen für das Selbstvertrauen.
Die erfolgreichsten Menschen – ob Sportler, Musiker, Schauspieler oder Geschäftsleute – haben dieses Credo verinnerlicht. Aufgeben ist für sie keine Option. Sie wollen ergründen, was sie imstande sind zu leisten. Sie lieben die größten Herausforderungen, weil sie wissen, dass es genau diese Situationen sind, an denen sie wachsen und auf die sie irgendwann stolz und glücklich zurückblicken werden. Hätte Patrik mich damals in der Türkei nicht immer wieder angetrieben, wäre ich gescheitert vom Platz geschlichen. Ich hätte es verkraftet, keine Frage. Mehr als 80 Schläge ohne Fehler waren schließlich auch nicht übel. Wahrscheinlich hätte ich trotzdem von dieser Trainingseinheit geschwärmt. Aber ich hätte niemals das berauschende Gefühl empfunden, das mir unsere Mega-Rally beschert hat. Wahrscheinlich gäbe es auch dieses Buch nicht ...

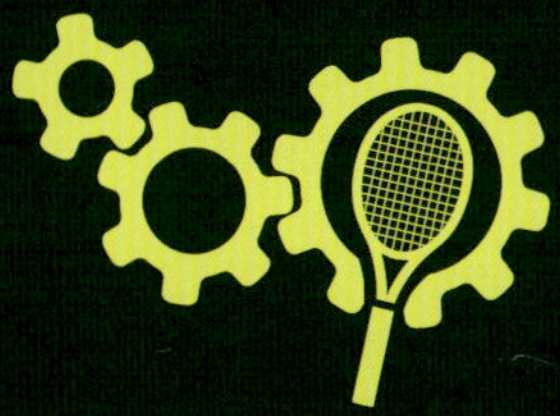

Spiel deine längste Rally. Entdecke dein eigenes Tempo. Finde heraus, welche Geschwindigkeit und welche Flugkurve des Balls es dir erlauben, so lange wie möglich fehlerfrei zu spielen. Setze dir ein Ziel: 20 Schläge? 50? 100? 200? 500? Wähle die Anzahl, die dir als passende Herausforderung erscheint.

Schlüssel zum Erfolg

Konzentration und Fokussierung verdienen mehr Beachtung. Grundsätzlich im Leben, aber insbesondere auf dem Tennisplatz. Unser Sport gilt als mental herausfordernd. Etwa 80 Prozent der Zeit, die ein Tennismatch dauert, verbringen wir mit Pausen – zwischen den Ballwechseln und beim Seitenwechsel. Wir haben ständig Zeit zum Grübeln, uns über unsere Unzulänglichkeiten zu ärgern, verpassten Chancen nachzutrauern und uns vor dem nächsten Punkt zu fürchten. Der Gegner im Kopf ist meistens stärker als der auf der anderen Seite des Netzes. Alle Champions machen diese Erfahrung und viele von ihnen wiederholen gebetsmühlenartig, wie wichtig eine gute Konzentration als Schlüssel zum Erfolg ist. Immer mehr Profis arbeiten dafür mit Sportpsychologen oder Mentalcoaches zusammen, weil sie gelernt haben, dass dieser Teil des Trainings über Sieg und Niederlage entscheiden kann. Die polnische Spitzenspielerin Iga Swiatek beispielsweise jettet mit der Sportpsychologin Daria Abramowicz um den Globus. Im Gegensatz zu vielen anderen auf der Tour macht sie kein Geheimnis daraus – was wichtig ist, damit immer mehr Menschen ihre Berührungsängste vor diesem Thema abbauen. Lange Zeit wurde es als Schwäche aufgefasst, wenn Profis Psychologinnen oder Mentalcoaches beschäftigten. Es passte nicht in die knallharte Welt des Leistungssports, in der es wenig Raum für Wahrheiten jenseits der Perfektion gab. Ivan Lendl war in den 80er-Jahren eine Ausnahme, als er die Sportpsychologin Alexis Castorri engagierte, die ihm Techniken für die Konzentration näherbrachte und ihn so zurück an die Spitze der Weltrangliste führte. Dazu an anderer Stelle mehr.
Die Masse der Freizeitspieler (dazu zählen alle, die nicht ihr Geld mit diesem Sport verdienen) beschäftigt sich kurioserweise heute noch immer viel akribischer damit, an der Technik der Schläge zu feilen, als der Frage nachzugehen, wie sich Nervosität, Druck und andere störende Faktoren reduzieren lassen. Sie wollen mehr spielerisches Potenzial entwickeln, anstatt die vorhandenen Möglichkeiten auszuschöpfen. Dahinter steckt die Macht der Gewohnheit. Meist erscheint uns der bekannte Weg zum Ziel sicherer als der unbekannte. Aber ist er auch wirklich immer der bessere?

Deshalb beginnen wir mit den Themen **Konzentration und Fokussierung** im ersten Kapitel – falls es Menschen gibt, die sich diesem Buch doch, anders als vorgeschlagen, chronologisch widmen wollen. Obwohl die Bezeichnung „Kapitel“ eine Abgrenzung suggeriert, die nicht als solche gemeint ist. Am Ende gehört schließlich alles zusammen – Training und Match, Vorbereitung und Analyse, Sieg und Niederlage, Körper und Geist. Tennis und das Leben sowieso. Ein Rädchen greift ins andere.

Mit der Konzentration ist es ähnlich wie mit dem Klimaschutz: Jeder weiß um die Bedeutung – aber viel zu wenige Menschen widmen sich dem Thema nachhaltig und mit höchster Priorität. Der Vergleich mag sonderbar klingen, funktioniert aber

« Ein Hauptproblem des durchschnittlichen Spielers besteht darin, dass er völlig falsch versteht, was mit Konzentration gemeint ist. Er denkt vielleicht, dass er sich stark konzentriert, während er sich nur Gedanken macht. »

BOBBY JONES

Bobby Jones war ein amerikanischer Golfprofi*. Er lebte von 1902 bis 1971 und war einer der Größten seines Sports, blieb aber sein Leben lang Amateur. Schon damals befasste sich Jones viel mit den mentalen Herausforderungen, die er als Spieler zu bewältigen hatte. Seine Botschaft: Denken schadet der Konzentration. Oder anders formuliert: Lieber vordenken als nachdenken!

* Achtung, wir verlassen unsere Tennis-Bubble – und stellen fest: Im Golf gelten die gleichen Gesetze. Wie in allen Bereichen des Lebens.

tatsächlich. Die Fähigkeit zur Konzentration ist die Voraussetzung dafür, dass ein Mensch seine innere Balance behält und die Leistungen erbringt, zu denen er imstande ist. So wie der Schutz unseres Planeten die Basis für ein gesundes Leben ist. Wie könnte unsere Welt aussehen, würde jeder Mensch auf ein paar Prozent mehr seines Potenzials zurückgreifen? Würde sich jeder mit voller Fokussierung nur einer Aufgabe zur gleichen Zeit widmen, anstatt ständig zwischen verschiedenen Tätigkeiten hin- und herzuspringen? Würde sich jeder bei allem, was er macht, ein klitzekleines bisschen mehr zutrauen, als das, was er gewohnt ist zu leisten? Auf dem Tenniscourt, am Arbeitsplatz, im Privatleben, im gesamten Miteinander. Und würde er dabei die Freude am Prozess statt das Resultat als wichtigstes Leitmotiv wählen? Schon haben wir den Raum zwischen den weißen Linien verlassen und sind beim großen Ganzen gelandet ...

Die Stimme in deinem Kopf

Es gibt eine Stimme im Kopf, die wir alle kennen. Ihre Existenz ist unstrittig. Häufig spricht sie nicht nur allein zu uns, sondern auch mit den Stimmen anderer Menschen. Nicht nur beim Tennis ist sie omnipräsent. Mal hört man sie laut und deutlich, dann wieder nur leise im Hintergrund. Sie kommentiert und kommandiert, urteilt und analysiert, mahnt und warnt, mischt sich ungefragt ein – daran haben wir uns lange schon gewöhnt.

Diese Stimme in deinem Kopf bewertet nahezu alles, was du tust. Positiv und negativ. Sie sortiert in Schubladen und vergleicht dich gern mit anderen Menschen, vornehmlich in jenen Kategorien, in denen du schlechter abschneidest als sie. Dafür verurteilt sie dich, erzeugt Druck und schürt Ängste und Zweifel. Gern versucht sie dir einzureden, du seist nicht gut genug, nicht schön genug, nicht erfolgreich genug. Wenn du jedoch ihre hohen Erwartungen erfüllst, dann lobt sie dich und spornt dich gleichzeitig an, bloß nicht nachzulassen. Obwohl sie dich hin und wieder auch gnädig behandelt, versucht diese Stimme, die Grenzen in deinem Kopf zu bewachen, schließlich hat sie diese selbst errichtet. Je länger du ihr zuhörst, desto eindringlicher erklärt sie dir, warum deine Pläne scheitern könnten, deine Ziele unrealistisch sind und deine romantische Vorstellung vom Leben deiner Träume naiv ist. Kommt dir einiges davon bekannt vor?

Beim Tennis ist die Stimme im Kopf in ihrem Element. Sie kennt deine Stärken, beschäftigt sich aber lieber mit deinen Schwächen. Eine ihrer gängigen Maschen funktioniert so: Erlebnisse aus der Vergangenheit verkauft sie dir als Gegenwart. Zwei Niederlagen gegen die gleiche Gegnerin – schon stempelt sie diese zur Angstgegnerin. „Die schlägst du eh nicht", raunt sie dir vor dem nächsten Match zu. Sie erinnert dich daran, wie unglücklich du beim letzten Mal verloren hast, und findet viele Gründe, warum es diesmal ähnlich laufen könnte. „Was werden die anderen denken, wenn du heute wieder verlierst?", fragt sie dich flüsternd. Falls du den ersten Satz gewinnst, warnt sie: „Freu dich nicht zu früh, letztes Mal hast du auch in drei Sätzen verloren." Besonders gern predigt sie dieses Mantra: „Denke lieber erst mal an das Schlechte – dann bist du später nicht enttäuscht, wenn es schiefgeht." Auf Fehler reagiert sie gewöhnlich mit Kritik und Empörung und selten mit Verständnis. Ihre Leitwerte sind Härte und Perfektion. Oft steigert sie sich in deine angeblichen Unzulänglichkeiten so sehr hinein, dass sie dabei all die vielen Dinge übersieht, die wunderbar funktionieren. Diesen Mechanismus wendet sie nicht nur auf dem Tenniscourt an, denn für gewöhnlich verknüpft sie Lebens-

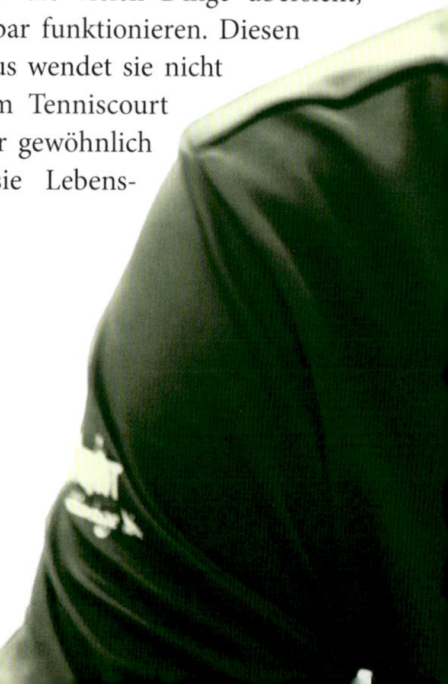

themen geschickt miteinander. Nach dem Motto: Läuft es auf dem Court nicht rund, kann es auch abseits des Platzes nicht viel besser sein. Je mehr Gehör du deiner kritischen Stimme im Kopf schenkst, desto lauter wird sie. Sie ist besonders nachtaktiv. Wenn du im Bett liegst, kann sie ein unsägliches Gedankengewimmel fabrizieren und düsterste Zukunftsvisionen spinnen, die meist jeglichen Bezug zur Realität vermissen lassen. Ihr Ziel: Du sollst, verdammt noch mal, ihre Erwartungen erfüllen – und wenn du schon dabei bist, bitte auch die aller anderen Menschen in deinem Umfeld!

Viele Impulse in diesem Buch drehen sich um den Umgang mit dieser Stimme in deinem Kopf. Aber es gibt natürlich auch andere Stimmen, die wesentlich hilfreicher sind. Wenn du lernst, wie du diesen mehr Gehör schenken und mit der kritischen, destruktiven Stimme entspannter umgehen kannst, wirst du nicht nur beim Tennis wunderbare Veränderungen erleben.

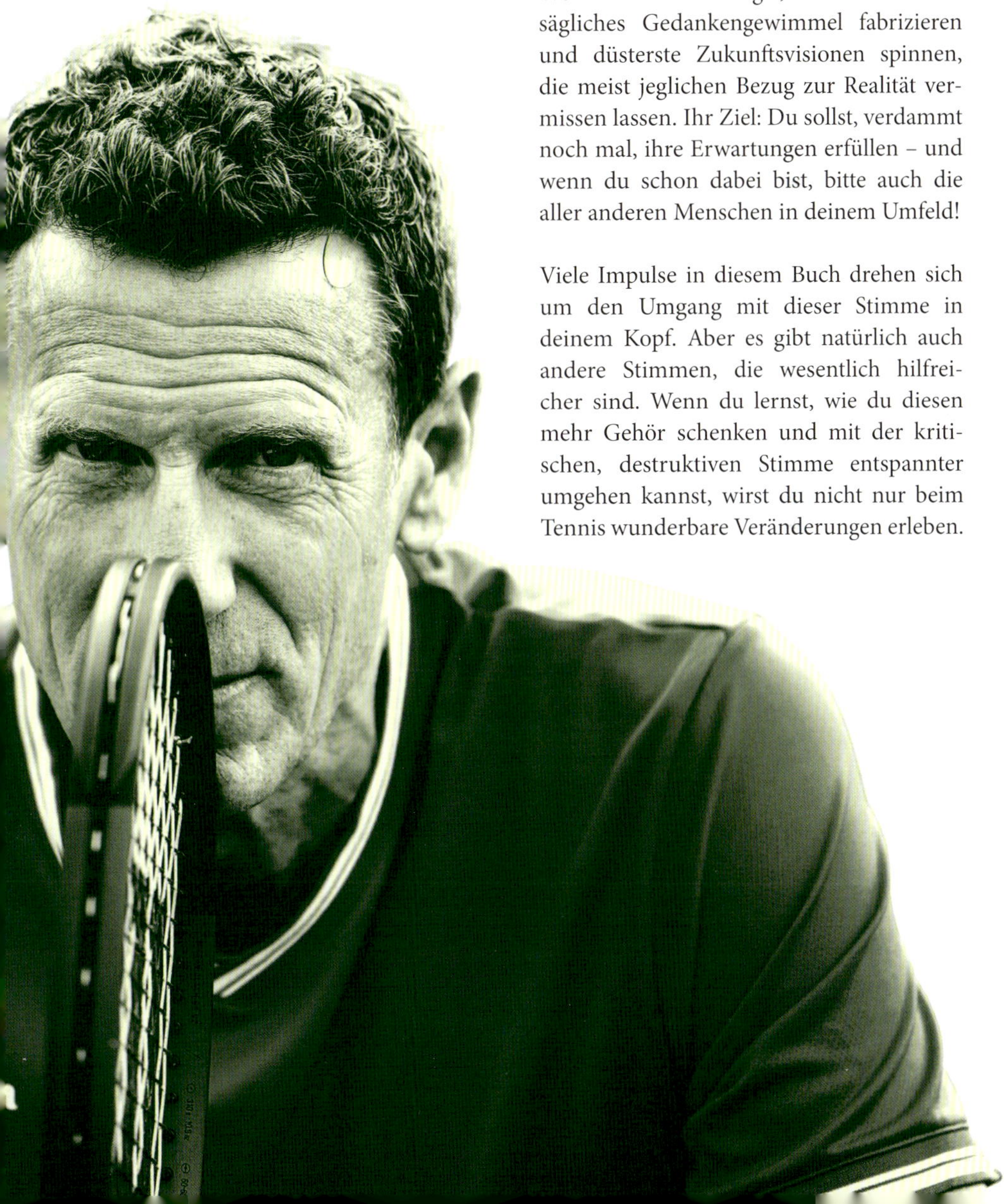

In welchen Situationen ist die kritische Stimme in deinem Kopf besonders **laut?**

Wie argumentiert sie?
Und wie reagierst du?

Mache dir Notizen, wenn du magst. So lernst du die verschiedenen Stimmen in deinem Kopf genauer kennen, damit du einen besseren Weg finden kannst, mit ihnen umzugehen. Reflektiere darüber, ob deine kritische Stimme abseits des Courts ähnlich mit dir spricht wie beim Tennis. Wenn ja, in welchen Momenten ist sie besonders aktiv? Gibt es wiederkehrende Muster, die du erkennst? Das Verhalten der kritischen Stimme im Kopf wahrzunehmen, ist der erste Schritt, um ihren Einfluss langsam zu reduzieren.

Ein Lächeln bewirkt Wunder

Es klingt banal, ist aber eine wertvolle Erkenntnis. Schenke deiner Stimme im Kopf ein Lächeln! Vor allem dann, wenn sie besonders laut und unfreundlich zu dir spricht. Grinse sie einfach mal breit an und sage ihr: „Ist gut, meine Liebe. Ich habe verstanden, dass du da bist, du hattest jetzt genug Zeit, dich zu zeigen. Jetzt übernehme ich selbst wieder das Ruder!"

Dein Umgang mit ihr entscheidet darüber, wie stark sie sich entfalten kann. Versuchst du, sie zu bekämpfen? Oder gelingt es dir, sie anzunehmen und ihr vielleicht sogar humorvoll zu begegnen? Verurteilst du dich dafür, wenn du dich wieder einmal von ihr verrückt machen lässt? Oder kannst du akzeptieren, dass ihre Präsenz unvermeidbar ist? Lässt du dir von der Stimme zwischen den Ohren Grenzen auferlegen? Oder hältst du alles für möglich und entscheidest dich immer wieder bewusst dafür, ihren destruktiven Impulsen nicht zu folgen? Es ist alles eine Frage der Entscheidung. Du bestimmst, welchen Umgang du wählst. Und du kannst ihn jederzeit verändern. Nicht immer muss es der richtige Weg sein, die Stimme im Kopf zum Schweigen zu bringen. Manchmal kann es hilfreich sein, ihr genau zuzuhören. Sie sogar zu bitten, noch etwas lauter zu sprechen – damit du besser wahrnehmen kannst, was in dir vorgeht. Auch so kann Klarheit entstehen.

Wenn du erforschen willst, welche Denkgewohnheiten in deinem Kopf verankert sind, dann nimm dir jeden Tag etwa 15 Minuten Zeit, um deine Gedanken zu beobachten. Suche dir einen entspannten Platz in einer ruhigen Umgebung, ohne Handy oder andere Ablenkungen. Setze oder lege dich hin und schaue dir eine Viertelstunde lang einfach nur das Geschehen in deinem Kopf an. Lass die Gedanken kommen und gehen. Nimm wahr, was passiert und wohin deine Aufmerksamkeit wandert. Kannst du erkennen, wie ein Gedanke den nächsten auslöst und wie schnell dein Geist von einem Thema zum anderen springt? Auf dem Tennisplatz funktioniert es genauso …

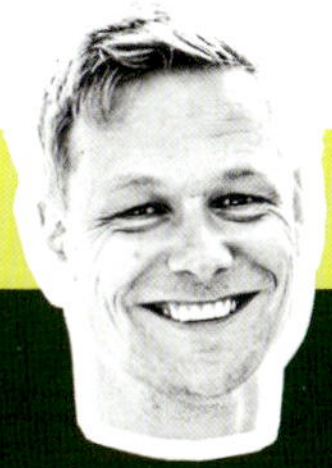

Aus meinem Tagebuch

HALLO, MEIN CHARLY!

November 2008. In Unterwasser, einem kleinen Dorf im Schweizer Toggenburg, treffe ich auf Kurt Wiederkehr. Er ist Sportpsychologe, Coach und Gründer der European Tennis Academy. Das Besondere an seiner Tennisschule ist die Mental-Match-Play-Methode. Sie beinhaltet viele Aspekte aus dem Inner Game von Timothy Gallwey, dessen Ansatz mich schon als Jugendlicher gepackt hat. Der Fokus liegt auf Übungen zur Eigenwahrnehmung des Spiels. Es geht darum, aus seinen Erfahrungen zu lernen und nicht durch die klassischen Anweisungen eines Trainers, der Fehler korrigiert und einem sagt, was man zu tun und was zu unterlassen hat. Durch eine gesteigerte Fokussierung werden ablenkende Störungen, insbesondere die im Kopf, reduziert.

Ich lasse mich von Kurt ausbilden und arbeite anschließend als Coach in Österreich und Griechenland. Es ist der Beginn einer faszinierenden Reise, die meinen Blick auf den Tennissport und das Leben verändert. Über Kurt lerne ich Charly kennen – so nennt er die Stimme im Kopf, die ständig mit uns spricht. Eine geniale Idee. Der Clou: Dadurch, dass diese Stimme einen Namen bekommt, entsteht eine Distanz zu ihr. Plötzlich muss nicht mehr ich mich für meine gedanklichen Folterungen rechtfertigen, nein, es ist Charly, der zwischen meinen Ohren das Kommando gibt. Bei mir entsteht die Assoziation zu einem kleinen, frechen Männchen mit dickem Bauch, das in meinem Kopf sein Unwesen treibt. Irgendwie amüsant, finde ich, und fast schon liebenswert.
Die Gedankenwelt des Menschen erscheint mir plötzlich spielerisch einfach und humorvoll. Auf dem Tenniscourt ist Charly unser Liebling – obwohl er ja meistens ein Störenfried ist. Sein Name macht den Umgang mit ihm angenehmer. „Give Charly a smile" ist unser Leitsatz. Ein Lächeln sorgt für Leichtigkeit – in fast jeder Lebenslage. Wie hilfreich diese Erkenntnis auch beim Tennis ist, entdecke ich hier in einer neuen Art und Weise. Ich erkenne so viele Parallelen vom Court zum Rest meines Lebens. Zum Beispiel, wie oft ich mir mit meinen Gedanken selbst im Weg stehe. Zum ersten Mal erscheint mir Tennis wie eine Schule für die Entwicklung meiner Persönlichkeit. Gleichzeitig erfahre ich auch, dass Charly Freund und Helfer sein und als eine Art Alarmsystem fungieren kann, das mich warnt, wenn es wirklich ernst wird. Er kann auf positive Visualisierungen reagieren und mich dabei unterstützen, funktionierende Bilder vor meinem geistigen Auge in die Realität umzusetzen. Stichwort: Visualisierung. Eine Fähigkeit, die auch beim Tennis von großem Wert sein kann. Klar ist: Mein Umgang mit Charly entscheidet darüber, welche Seite von sich er öfter offenbart. Was für eine einfache und wertvolle Erkenntnis fürs Leben.

WAS ICH GELERNT HABE:

Sich mit den verschiedenen Stimmen im Kopf zu beschäftigen, ist ein lebenslanger Prozess. Ein Weg, der nicht immer einfach ist, der aber Freude bringen kann, weil er einen näher zu sich selbst führt. Er verändert die Sicht auf das Leben, lässt Menschen und Erlebnisse in einem neuen Licht erscheinen. Die Perspektive zu wechseln, kann ein gewaltiger erster Schritt zur Veränderung sein. Tennis ist ein wunderbarer Sport, um das immer wieder zu üben. Und um die eigene Gedankenwelt mit mehr Leichtigkeit zu gestalten. Das Leben ist schließlich zu kostbar, um sich die Freude von einem Charly zwischen den Ohren trüben zu lassen.

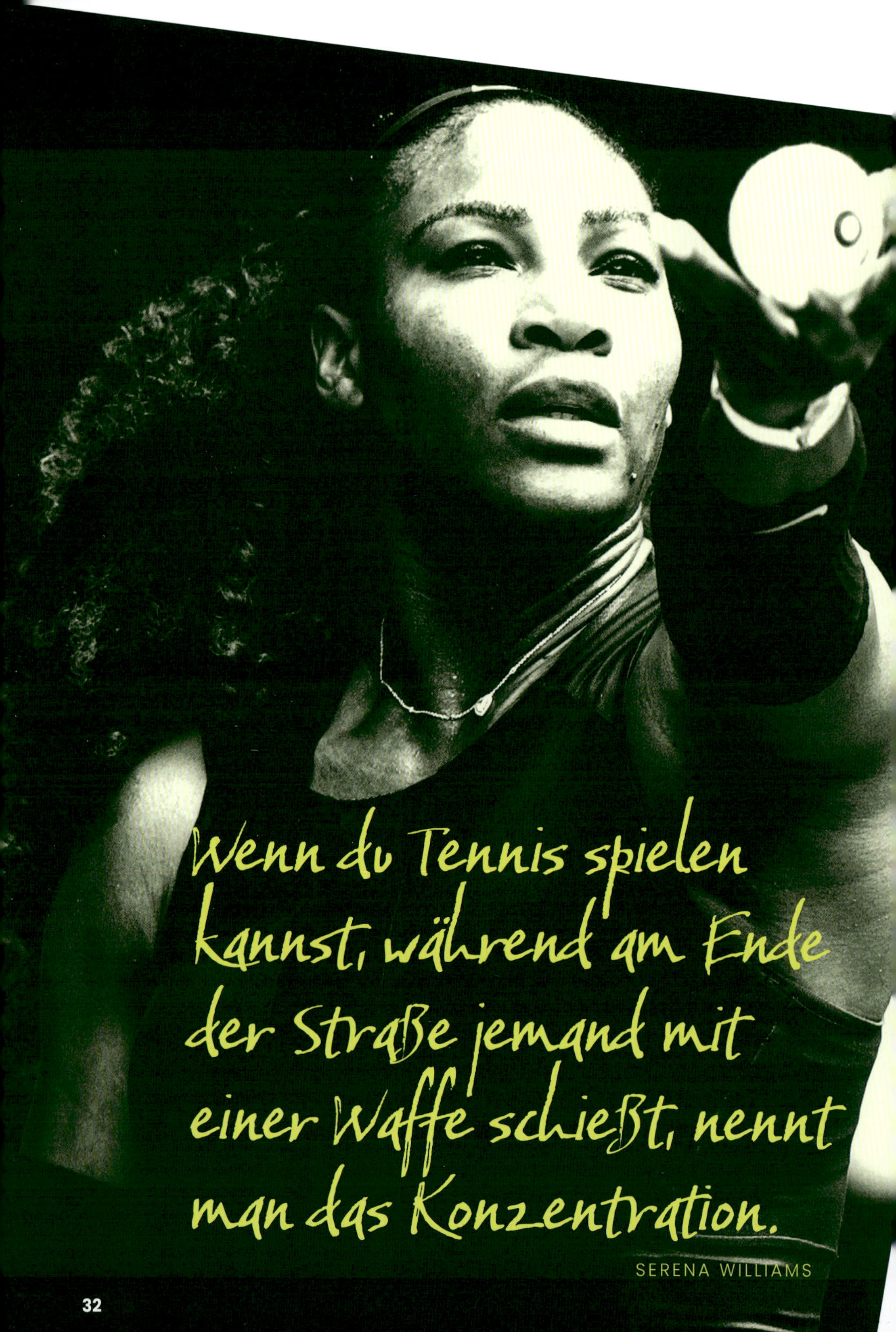

Wenn du Tennis spielen kannst, während am Ende der Straße jemand mit einer Waffe schießt, nennt man das Konzentration.

SERENA WILLIAMS

Nicht unbedingt die typische Definition für die Konzentration, aber durchaus zutreffend, zumal es die Amerikanerin mit ihrer bewegten Lebensgeschichte und einer außergewöhnlichen Karriere beurteilen kann. Konzentration bedeutet, mit der **Aufmerksamkeit im Moment** zu verweilen. Ablenkungen auszublenden – äußere und innere. In ihrer Kindheit musste sich Serena Williams, die mit ihrer Schwester Venus im Ghetto von Compton aufwuchs, einer kleinen Stadt südlich von Los Angeles, täglich immer wieder auf den Ball fokussieren, während in unmittelbarer Nähe Bandenkriege tobten und Menschen auf offener Straße attackiert wurden. Das Training hatte die höchste Priorität im Leben der Mädchen, ihr Aufstieg in die Weltspitze erschien alternativlos. Gleichzeitig bekamen sie all die Grausamkeiten des Rassismus zu spüren. In seinem Buch *Black and White* schreibt Vater Richard Williams, der die Karriere seiner beiden Töchter schon vor deren Geburt genau geplant hatte: „Ich war überzeugt, dass die größten Champions aus Ghettos kamen. Ich hatte erfolgreiche Sportler studiert wie Muhammad Ali und große Denker wie Malcolm X. Ich sah, woher sie kamen. Als Teil meines Plans beschloss ich, dort sollten auch die Mädchen aufwachsen. Das würde sie stark machen und ihnen eine Kämpfermentalität mitgeben."

Konzentration ist auch eine Frage des Mindsets, das zeigen nicht nur die Lebensgeschichten beider Williams-Schwestern. Immer wieder aufs Neue den Willen aufzubringen, den Blick auf das Hier und Jetzt zu richten, nur auf die eine Aufgabe, die in diesem Moment wichtig ist. Wenn du eine Vorhand über das Netz schlagen willst, dann ist nur dieser Schlag jetzt von Bedeutung. Nicht der vorherige, nicht der nächste und schon gar nicht der Spielstand oder die äußeren Umstände. Im Zustand einer tiefen Konzentration führt der Körper die Bewegungen aus und der Verstand lässt ihn in Ruhe seine Arbeit verrichten. Das Gedankenkarussell dreht sich langsamer, der Platz für Zweifel, Ängste und Sorgen wird kleiner, je klarer der Fokus ist. Es bleibt kaum mehr Raum für Gedanken an verpasste Chancen oder für die Nervosität vor dem nächsten Aufschlag. Diesen Zustand über einen langen Zeitraum zu konservieren, ist eine große Herausforderung. Das Ziel besteht darin, ihn immer wieder aufs Neue zu erlangen. Immer öfter, immer länger, immer intensiver.

Der erste Schritt zu mehr Konzentration geht so: Bemerke deine Ablenkungen. Nimm bewusst wahr: Wann schweifen deine Gedanken ab? Und wohin? Nur wenn du die Dinge so siehst, wie sie sind, kannst du sie auch verändern.

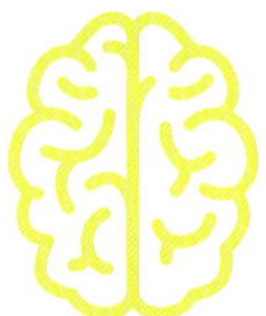

Beobachte, was beim Spielen in deinem Kopf passiert. Welche Gedanken geistern dort herum? Schau nur hin, bewerte nicht. Lerne dein eigenes Denken besser kennen, damit du verstehst, wie es funktioniert. Mentale Tools für die Konzentration gibt es viele. Aber keines davon wird dir helfen, wenn du nicht bemerkst, wann du es brauchst.

Spielen wie im Flow

Roger Federer hat die Fähigkeit zur Konzentration einmal mit folgenden Worten beschrieben: „Wenn man diesen Frieden gefunden hat, diesen Ort der Ruhe, der Harmonie und des Vertrauens, dann beginnt man, sein Bestes zu geben." Nachdem er im Wimbledon-Halbfinale 2006 gegen den Schweden Jonas Björkman gerade einmal vier Spiele in drei Sätzen abgegeben hatte, erzählte er, er habe den Ball in diesem Match so groß wie eine Bowlingkugel oder einen Basketball wahrgenommen. Als sein Davis-Cup-Kollege Stan Wawrinka im selben Turnier auf den Kroaten Mario Ancic traf, habe Federer zum ersten Mal überhaupt eine Partie als Zuschauer von der Tribüne des Centre Courts verfolgt. Dem legendären Autor David Foster Wallace erzählte der Schweizer, er sei überrascht gewesen, wie brachial der Aufschlag wirke, wenn man bloß zuschaut. Und wie schnell der andere Spieler reagieren müsse, um den Ball zurückzuschlagen. „Wenn Sie dann selbst auf dem Court stehen, ist das was ganz anderes. Dann haben Sie nur noch den Ball im Auge und merken gar nicht, wie schnell der ist."

Ein Spieler, der im Flow ist, registriert kaum etwas von dem, was um ihn herum geschieht. Da ist kein Gedanke mehr an das, was passieren könnte (ein Doppelfehler) oder bereits passiert ist (das verpasste Break). Der Geist ist ruhig und entspannt. So entsteht die Basis für Höchstleistungen – in allen Bereichen. Ein Bäcker kann nur dann die leckersten Brötchen der Stadt backen, wenn er sich mit voller Aufmerksamkeit um seinen Teig kümmert. Eine Chirurgin meistert eine komplizierte Operation nur im Zustand einer tiefen Konzentration. Sobald sie abgelenkt ist oder zweifelt, steigt die Gefahr, dass ihr ein Fehler unterläuft. Beim Tennis ist es nicht anders. Die besten Profis der Welt sind in der Lage, sich öfter und länger in diesen Flow-Zustand zu bringen als ihre Konkurrenz. Aber niemandem gelingt es über die Dauer eines gesamten Matches, diesen Zustand aufrechtzuerhalten. Die Kunst besteht darin, die Aufmerksamkeit immer wieder neu zu fokussieren. Den Blick auf das zu richten, was für diese eine Tätigkeit in diesem Augenblick von Relevanz ist – beim Tennis ist es meistens der Ball.

Tennis – viel mehr als nur ein Sport

Konzentration können wir beim Tennis lernen und sie kann uns in fast jeder Lebenssituation dienlich sein. Wenn wir auf einer Bühne stehen und vor Menschen sprechen. Wenn wir unter Zeitdruck an einem wichtigen Projekt arbeiten. Wenn's im Haushalt klemmt und Geschick gefragt ist. Beim Autofahren, beim Kochen, bei nahezu jeder Tätigkeit. Deshalb ist Tennis ein so wertvoller Sport für die eigene persönliche Entwicklung. Ganzheitliches Denken erfährt eine immer größere Bedeutung. Doch im Tennistraining scheint es noch oft auf der Strecke zu bleiben, weil die meisten Trainer immer wieder die Technik in den Mittelpunkt stellen. Dabei spielen wir auf dem Court ein Spiel, das dem Leben in vielerlei Hinsicht ähnelt: Punkt für Punkt arbeiten wir auf ein Ziel hin. Ständig buhlen äußere Einflüsse um unsere Aufmerksamkeit. Wenn wir nicht aufpassen, lassen wir uns von ihnen aus dem Gleichgewicht bringen. Dann liegen wir kurz am Boden und müssen uns wieder aufrappeln, an unsere Stärken glauben – und daran, dass es zu jedem Zeitpunkt, so aussichtslos die Lage auch zu sein scheint, einen Schimmer der Hoffnung gibt.

Wenn du magst, kannst du, wann immer du ab morgen den Platz betrittst, dort nicht nur Stunden voller Freude, Bewegung und Liebe zum Spiel erleben, sondern dir gleichzeitig eine der wichtigsten Fähigkeiten für dein Leben aneignen. Du kannst nach und nach lernen, wie du dich besser konzentrieren und fokussieren kannst und mit mentalen Tools experimentieren, die dir auch abseits des Platzes helfen können. Du kannst herausfinden, welche Werkzeuge für dich am besten funktionieren – und davon in vielen Lebensbereichen profitieren.

Augen auf den Ball

Fast jeder kennt den Satz: „Schau den Ball richtig an!" Er wird inflationär verwendet, im Training, im Match, in allen Sprachen und über Ländergrenzen hinweg. Doch hinterfragen nur wenige, was er bedeutet. Was heißt es, den Ball besser anzuschauen? Wie geht das? Drei Tipps für dich zum Ausprobieren.

1| Konzentriere dich beim Spielen auf die Nähte des Balls. Kannst du sie im Ballwechsel erkennen? Wenn ja: Wo befindet sich der Ball in jenem Moment, in dem du die Nähte das erste Mal erkennen kannst? Und: Gelingt es dir, die Nähte im Moment des Treffpunktes zu sehen? Probiere es nicht nur einmal, zweimal, dreimal aus. Sondern immer wieder. Sei neugierig und finde heraus, was sich dadurch in deinem Spiel verändert. Alternative: Statt der Nähte kannst du auch auf den Schriftzug oder das Logo achten.

2| Beobachte die Rotation des Balls, wenn er in deine Richtung fliegt, also während der Vorbereitung auf deinen Schlag. Wie schnell dreht er sich? Stell dir eine Skala von eins bis fünf vor, um die Rotation einzuschätzen. Eins bedeutet, dass sich der Ball vergleichsweise wenig dreht, fünf ist der maximale Spin.

3| Achte auf die Flugkurve des Balls. Wie hoch fliegt er über das Netz? Nutze diesmal eine Skala von eins bis zehn. Eins ist ein flacher Ball, der fast die Netzkante streift, zehn ist ein Mondball. Nebeneffekt: Du kannst so deine ideale Höhe herausfinden, die dir in verschiedenen Situationen die beste Kontrolle ermöglicht.

Ein wertvolles Tool – nicht nur beim Tennis ...

Wir möchten dir ein mentales Werkzeug vorstellen, das die Kraft hat, dein Leben zu verändern. Das halten wir deshalb für möglich, weil wir beide damit seit vielen Jahren immer wieder beeindruckende Erfahrungen machen – auf und neben dem Tennisplatz. Dieses Tool heißt **BREAK-TIME** und es erinnert dich daran, dass es Zeit sein kann für eine Pause – vor allem gedanklich! Es besteht aus vier einfachen Schritten – du liest sie auf der rechten Seite.
Eine BREAK-TIME kannst du dir wie die Pause-Taste auf einer Fernbedienung vorstellen. Du drückst sie dann, wenn du einen Moment der inneren Ruhe brauchst, um Klarheit zu gewinnen und eine wichtige Entscheidung zu treffen. Oder wenn dich die Stimme in deinem Kopf durcheinanderbringt und statt des Vertrauens die Zweifel dominieren. Dieses Tool ist die Basis, um bewusst zu handeln, Gedanken zu ordnen, das Chaos im Kopf zu sortieren, sich von Denk-Automatismen abzukoppeln und damit die unbewusste Ebene des Handelns, die oft sowohl unser Tennisspiel als auch den Alltag bestimmt, zu verlassen.
Eine BREAK-TIME kann dir auch in hitzigen Diskussionen helfen, in Konflikten und Krisen, die emotional geladen sind. Dann sagst du dir gedanklich „Stopp!“, um Zeit zu gewinnen und zu reflektieren, wie du in dieser Situation *wirklich* reagieren möchtest. Wie lange eine BREAK-TIME dauert, ist ganz allein deine Entscheidung – und abhängig davon, wie viel Zeit du hast. Von wenigen Sekunden (zwischen zwei Ballwechseln) bis zu mehreren Monaten (wenn du dich irgendwo im Leben verirrt hast und eine weitreichende Entscheidung zu treffen hast) ist alles möglich. Auf dem Tenniscourt kann die BREAK-TIME ein elementares Hilfsmittel sein, das du ab sofort nicht mehr vergessen solltest. Mehr dazu liest du auf Seite 116.

BREAK-TIME

Bedürfnis erkennen:
Zu bemerken, dass dir eine BREAK-TIME helfen könnte, ist stets der erste Schritt.

Abstand gewinnen:
Verlasse gedanklich oder (wenn möglich) sogar physisch für einen Moment die Situation – oft sieht man das Geschehen dann klarer.

Emotionen lösen:
Ärger, Frust, Angst zunächst wahrnehmen – und dann loslassen. Sortiere deine Gedanken. Was willst du jetzt wirklich?

Fokus ausrichten:
Lenke deine Aufmerksamkeit zurück auf das Wesentliche – z. B. den nächsten Punkt – und fahre fort, wenn du Klarheit gewonnen hast.

In diesem Buch stößt du immer wieder auf Fragen zum Reflektieren. Deine Antworten sollen Klarheit schaffen, Sichtweisen verändern, Erkenntnisse liefern. Oft kann dabei eine BREAK-TIME helfen. Finde heraus, was sie bewirkt. Je mehr Erfahrungen du sammelst, desto natürlicher wirst du mit der Zeit dieses Hilfsmittel nutzen. Die Möglichkeiten für eine BREAK-TIME sind vielfältig und die Wirkung ist jedes Mal eine andere. Die vier Schritte oben bilden lediglich Leitplanken, innerhalb derer du experimentieren kannst. Was glaubst du, wie und wann sich die BREAK-TIME beim Tennis nutzen lässt? Inspirationen findest du auf Seite 116.

Keinen Fehler, bitte!

Match-Tiebreak. Die nächsten Punkte entscheiden über Sieg oder Niederlage. Körper und Geist sind müde nach einem langen und zähen Kampf. Erst segelt deine Rückhand ins Aus, danach fabrizierst du einen Doppelfehler. Im Kopf rattert es: „Jetzt bitte nicht noch einen Ball versemmeln. Nur nicht noch einen Fehler!“ Wohl jeder Tennisspieler kennt diese inneren Dialoge – sogar die besten Spieler der Welt. Ein Gedanke folgt auf den anderen. So funktioniert unser Verstand. Wir machen eine Erfahrung (zum Beispiel einen Fehler) und projizieren diese auf die Zukunft. Also fürchten wir uns vor weiteren Fehlern. Helfen könnte eine **BREAK-TIME** (s. Seite 36).

Greifst du nicht ein, nimmt das Gedankenkarussell Fahrt auf. „Wenn du diesen Punkt nicht machst, wird's schwierig. Was werden die anderen sagen, wenn du wieder verlierst? Keinen Doppelfehler, bitte!“ Kennst du diese Gedankenschleifen? Die berüchtigte Wenn-Dann-Zange ist der klassische Weg zu einer selbsterfüllenden Prophezeiung. Das, was keinesfalls eintreten soll, spielt sich vor dem inneren Auge ab. Eine destruktive Visualisierung. Dein Kopf sendet das Signal „Fehler“, dein Körper verkrampft und führt die Anweisung wie bestellt aus. Der erste Aufschlag landet im Netz. Der zweite segelt ins Aus. Das Problem? Du bist nicht im Hier und Jetzt. Dein Verstand fürchtet sich vor dem, was passieren könnte (Zukunft) und ist nicht fokussiert auf das, was wirklich wichtig ist. Deine Gedanken hindern dich daran, deine Fähigkeiten zu nutzen, die gewiss ausreichen, um einen Aufschlag ins Feld zu spielen.

Niemandem gelingt es, die Aufmerksamkeit pausenlos auf das Hier und Jetzt zu richten – weder beim Tennis noch sonst irgendwo. Deshalb verurteile dich nicht für deine Gedanken. Auch Profis lassen sich immer wieder ablenken. Allerdings: Die Besten der Welt nehmen es selbst schneller wahr – und können ihren Fokus deshalb immer wieder und immer schneller korrigieren.

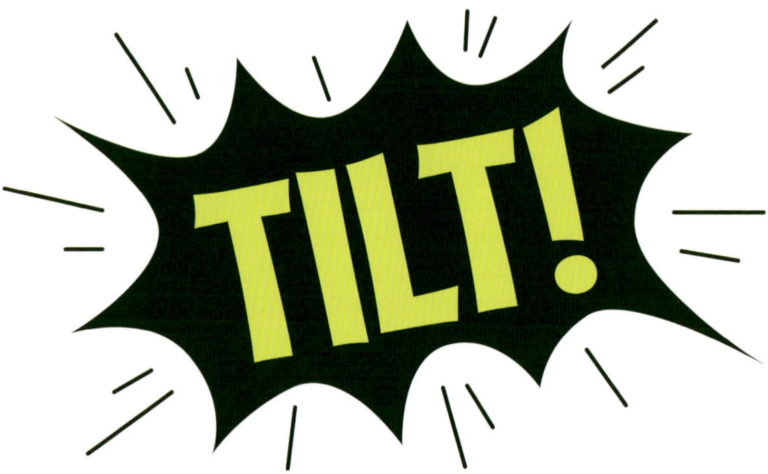

Woran denkst du, ***kurz bevor*** du einen Ball schlägst?

Hast du dir diese Frage schon einmal gestellt?

Der Ball fliegt mit viel Spin in deine Rückhandecke. Du beginnst mit der Schlagvorbereitung, führst den Schläger zurück und bringst dich in Position. Gleich wirst du bereit sein zum Konter. Doch was geschieht in diesem Moment in deinem Kopf? Die wenigsten Spielerinnen und Spieler beschäftigen sich mit dieser Frage. Dabei kann sie aufschlussreich sein, um die Stimmen im Kopf näher kennenzulernen. Beobachte deine Gedanken während des Spiels. Wohin wandern sie? Was beschäftigt dich während und zwischen den Ballwechseln? Ausschalten wirst du die Gedanken nie. Aber viele Übungen in diesem Buch können dir helfen, weniger und gezielter zu denken, den zappeligen Geist zu beruhigen. Die Voraussetzung dafür: Sei aufmerksam und bemerke die Ablenkungen. Auf Seite 40 lernst du eine ganz besondere Übung kennen. Vielleicht hilft sie auch dir, wenn die Gedanken wieder einmal verrücktspielen.

Die beste Übung der Welt?

Für uns ist sie zumindest eine der wichtigsten Übungen in diesem Buch. Weil sie uns beide geprägt hat und inzwischen zu unserem Tennisleben gehört wie Erdbeeren zu Wimbledon. Finde heraus, ob es für dich auch so ist. Die Übung heißt **Bounce und Hit** und stammt aus Timothy Gallweys *The Inner Game of Tennis.* Sie ist so etwas wie der Mittelpunkt der Methode. Es ist vielleicht die einfachste und zugleich schwierigste Übung auf dem Tennisplatz. Für viele ist sie ein wertvolles Tool, um die Konzentration während eines Ballwechsels aufrechtzuerhalten.

Die Übung geht so: Wenn der Ball in deinem Feld aufspringt, sagst du *Bounce***.** Wenn du ihn schlägst, sagst du *Hit***.** Das ist alles. *Bounce* beim Aufspringen, *Hit* im Treffpunkt. Möglichst so laut, dass du dich selbst hörst. Natürlich ließen sich die Worte auch beliebig ersetzen. Du kannst beispielsweise *eins* und *zwei* zählen (haben wir früher so gemacht!) oder *Hip* und *Hop* sagen. Kinder lieben die Übung mit *Sponge* und *Bob***.** Uns gefällt der Klassiker am besten, weil *Bounce* (Aufspringen) und *Hit* (Schlagen) eine Dynamik beim Spielen erzeugen. Außerdem finden wir, dass es diese geniale Übung verdient, im Original vorgestellt zu werden.

Es kann sein, dass dir die Übung schwerer fallen wird, als du annimmst. Oft sind die scheinbar einfachen Aufgaben bekanntlich die schwierigsten. Lass dich überraschen, was passiert. Wichtig ist: Es geht nicht darum, dass du monoton *Bounce* und *Hit* wiederholst. Sondern darum, den Ball so genau mit den Augen zu fixieren, dass du den exakten Moment des Aufsprungs und Treffpunkts erkennst – immer wieder, Schlag für Schlag. Diese Übung wird niemals langweilig und kein Spieler der Welt, nicht einmal die Superstars, werden sie jemals vollkommen beherrschen. Nur deine Beobachtung ist entscheidend. Je länger ein Ballwechsel dauert, je höher das Tempo ist, desto größer die Herausforderung.

Der Clou zieht sich durch dieses Buch wie ein roter Faden: Dadurch, dass du den Ball genauer anschaust, ist dein Verstand beschäftigt. Die Stimme im Kopf hat weniger Zeit, dich an deine wacklige Rückhand zu erinnern, oder an welche Schwäche auch immer. Dein Fokus ruht auf dem Ball, weil du erkennen willst, wann er aufspringt und wann du ihn triffst. Je ruhiger es in deinem Kopf zugeht, desto weniger Raum ist dort vorhanden, um über den nächsten Schlag nachzudenken, sich vor einem Fehler zu fürchten und an den eigenen Fähigkeiten zu zweifeln.

Hit, Hit:

Konzentriere dich nur auf den Treffpunkt – bei dir und deinem Gegenüber. Sage Hit, wenn du den Ball triffst, und Hit, wenn dein Gegenüber ihn trifft.

Die Übung *Bounce und Hit* kann viele Probleme auf dem Court lösen. Häufig rufen Trainer ihren Spielerinnen und Spielern zu: „Du triffst zu spät! Schau den Ball besser an und triff ihn weiter vor dem Körper!“ Bestimmt korrekte Beobachtungen. Nur: Wo genau befindet sich „zu spät“? Wie viel zu spät? Und wo liegt der ideale Treffpunkt? Fünf Zentimeter weiter vorn? Oder zehn? Kein Coach kann diese Frage präzise beantworten. Und selbst wenn: Niemand ist in der Lage, diese Anweisung exakt zu befolgen. Du bist viel zu sehr damit beschäftigt, über das nachzudenken, was der Trainer auf der anderen Seite gerufen hat. Angestrengt bemühst du dich, seine Anweisungen richtig umzusetzen. Deine Gedanken kreisen darum, ob du die Dinge zu seiner Zufriedenheit ausführst oder nicht. Vom Zustand der Konzentration geschweige denn vom Gefühl des Flows bist du meilenweit entfernt. Gallwey beschreibt dieses Phänomen ausführlich in seinem Buch.

Bounce, Bounce:

Schaue nur auf den Ballaufsprung. Sage Bounce, wenn der Ball in deinem Feld landet, und Bounce, wenn er auf der anderen Seite aufspringt.

Bounce und Hit kann auch hier helfen. Wenn du den Ball wirklich genau beobachtest und präzise Aufsprung und Treffpunkt erkennst, verbessert sich in der Regel auch das Timing der Schläge. Viele Spielerinnen und Spieler schwärmen davon, dass sie den Ball öfter sauber im Sweetspot treffen und mehr Kontrolle spüren.

Next Level:

Bounce und Hit auf beiden Seiten! Du beobachtest also nicht nur Ballaufsprung und Treffpunkt auf deiner Seite, sondern auch beim Gegenüber. Die Intensität steigt. Deine Aufmerksamkeit wird noch mehr gefordert.

Probiere es aus. Beobachte, was mit deinen Schlägen passiert. Wie verändert sich dein Spiel? Reflektiere immer wieder: Wie präzise gelingt es dir, den Kontakt des Balls mit Boden und Schläger zu erkennen?

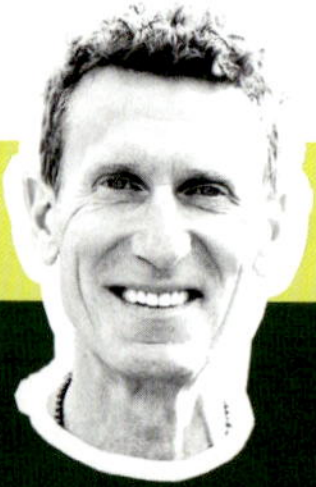

Aus meinem Tagebuch

TRAINING IN NEW YORK – WIE IM RAUSCH

Sommer 2010. Ich stehe zum ersten Mal auf dem Court in der größten Tennisarena der Welt, im Arthur Ashe Stadium von Flushing Meadows. Gigantisch! Zu meiner aktiven Zeit gab es diese Riesenschüssel für mehr als 24.000 Fans in New York noch nicht. Heute bin ich für einen Videodreh mit meinem Freund Nelson Artz und Sean Brawley verabredet. Sean war früher selbst einmal Tennisprofi und arbeitet inzwischen als Performance Coach. Er hilft Menschen, ihr Potenzial zu entfalten – im Sport und im Business. Was ich anfangs noch nicht ahne: Auch mir wird er heute einen Impuls mit auf den Weg geben, der mein eigenes Spiel und meine Arbeit als Coach verändern wird. Wir schlagen lange Bälle, wie es üblich ist am Anfang einer Session. Richtig sauber treffe ich die Kugel zu Beginn allerdings nicht. Mein Wilson Pro Staff 90 (das Racket, das damals auch Roger Federer spielte) ist an guten Tagen ein genialer Schläger, aber an schlechten Tagen verzeiht er mir nur wenige Fehler. Als wir eine Pause machen, erklärt mir Sean die Übung *Bounce und Hit* (s. Seite 40), die mir Nelson zwar schon einmal gezeigt, die ich aber nie nachhaltig verinnerlicht hatte. „Schau ganz genau hin und beobachte, wie präzise du Aufsprung und Treffpunkt des Balls erkennst", sagt Sean, als wir am Netz stehen. Mein erster Gedanke: „Für einen Anfänger bestimmt hilfreich. Aber brauche ich das?!"
Was ich in den Minuten danach erlebe, ist der absolute Wahnsinn! Ich lasse mich voll auf die Übung ein und spiele nach ein paar Minuten wie in einem Rausch. Fast jeden Ball treffe ich im Sweetspot. Einfach genial! Einerseits bin ich perplex, dass so eine simple Übung einen so beeindruckenden Effekt hat. Andererseits merke ich, dass sie tatsächlich gar nicht so einfach ist, wie ich anfangs dachte. Je schneller und länger die Ballwechsel, desto größer die Herausforderung. Wirklich exakt zu erkennen, wann der Ball aufspringt und wann er meinen Schläger berührt, erfordert eine enorme Konzentration. Man blendet alles aus, was stören könnte und gelangt so in einen mentalen Tunnel – der beste Zustand, den ein Tennisspieler erreichen kann, weil er dann völlig frei schwingt.

Einige Wochen später, im September, kämpften wir am Stuttgarter Weissenhof in der Davis-Cup-Relegation gegen Südafrika um den Verbleib in der Weltgruppe. Philipp Kohlschreiber und Florian Mayer brachten uns am Freitag mit 2 : 0 in Führung. Im Doppel am Samstag sollten Andreas Beck und Christopher Kas alles klarmachen. Doch bei „Andi" lief es morgens im Training nicht rund. Er war ungewöhnlich angespannt, der Wind nervte ihn und er fühlte sich einfach nicht wohl. *Bounce und Hit* war immer noch präsent in meinem Kopf, zu beeindruckend war die Erfahrung mit Sean in New York. Es war das erste Mal, dass ich einen meiner Jungs aufforderte, die Übung auszuprobieren. Als ich Andi erklärte, dass er *Bounce* sagen solle, wenn der Ball in seinem Feld aufspringt, und *Hit*, wenn er ihn schlägt, schaute er mich entgeistert an. Ein Blick, der so viel bedeutete wie: „Ich bin die Nummer 30 der Welt – und alles, was dir einfällt, ist diese Übung? Dein Ernst?!" Ich fragte ihn: „Andi, vertraust du mir?" Er nickte.
Was dann passierte, werde ich nie vergessen! Nach fünf Minuten traf er jeden Ball in der Mitte des Schlägers, sein Schwung war plötzlich locker, das Timing passte. Keine Spur mehr von Verkrampfung. „Das ist ja völlig verrückt, das gibt's ja gar nicht", rief er fassungslos. Am

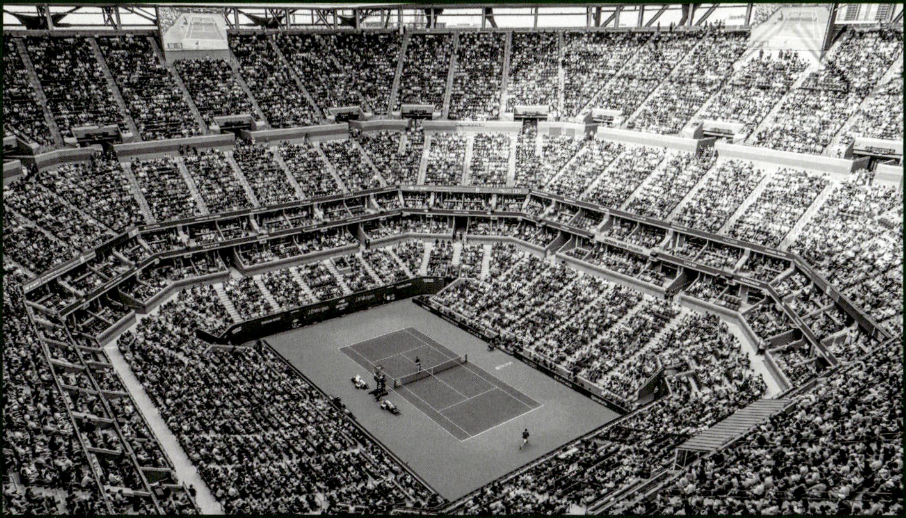

Riesenschüssel! Bei meinem Training 2010 war das Arthur Ashe Stadium nicht so voll …

Nachmittag gewannen die Jungs das Doppel in vier Sätzen – der drohende Abstieg aus der Weltgruppe war abgewendet.

Mit Tommy Haas hatte ich eine ähnliche Erfahrung: Nach einer seiner vielen Verletzungspausen besuchte ich ihn Anfang 2011 in den USA, um ihn bei der Vorbereitung auf sein Comeback zu unterstützen. Auch Tommy erzählte ich von meinen Erlebnissen mit *Bounce und Hit*. Erst schaute er mich an, als würde ich ihm ein feuerrotes Spielzeugauto in die Hand drücken. Dann legte er los – so, wie wir ihn alle kennen: mit Volldampf! Er traf die Bälle nun viel präziser und wurde dabei mit jedem Schlag offensiver. Das Adrenalin spritzte fast aus seinen Ohren heraus. Selbst bei einem Weltklasse-Spieler, der die Nummer zwei der Weltrangliste war, zeigte die Übung einen verblüffenden Effekt. Manchmal frage ich mich heute: Wie viele Matches mehr hätte ich wohl gewinnen können, hätte ich diese Übung schon während meiner Karriere als Spieler gekannt?

WAS ICH GELERNT HABE:

Mit *Bounce und Hit* habe ich eine Übung kennengelernt, die mich nicht mehr loslassen wird. Für mich ist es die beste Möglichkeit, sich zu fokussieren. Wenn ich Aufsprung und Treffpunkt des Balls wirklich genau beobachte, lässt sich nahezu jeder technische Fehler korrigieren. Ich treffe den Ball im richtigen Abstand vom Körper, finde meinen idealen Rhythmus und bewege mich sogar besser. Die Einheit mit Sean Brawley in New York hat mir gezeigt, wie wichtig der Wert der eigenen Erfahrung ist. Offen zu sein für Neues und nicht vorschnell zu urteilen. Die Übung, die ich anfangs innerlich etwas belächelt hatte, ist heute die wichtigste Säule in meinem Training.

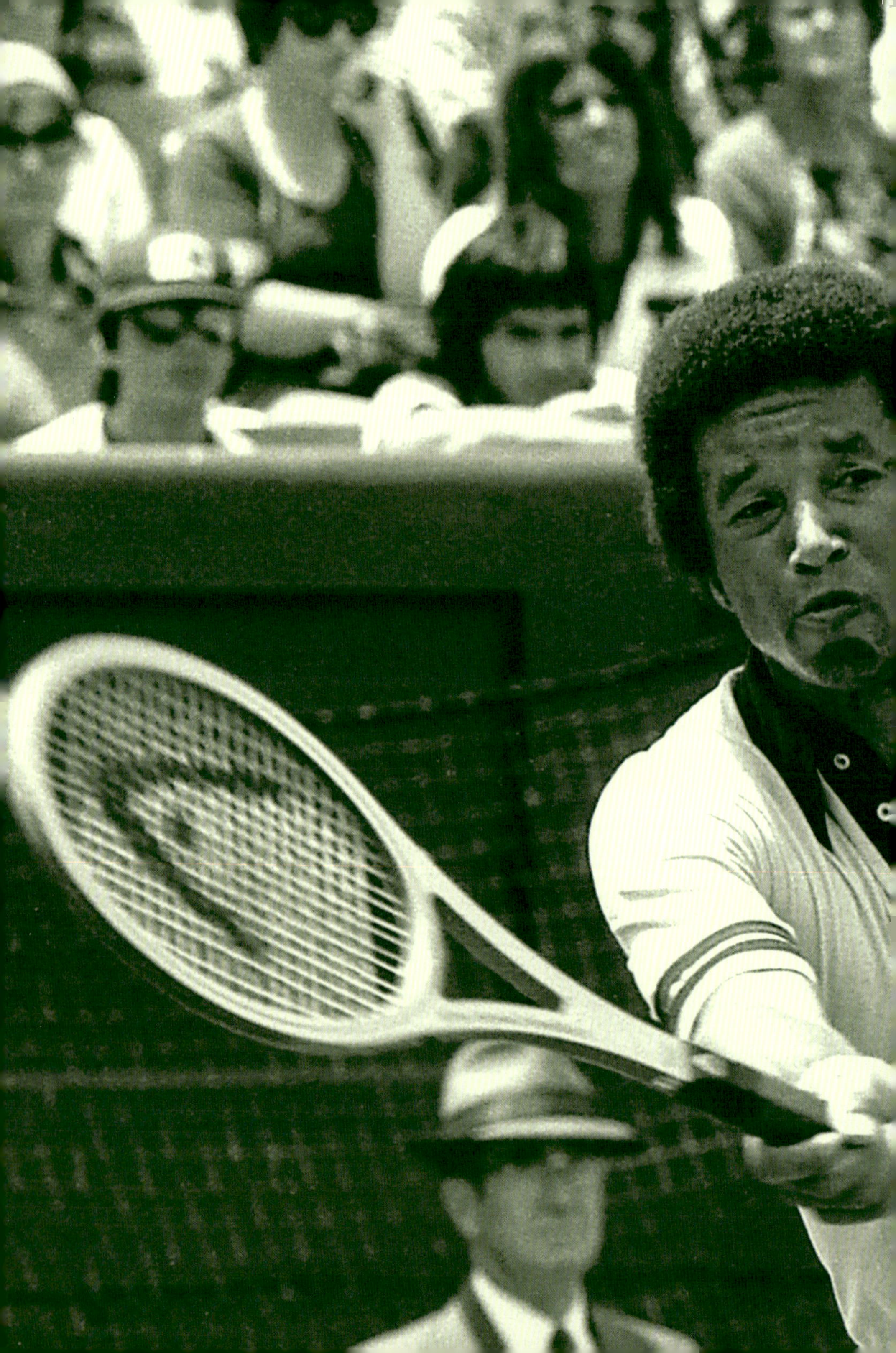

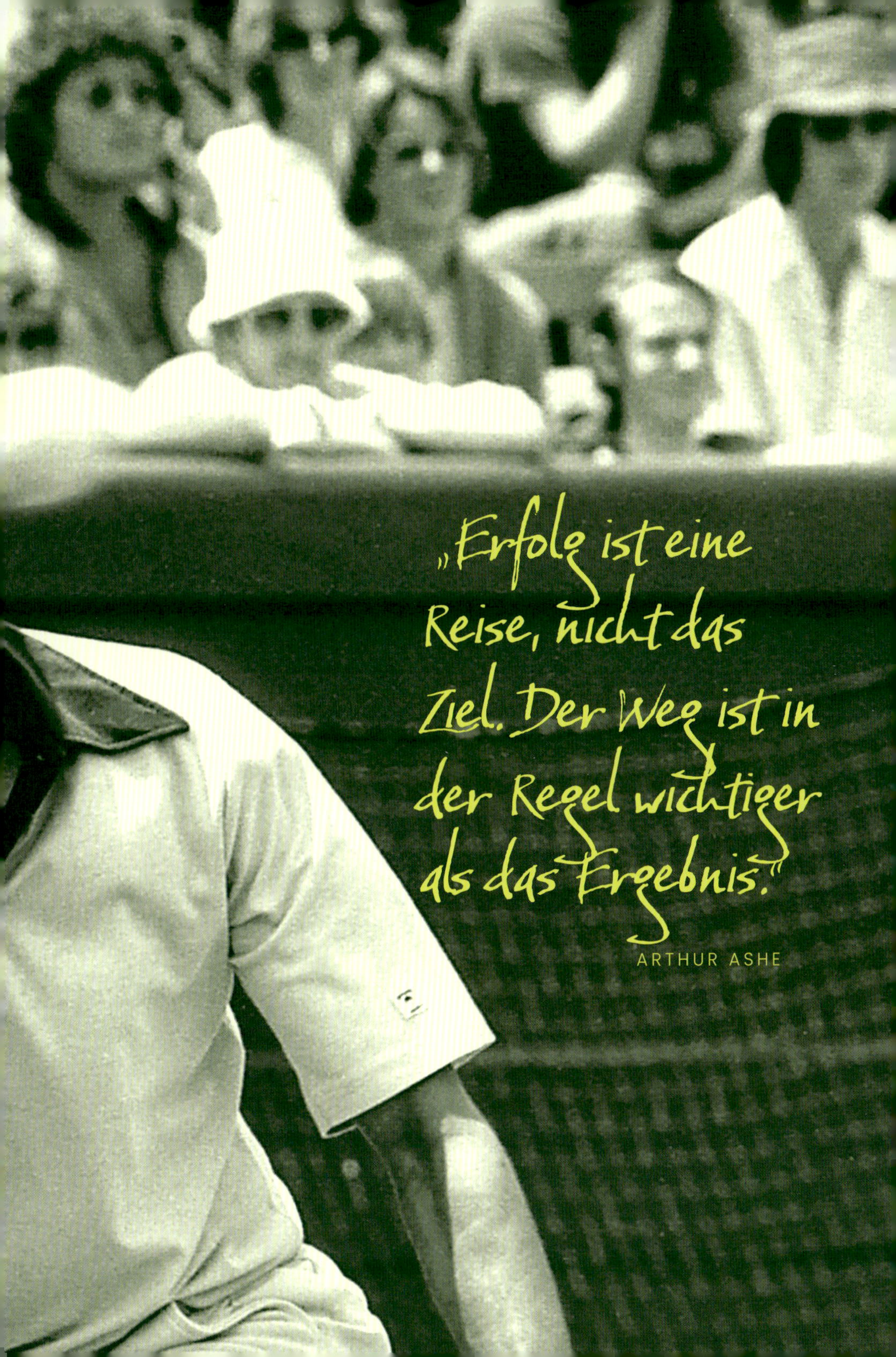
„Erfolg ist eine Reise, nicht das Ziel. Der Weg ist in der Regel wichtiger als das Ergebnis."
ARTHUR ASHE

Wunder-Werkzeug Atmung

Unsere Atmung hat einen entscheidenden Einfluss auf unsere Gesundheit. Es gibt inzwischen bereits Fachliteratur, die beeindruckend erläutert, dass sich richtiges Atmen nicht nur auf die Leistungsfähigkeit des Menschen auswirkt, sondern sogar das Leben verlängern kann. Die Atmung beeinflusst unsere Fähigkeit zur Konzentration, zur Regeneration nach dem Sport und unser allgemeines Wohlbefinden. James Nestor, ein amerikanischer Journalist, der unter anderem für die New York Times schreibt, hat mit seinem Buch *Breath* einen Welt-Bestseller gelandet, den jeder lesen sollte, dem die eigene Gesundheit am Herzen liegt. Er beschreibt darin auf mehr als 300 Seiten die Auswirkungen des richtigen Ein- und Ausatmens auf eine Vielzahl chronischer Krankheiten und überprüft viele wissenschaftliche Studien mit faszinierenden und zum Teil erschreckenden Selbstversuchen. Die Art und Weise, wie die Luft in unsere Lunge strömt, beeinflusst unser gesamtes Leben und auch die Frage, ob und wie wir unser körperliches und geistiges Potenzial nutzen. Nestor schreibt: „Wie sehr wir auch auf die Ernährung achten, wie viel Sport wir treiben, wie widerstandsfähig unsere Gene sein mögen, wie schlank, jung und klug wir auch sind – das alles hilft nichts, solange wir nicht richtig atmen. Der fehlende Stützpfeiler der Gesundheit ist die Atmung. Sie steht am Anfang."

Die wichtigste Botschaft aus dem Werk *Breath* in aller Kürze: Fast alle Menschen atmen zu wenig durch die Nase und zu viel durch den Mund ein – erst recht bei intensiver Belastung. Fakt ist: Die Mundatmung schadet der Gesundheit. Sie versetzt den Körper in einen Stresszustand, führt zu schnellerer Ermüdung und reduziert die Leistungsfähigkeit. Es heißt, der Körper verliere so bis zu 40 Prozent mehr Wasser – wer am Morgen mit trockenem Mund erwacht, spürt das selbst. Das größte Problem, das Nestor ausführlich medizinisch erklärt und durch eigene Versuche belegt: Mundatmung führt zu mehr Mundatmung, da sich die Atemwege mit der Zeit verengen. Je seltener wir durch die Nase einatmen, desto schwerer fällt uns das mit der Zeit. So entsteht ein gefährlicher Kreislauf, der Schnarchen, Schlafapnoe, allgemeine Atembeschwerden und auch schwerwiegende Erkrankungen, zum Beispiel des Herz-Kreislaufsystems, verursachen kann.

Das vertiefte Verständnis über die Bedeutung der richtigen Atmung für unseren Körper sollten wir Tennisspieler nutzen. Natürlich aus medizinischer Sicht und ebenso um die Leistungsfähigkeit des Körpers zu erhöhen – daran sind schließlich auch Freizeitspielerinnen und -spieler interessiert. Aber auch weil die Atmung ein Wunder-Werkzeug für die Konzentration zwischen den Ballwechseln und beim Seitenwechsel sein kann. Beides sind kritische Phasen in einem Match, in denen wir (zu) viel Zeit haben, uns in Selbstverurteilungen, destruktiven Monologen, Zweifeln, Wut und Ärger zu verlieren. Die Fokussierung

zwischen den Punkten und in der Pause auf der Bank ist deshalb fast noch wichtiger als während des Spielens. Das bewusste Atmen ist dafür ein fantastisches Hilfsmittel.
Die Atmung kann ein Match entscheiden, und zwar auf jedem Leistungsniveau. Sie kann den Puls beruhigen, entweder nach hoher Belastung oder wenn die Nervosität besonders stark ist. In Momenten der Lethargie kann sie aber auch wie ein Gaspedal wirken und Energie freisetzen. Viele Profis integrieren diese Erkenntnisse inzwischen in ihr Training. Novak Djokovic gehört zu den Spielern, die offen über ihre Atem- und Meditations-Routinen sprechen. Auch der Grieche Stefanos Tsitsipas erzählte einmal, dass er bereits seit vielen Jahren mit einem Sportpsychologen zusammenarbeite, der ihm verschiedene Atemtechniken beigebracht habe, die ihm helfen, in engen Phasen eines Matches Stress abzubauen und die Kontrolle über das Spiel zu bewahren.
Nur wenige Freizeitspieler sind sich der Bedeutung bewusst, die das Atmen auf die Konzentration und Leistungsfähigkeit hat. Wer herausfindet, in welchen Situationen welche Atemtechnik hilfreich ist, kann sich einen erheblichen Vorteil verschaffen.

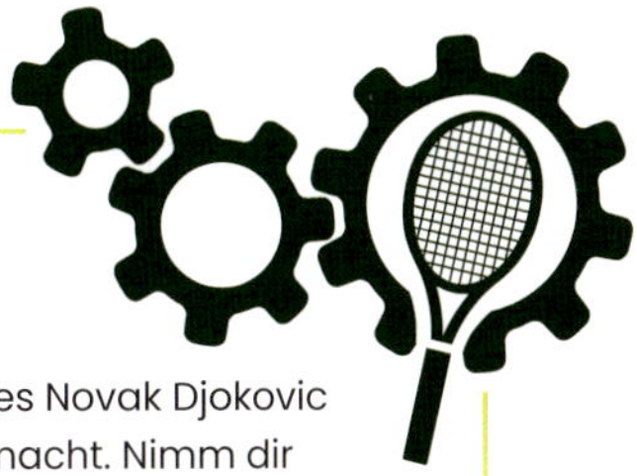

Drei Tipps für die Atmung

1| Um **zwischen den Punkten** die Fokussierung zu wahren und dich nicht von Zweifeln, Ärger oder Angst vor dem nächsten Punkt ablenken zu lassen, richte deine Aufmerksamkeit nach dem Ballwechsel sofort auf die Atmung. Atme zum Beispiel drei- bis fünfmal tief durch die Nase ein und durch den Mund wieder aus. Finde heraus, welche Atemfrequenz in welchen Situationen auf dem Platz für dich ideal ist.

2| Zähle deine Atemzüge zwischen zwei Punkten. Wie oft atmest du ein und aus, bis du wieder für den nächsten Aufschlag oder Return an der Grundlinie stehst?

3| Atme während des **Seitenwechsels** besonders bewusst. Schließe dabei vielleicht sogar die Augen, wie es Novak Djokovic oft macht. Nimm dir mindestens eine halbe Minute Zeit, um dich nur auf deine Atmung zu konzentrieren. Spüre, wie die Luft durch deine Nase strömt. Die Pause auf der Bank ist jedes Mal eine Chance, sich zu sammeln, zu reflektieren, zu analysieren und neue Energie zu tanken. Mit deiner Atmung schaffst du dafür die Basis.

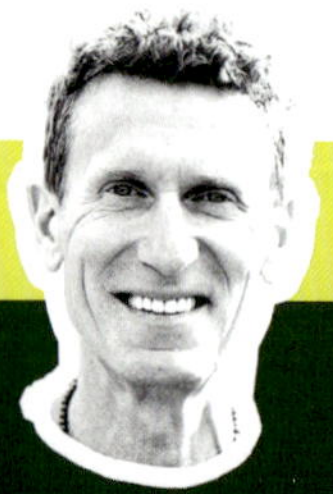

Aus meinem Tagebuch

ATMEN UND KALTE DUSCHE AM MORGEN

Frühjahr 2021. Zwei Bücher verändern mein Leben. Das erste: *Die Wim-Hof-Methode*. Wim Hof ist auch als „Eismann" bekannt, ein Niederländer, der unglaubliche Rekorde in extremer Kälte aufstellt. Niemand hat so lange in einem Eisbad verbracht wie er, fast zwei Stunden ununterbrochen. Bis zum Hals! Er ist mit kurzen Hosen auf den Kilimandscharo gelaufen, hat mit Sandalen bei minus 20 Grad am Nordpol einen Marathon absolviert. All das mit der Kombination aus dem richtigen Mindset und einer speziellen Atemtechnik. Im Kern funktioniert die so: 30- bis 40-mal tief durch die Nase in den Bauch und die Lunge ein- und durch den Mund ausatmen. Nach dem letzten Ausatmen nicht mehr weiter atmen – so lange es gut erträglich ist. Wenn der Körper das Signal gibt, dass er weiteratmen will, tief einatmen, die Luft ca. 15 Sekunden anhalten und dann entweichen lassen. Danach beginnt die nöchste Runde. Ich mache drei bis vier Runden, manchmal auch mehr. Dabei geht es mir nicht um extreme Selbstversuche. Was mich fasziniert ist der Gedanke dahinter: Wie wirken sich Atmung und Kälte auf meinen Körper, mein Immunsystem, mein Wohlbefinden und meine Leistungsfähigkeit aus? Seit zwei Jahren ist Hofs Technik Bestandteil meiner Morgenroutine. Nach dem Aufwachen beginne ich direkt mit den Atemübungen. Anschließend folgt eine Fitnesseinheit, (Liegestütze, Kniebeugen & Co.), danach stelle ich mich für zwei bis drei Minuten unter die kalte Dusche. Die Kälte gibt mir einen Schub für den Tag. Sie aktiviert mich, und vor allem zwingt sie mich, immer wieder meinen inneren Schweinehund zu überlisten. Inzwischen freue ich mich schon beim Aufstehen auf den Kickstart. Atmung und Kälte sind ein Game-Changer in meinem Leben. Ich habe sogar schon ein Retreat bei Hof in den Niederlanden besucht.

Das zweite erwähnte Buch heißt *Breath* von James Nestor. Es erklärt die wissenschaftlichen Hintergründe des „richtigen" Atmens, megafaszinierend! Ich habe es einigen Freunden geschenkt, Felix hat's natürlich auch bekommen. Alle sind überwältigt und gleichzeitig erschrocken, welchen Einfluss die Atmung auf unsere Gesundheit nimmt.
Auch mein Tennisspiel beeinflussen die Erkenntnisse übers Atmen. Zwischen den Ballwechseln atme ich heute bewusster als früher, immer langsam und tief durch die Nase ein und durch den Mund aus. Es beruhigt mich, hilft mir bei der Fokussierung. Gerade nach langen Rallys, wenn der Puls hoch ist. Dann ist die Nasenatmung zwar nicht einfach, aber ich habe das Gefühl, schneller zu regenerieren. Bewusstes Atmen verschafft mir Klarheit, entspannt mich, ohne die nötige Spannung zu verlieren. Die Aufmerksamkeit geht weg vom Ergebnis. Punkte sind schließlich nicht alles.

WAS ICH GELERNT HABE:

Lesen ist für mich ein wichtiger Teil meiner persönlichen Entwicklung. Bücher lassen einen wachsen. Was jedoch für mich zählt: die Theorie auch in die Praxis umzusetzen. Worte können inspirierend sein, aber Veränderungen entstehen erst, wenn man ins Tun kommt und eigene Erfahrungen sammelt. Experimente wie das bewusste Atmen und das eiskalte Duschen sind für mich der perfekte Weg, um mich selbst immer besser kennenzulernen und herauszufordern.

„Tennis ist eine Kombination aus brutaler Action in einer Atmosphäre der absoluten Ruhe."

BILLIE JEAN KING

Achtsamkeit auf dem Court entdecken

Kennst du Jon Kabat-Zinn? Der Amerikaner ist emeritierter Professor an der Universität von Massachusetts und unterrichtet dort Achtsamkeitsmeditation. Er engagiert sich seit Jahrzehnten dafür, das Thema auf Basis seiner eigenen und anderer wissenschaftlicher Untersuchungen fester in Medizin und Gesellschaft zu verankern. Kabat-Zinn hat auch das weltweit verbreitete Konzept „Mindfulness-based stress reducation" (MBSR) entwickelt, das Menschen einen gesünderen Umgang mit Stress vermittelt und inzwischen sogar in Deutschland von vielen Krankenkassen empfohlen und bezuschusst wird. Die Weltgesundheitsorganisation bezeichnete Stress einmal als „die Seuche des 21. Jahrhunderts", als eine der größten Gefahren für die Gesundheit des Menschen.

Als erwiesen gilt: Achtsamkeit kann psychische Belastungen lindern. Sie kann für Entschleunigung sorgen in einer von immer mehr Tempo geprägten, digitalen, hektischen Welt. Kabat-Zinn definiert **Achtsamkeit** folgendermaßen: „Achtsamkeit bedeutet, auf eine bestimmte Weise aufmerksam zu sein: bewusst, im gegenwärtigen Augenblick und ohne zu urteilen. Diese Art der Aufmerksamkeit steigert das Gewahrsein und fördert die Klarheit sowie die Fähigkeit, die Realität des gegenwärtigen Augenblicks zu akzeptieren."

An diesem Punkt kommt der Tennissport ins Spiel. Die Akzeptanz dessen, was ist, gehört zu den wichtigsten und gleichzeitig schwierigsten Herausforderungen auf dem Court. Fehler abzuhaken, weil sie nicht mehr änderbar sind. Nicht mental zu entgleisen, nur weil die Vorstellung vom perfekten Spiel in der eigenen Wahrnehmung zu weit von der Realität entfernt liegt. Für viele Spielerinnen und Spieler ist Tennis nicht immer ein Ausgleich zum stressigen

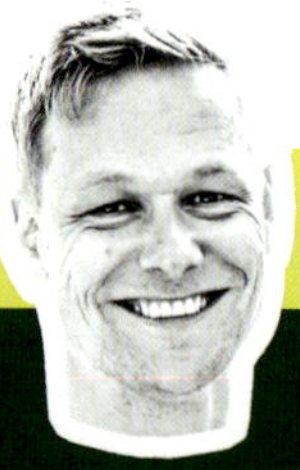

Aus meinem Tagebuch

EINATMEN. WAHRNEHMEN. AUSATMEN

November 2020. Ein morgendlicher Gang durch den Park vor meiner Haustür in Hamburg. Ein Dutzend unterschiedlicher Farbtöne schimmern in der Herbstsonne. Einatmen. Wahrnehmen. Ausatmen. Ein Labrador wälzt sich, von Glückseligkeit berauscht, zwischen Entenkot und Laub im feuchten Gras. Kaum Menschen. Ein Jogger, der zum Labrador gehört. Eine Mutter mit Kinderwagen. Ein paar Graugänse beim Frühstück. Sonst nichts. Innehalten. Einatmen. Wahrnehmen. Ausatmen. Ein Presslufthammer in der Ferne. Die Stille um den Hammer herum wahrnehmen. Gar nicht so einfach. Funktioniert aber, zumindest für ein paar Sekunden. Einatmen. Wahrnehmen. Ausatmen. Einfach gehen, einen Fuß vor den

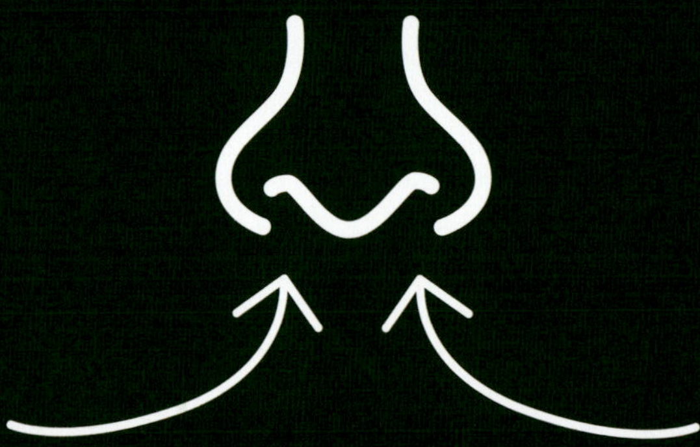

Alltag. Längst nicht alle empfinden die Welt zwischen den weißen Linien als Oase der Erholung, als einen Zufluchtsort, der Vertrauen verspricht, wenn einem draußen wieder einmal alles zu viel wird. Der Druck ist oft immens. Gerade für viele erfolgreiche Geschäftsleute ist Tennis nur eine weitere von unzähligen Disziplinen, in denen sie, von Konkurrenzgedanken getrieben, sich selbst und andere mit ihrer Leistung überzeugen wollen. Achtsamkeit kann ein Weg sein, die psychischen Herausforderungen des Spiels, die in jeder Spielklasse immer bestehen werden, entspannter zu erleben. Den eigenen Körper bewusster wahrzunehmen und die Anwesenheit auf dem Platz mehr zu genießen. Gleichzeitig können Achtsamkeitsübungen auch außerhalb des Courts den unruhigen Geist zähmen und für mehr innere Ruhe und Ausgeglichenheit sorgen, wo vorher Hektik und Anspannung dominierten.

anderen setzen. Den Boden darunter spüren. Wie fühlt er sich an? Auf einer Skala von eins bis zehn – wie weich oder hart ist er? Wie setze ich meine Füße auf den Boden? Wo im Körper spüre ich mein Gewicht beim Laufen? Einatmen. Wahrnehmen. Ausatmen.
Eine Einheit in **Achtsamkeit** versuche ich inzwischen möglichst täglich in meinen Alltag zu integrieren. Ein paar Minuten genügen meist. Nicht immer ist es ein Spaziergang am Morgen. Manchmal konzentriere ich mich auf den Geschmack des ersten Kaffees nach dem Aufstehen. Ich versuche ihn dann so intensiv wahrzunehmen, dass ich einem Alien beschreiben könnte, wie er schmeckt. Gar nicht so einfach. Manchmal achte ich auf das Gefühl, wenn das Messer durch die Zucchini gleitet, auf die Tonlage eines singenden Vogels, auf das Eichhörnchen, das vor meinem Fenster akribisch seiner Arbeit nachgeht. Oder auf den Tennisball, wenn er auf die Saiten meines Schlägers trifft. Ein wunderbarer Augenblick.

WAS ICH GELERNT HABE:

Seit ich mich mit Achtsamkeit befasse, fühle ich mich ausgeglichener. Ich schaffe es, mich öfter auf das Hier und Jetzt zu fokussieren. Die Momente der bewussten Wahrnehmung reduzieren die Ablenkungen. Je achtsamer ich bin, desto weniger bin ich die Marionette meines ständig aktiven Verstandes. Wenn die Aufmerksamkeit abschweift, wird die Stimme im Kopf wieder lauter. Auf dem Court helfen mir die kleinen Übungen, mein Spiel weniger zu bewerten. Ich nehme Fehler immer noch wahr, aber die Zeit, in der ich mich über sie ärgere, wird zumindest kürzer. Für mich jedes Mal eine spannende Erfahrung.

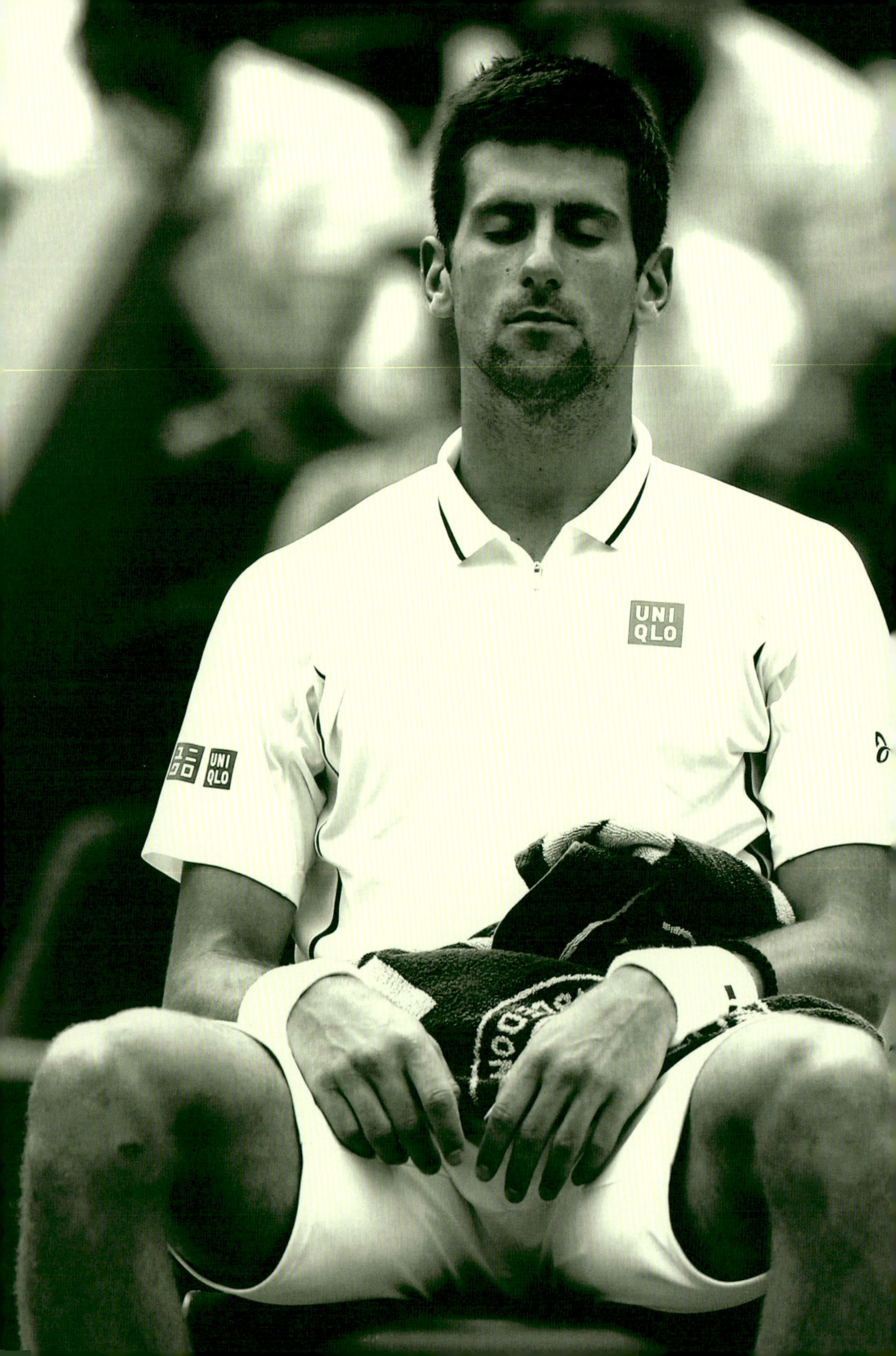

„Durch mein Achtsamkeitstraining funktioniert mein Gehirn inzwischen automatisch besser, auch wenn ich nicht meditiere. Früher erstarrte ich förmlich, wenn ich einen Fehler machte. Ich war überzeugt davon, dass ich nicht in derselben Liga spielte wie die Federers und Murrays dieser Welt. Wenn ich heute einen Aufschlag oder eine Rückhand vermassele, kommen die Selbstzweifel immer noch kurz hoch, aber ich weiß jetzt, wie ich mit ihnen umgehen muss: Ich nehme die negativen Gedanken zur Kenntnis, lasse sie los und konzentriere mich auf den Augenblick."

NOVAK DJOKOVIC

Drei Tipps für achtsames Spielen

Experimentiere, wenn du magst, mit den folgenden Übungen. Lass dich drauf ein, ohne Erwartungshaltung. Vielleicht bewirkt die Achtsamkeit etwas in deinem Spiel – vielleicht auch nicht. Probiere es aus.

1| Spüre deinen Treffpunkt. Wo auf deiner Schlagfläche triffst du den Ball? Vorne? Hinten? Oben? Unten? Oder im Sweetspot? Achte nur auf das Gefühl und nimm so genau wie möglich wahr, wo der Ball den Schläger berührt. Bewerte deinen Treffpunkt nicht, denn Beurteilungen führen zu mehr Gedanken und die stören dich in deiner Achtsamkeit.

2| Höre deinen Schlag. Achte auf den Sound des Balls in deinem Treffpunkt. Wie hören sich deine Schläge an? Kannst du das Geräusch eines Slice-Schlags von einem Topspin unterscheiden?

3| Spüre den Boden unter deinen Füßen. Ein Klassiker im Achtsamkeits-Training. Fühle, wie deine Füße den Boden berühren. Landest du mit dem ganzen Fuß auf dem Court? Zuerst mit dem Ballen oder der Ferse? Auf einer Skala von eins bis zehn – wie hart ist der Boden unter deinen Füßen?

An alle Zweifler!

Manche Menschen zweifeln ständig und an fast allem – insbesondere an sich selbst. Sie überlassen der Stimme im Kopf das Zepter, zweifeln an ihren Stärken und misstrauen ihren eigenen Talenten. Sie fürchten sich vor der Zukunft und hadern gleichzeitig mit der Vergangenheit. Sehen an jeder Ecke Gefahren lauern, anstatt Chancen zu erkennen. Auf dem Tennisplatz spielen sie, um nicht zu verlieren – aber nicht, weil sie mit ganzem Herzen gewinnen wollen. Sie grübeln über falsche Entscheidungen und die Meinungen anderer Menschen. Permanent vergleichen sie sich mit ihrem Umfeld und suchen sich dabei jene Kriterien aus, in denen sie meinen, schlechter abzuschneiden als der Rest. All diese Gedanken sind das Werk der Stimme im Kopf. Denke dran, ihr öfter ein Lächeln zu schenken!

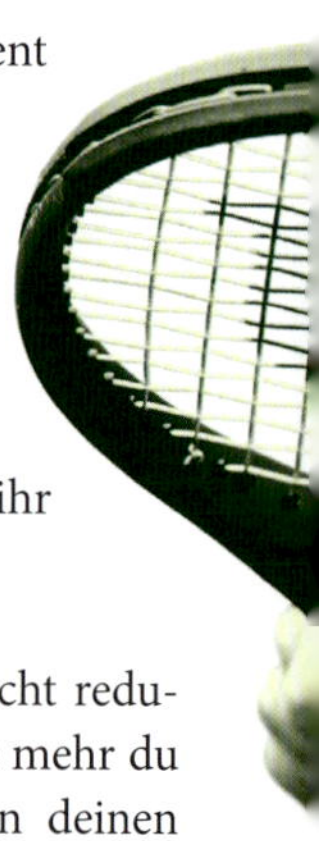

Zweifel und Ängste lassen sich nicht reduzieren, indem du sie bekämpfst. Je mehr du dich gegen den Kritiker zwischen deinen

Ohren auflehnst, desto aktiver und lauter wird er. Oder hast du jemals eine andere Erfahrung gemacht? Je schlimmer die Furcht vor der nächsten Rückhand, desto größer die Wahrscheinlichkeit, dass du sie erneut verschlagen wirst. Du siehst den Ball plötzlich als eine Bedrohung und verkrampfst, anstatt frei zu schwingen. Das muss nicht so sein ...

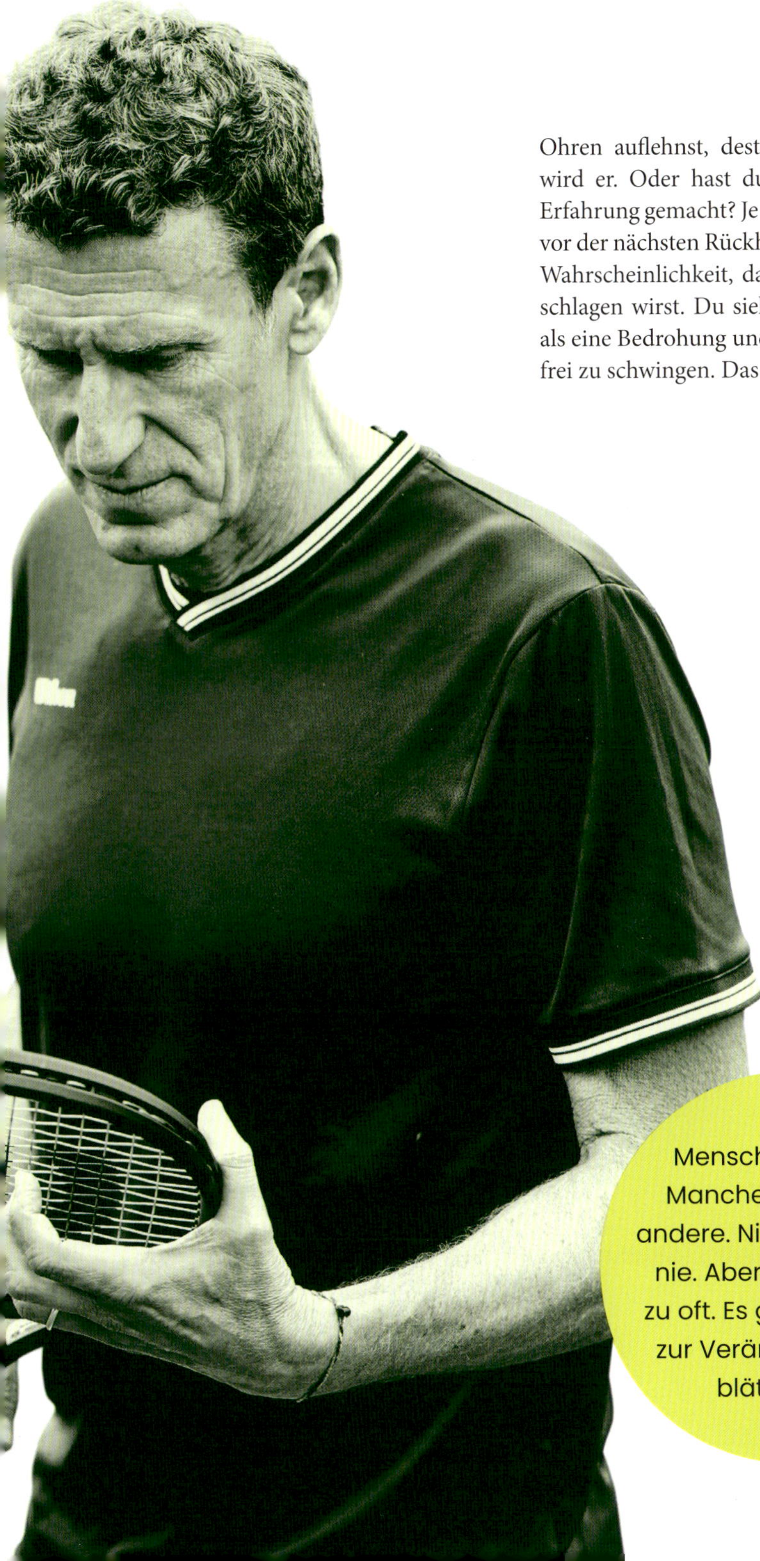

Menschen zweifeln. Manche häufiger als andere. Niemand zweifelt nie. Aber viele zweifeln zu oft. Es gibt einen Weg zur Veränderung. Bitte blättere um!

„Wenn du zweifelst,

dann zweifle öfter auch an deinen Zweifeln!“

TIMOTHY GALLWEY

KAPITEL 2

TRAINING & VORBEREITUNG

Wie du bewusster und mit (noch) mehr Freude trainierst, um so die besten Voraussetzungen für den Wettkampf zu schaffen. Mit vielen Übungen für Kopf und Körper.

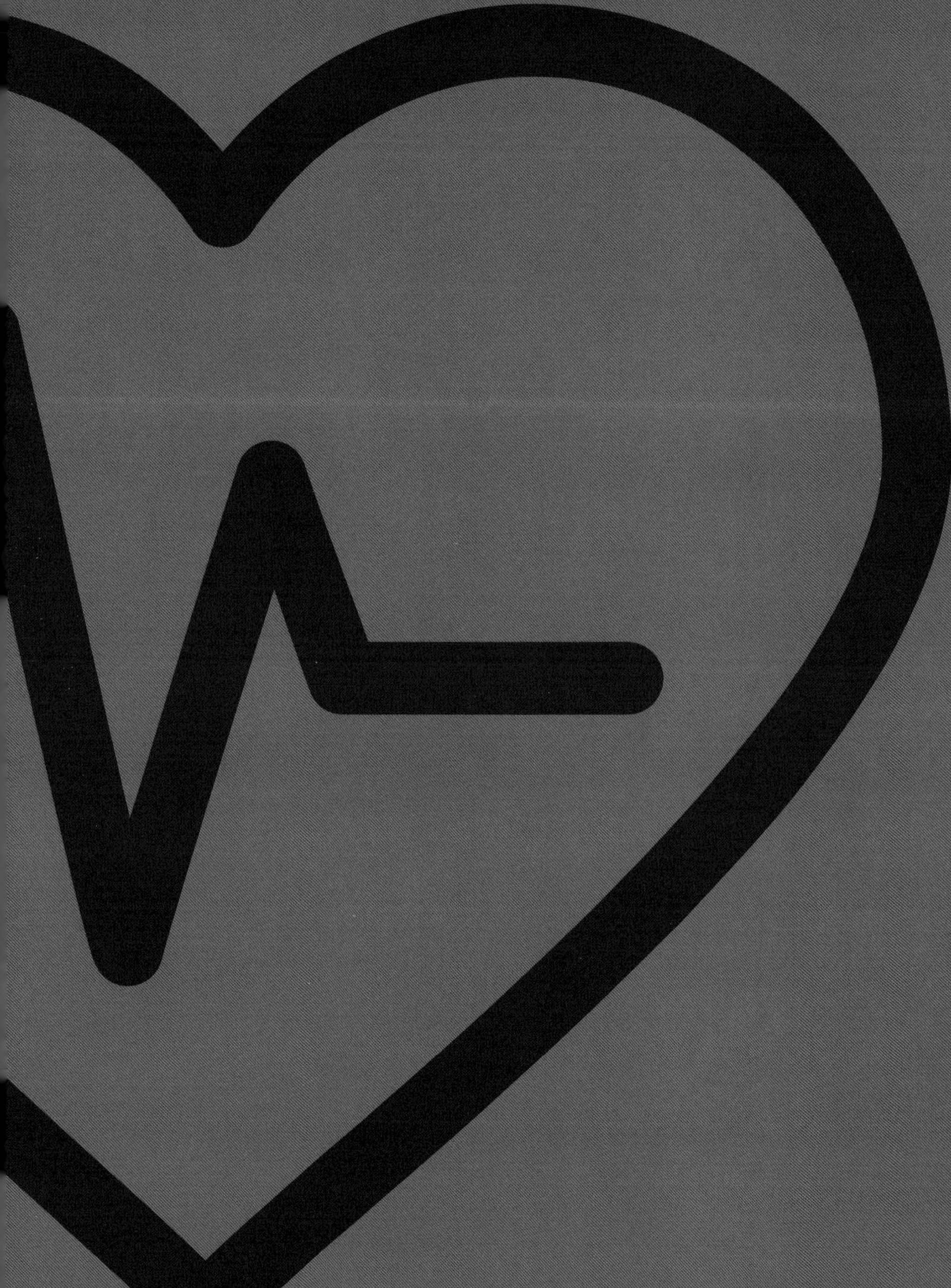

Das Versuchen und Hoffen

Ständig *versuchen* wir, Dinge richtig zu machen. Wir *hoffen*, dass sie uns gelingen werden. Wir geben uns größte *Mühe*, damit wir nicht scheitern. Die meisten von uns benutzen diese Worte unbedacht – oft auch im Training. Dabei sind „versuchen", „hoffen" und „bemühen" Störenfriede. Wir zweifeln an unseren Fähigkeiten und entschuldigen uns bereits im Vorfeld dafür, dass etwas schiefgehen könnte. So programmieren wir uns ungewollt aufs Scheitern – anstatt erst einmal ohne Erwartungen loszulegen und einen funktionierenden Weg herauszufinden. Wer sich *Mühe* gibt, der hat oft auch welche. Besonders starke Anstrengung beruht meist auf dem Misstrauen des Verstands. Er glaubt nicht an die Fähigkeit des Körpers und will ihm deshalb aufoktroyieren, was er zu tun und zu lassen habe. Je mehr der Verstand sich einmischt und die Kontrolle übernimmt, desto weniger frei und locker agieren wir.
Achte doch mal auf deine Wortwahl und auf deine Gedanken. Wie oft *versuchst* und *hoffst* du, auf und abseits des Tennisplatzes? Wie häufig *bemühst* du dich bei einer Tätigkeit und fühlst dich dabei verkrampft? Und was geschieht, wenn du all das loslässt und einfach mal machst – mit Freude, Vertrauen und **ohne** das Ergebnis in den Fokus zu rücken?

1

Fehler akzeptieren – sie sind okay!

Fehler gehören zum Spiel – sie passieren auf jedem Level. Du kannst dein Training wesentlich entspannter gestalten, wenn du dir von vornherein Fehler zugestehst. Sie werden dir ohnehin unterlaufen. Triff vor dem Training (vor dem Match sowieso!) eine Vereinbarung mit dir und deinen Jungs und Mädels auf dem Platz, dass 30 Fehler in Serie erlaubt sind. Es besteht danach kein Grund mehr, sich zu ärgern oder zu verurteilen. Denn eine Fehlerserie von 30 Schlägen muss dir erst einmal gelingen …

Drei Regeln für dein Training

2

Schluss mit den Entschuldigungen!

Ist dir schon einmal aufgefallen, wie oft wir Tennisspieler uns für unser Unvermögen entschuldigen? Wir rufen ein eiliges „Sorry" über das Netz, wenn der Ball zweimal in Folge sein Ziel verfehlt hat. Wir schämen uns fast dafür, den Spielrhythmus durch unsere Unfähigkeit zu unterbrechen, und quittieren unsere Fehler mit Worten wie: „Schrecklich, was ich heute wieder spiele!" oder „Ich habe noch überhaupt kein Timing heute, furchtbarer Tag!" So füttern wir die Stimme im Kopf, die diese Situationen liebt und geradezu aufblühen kann. Deshalb: Entschuldige dich vor dem Beginn des Trainings bei deinem Gegenüber für sämtliche Fehler, die dir heute auf dem Court passieren werden. Dann kannst du beim Spielen darauf verzichten – und es mehr genießen.

3

Fokus auf das, was gelingt!

Die meisten von uns sind es gewohnt zu schimpfen, wenn etwas nicht klappt. Sie richten die Aufmerksamkeit gewöhnlich auf das, was schiefgeht. Die Schwächen stehen im Zentrum der Wahrnehmung. Dabei übersehen wir, wie viele ausgezeichnete Schläge uns in einer Stunde gelingen, wie viele Bälle tatsächlich ihr Ziel erreichen. Das Funktionierende wird als selbstverständlich abgetan, während wir uns an unseren Fehlern aufreiben. Mach's doch mal umgekehrt! Bestätige jeden Ball, der sich gut anfühlt mit einem lauten „Yes!". Reflektiere nach dem Training: Was hat heute besonders gut geklappt? Lerne deine Stärken kennen!

„Wenn du wüsstest, was du könntest, wenn du wolltest!“

FELIX & PATRIK

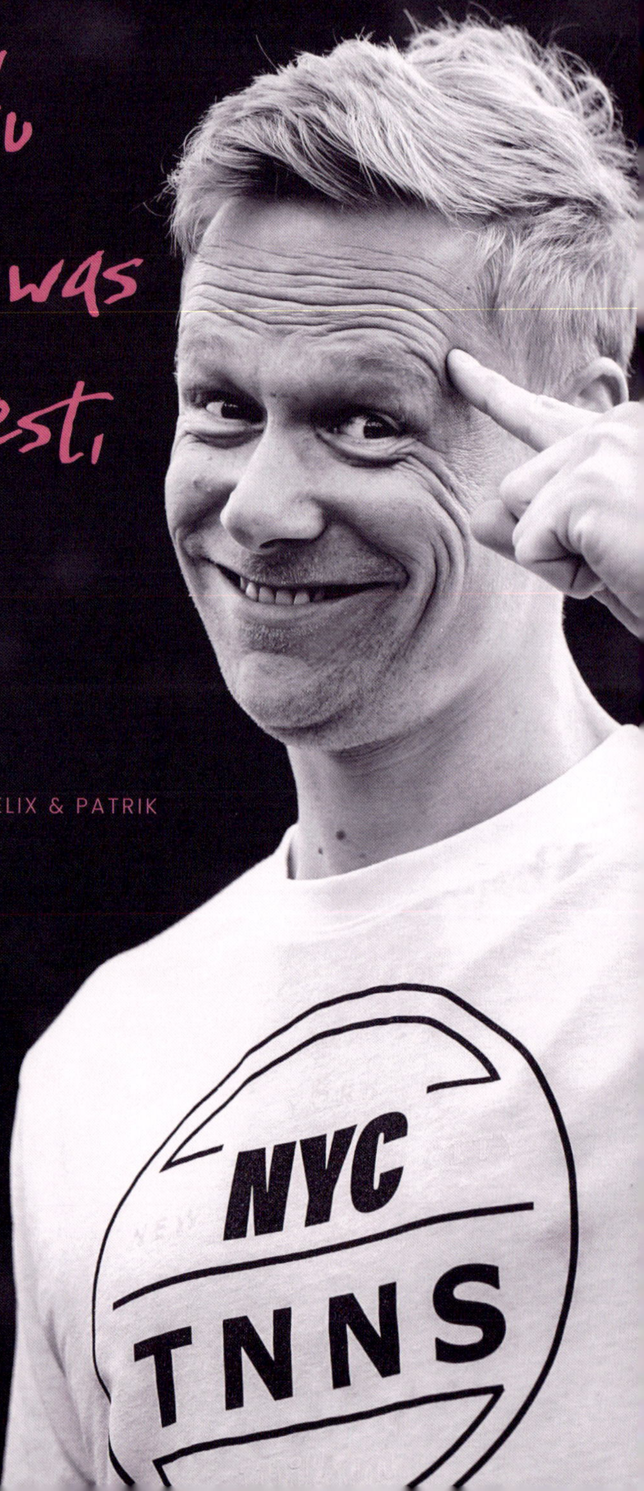

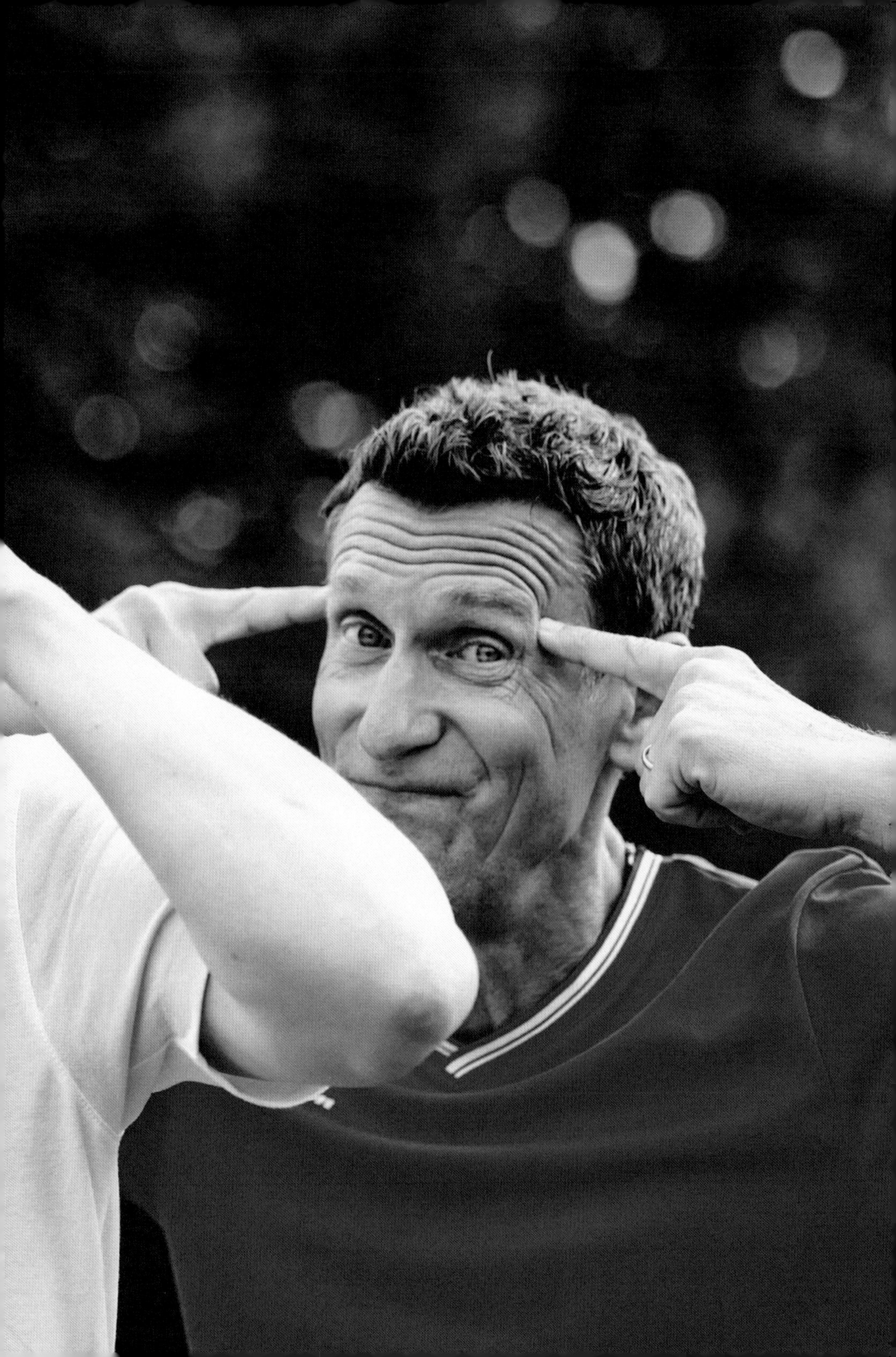

Über die Bedeutung des Trainings

Benjamin Franklin, einer der Gründerväter der Vereinigten Staaten von Amerika, soll irgendwann im 18. Jahrhundert einmal gesagt haben: **„Failing to prepare is preparing to fail!“**, frei übersetzt also: Wer sich nicht vorbereitet, bereitet sich auf das Scheitern vor. Eine Weisheit, die zu einem Kalenderspruch taugt, aber so viel Wahrheit beinhaltet, dass sie ein Tennisleben (und noch viel mehr ...) verändern kann. Die Bedeutung des regelmäßigen Trainings und der Vorbereitung auf ein Tennismatch ist vergleichbar damit, sich auf einen wichtigen Vortrag, eine Gehaltsverhandlung oder ein Verkaufsgespräch einzustellen. Durch die richtige Vorbereitung und intensives Training entsteht mit der Zeit eine wachsende Gewissheit, sich auf die eigenen Fähigkeiten verlassen zu können. Es ist die Grundlage für Selbstvertrauen.

Die Einstellung, mit der ein Sportler sein Training absolviert, spiegelt sich oft in anderen Lebensbereichen wider. Viele der erfolgreichsten Profis sind deshalb oft auch neben dem Court diszipliniert und verlässlich. Sie haben weniger Mühe als andere, sich voll und ganz auf ein Ziel zu fokussieren und alles auf dieses eine Vorhaben auszurichten. Leistungssportler lernen früh, wie groß der Einfluss des Trainings auf ihren Erfolg ist. Über Jahre und Jahrzehnte hinweg ordnen sie deshalb Tag für Tag, Woche für Woche, Monat für Monat alles dem einen großen Ziel unter, das Bestmögliche zu erreichen.
Eines Tages werden die wenigen, die es tatsächlich mit einem unerschütterlichen Willen, mit Fleiß, Eifer, Leidenschaft und einer enormen Widerstandsfähigkeit nach weit oben geschafft haben, von Millionen Fans bewundert. Sie werden für ihren Ruhm beneidet – für den Applaus, den sie erhalten, wenn sie wie Superstars in Arenen einmarschieren dürfen, zur Prime-Time in TV-Shows auftreten oder bei Instagram Hunderttausende Likes für ein Foto kassieren.

Gerade junge Talente träumen häufig, inspiriert von ihren Vorbildern, von einem solchen Leben im Rampenlicht. Sie stehen selbst noch ganz am Anfang ihrer langen Reise, aber identifizieren und vergleichen sich bereits mit Ausnahmeathleten, die sich auf dem Zenit ihrer Leistungsfähigkeit befinden. Der viele Schweiß und die brutalen Schmerzen, die permanente Opferbereitschaft und der Verzicht auf so viele Annehmlichkeiten des Lebens, die Hingabe und die Begeisterung, die diesen Erfolgen vorausgegangen sind, werden oft übersehen. Wie viel Zeit, Disziplin und mentale Kraft ein Profi Tag für Tag hinter den Kulissen aufbringt und wie oft er schon von Selbstzweifeln geplagt am Boden gelegen und mit Gedanken ans Aufgeben gerungen hat, daran denken die wenigsten. Sie sehen nur den Erfolg, nicht aber die harte Arbeit und die innere Zerrissenheit, die oft hinter den Fassaden der Superstars verborgen bleiben.

Langfristiger Erfolg beruht nicht auf Glück, sondern ist die Folge einer inneren Bereitschaft, weite Wege zu gehen, mit Beharrlichkeit und Leidenschaft weiterzulaufen, wenn andere stehenbleiben. Hin und wieder können einzelne Siege auch das Resultat glücklicher Umstände sein. Aber es werden Ausnahmen bleiben, wenn das Training nicht mit einer Mischung aus gesunder Motivation und Liebe zum Spiel betrieben wird, wenn nur der verführerische Duft des Triumphs die treibende Kraft ist und nicht die Freude am Weg selbst.

Andre Agassi hat dieses Phänomen in seiner Autobiografie *Open* beschrieben, in seiner bewegten und bewegenden Geschichte vom Wunderkind zum gefeierten Rebellen der Tour, der in den ersten Jahren seiner Karriere zahlreiche Höhen und Tiefen erlebt hat. Er berichtet, wie er als kleiner Junge von seinem Vater zum Training mit einer Ballmaschine gezwungen wurde, die er damals als „Drachen" bezeichnete. Täglich musste er Tausende Bälle übers Netz dreschen, angetrieben vom krankhaften Ehrgeiz des Vaters. Agassi wollte lieber Fußball spielen, doch er wurde zum Tennis gezwungen. Er begann seinen Sport zu hassen und stürzte später, in den Jahren nach seinem Wimbledonsieg 1992, als ihm der Weg an die Spitze der Weltrangliste geebnet schien, immer wieder von Ängsten geplagt in depressive Phasen. Er haderte mit sich und dem wolkenkratzerhohen Ziel, die Nummer eins zu werden, das ihm sein Umfeld, die Fans und die Medien wie einen bleischweren Helm übergestülpt hatten. Erst Ende der 90er-Jahre, als er seine Stiftung für die Schulbildung benachteiligter Kinder ins Leben rief, änderte sich seine Sichtweise. Plötzlich dienten all die täglichen Qualen im Training, die wochenlange Plackerei vor dem Beginn einer neuen Saison und natürlich die Strapazen eines Wettkampfs nicht mehr nur der Befriedigung seines eigenen und der fremden Egos, sondern er ackerte jetzt auch dafür, durch seine Erfolge das Leben möglichst vieler Kinder positiv zu verändern. Er hatte einen Antrieb gefunden, der ihm einen höheren Sinn stiftete, zu einer Mission wurde und ihn zu fünf weiteren Grand-Slam-Titeln und zurück auf Platz eins der Weltrangliste führte – vor allem aber zu einem gesünderen und glücklicheren Leben.

Der Weg zum Erfolg ist eine Reise, die nicht immer nur durch das Paradies führen kann. Manchmal schickt sie einen über holprige Pfade, die Mut, Ausdauer und Optimismus erfordern, gewiss aber den eigenen Erfahrungsschatz erweitern. Man muss kein Profi wie Agassi sein oder seinen Lebensunterhalt mit Tennis verdienen, um im Spiel einen anderen Sinn als bloß die Jagd nach Siegen zu finden. Der Trainingsplatz kann ein wunderbarer und inspirierender Ort dafür sein, neue und andere Facetten des Spiels und des Spielens kennenzulernen, sich immer wieder an die Freude für das Bälleschlagen zu erinnern und nebenbei zu entdecken, wie weit sich die eigenen Grenzen im Kopf verschieben lassen. Viel Spaß mit den Impulsen auf den kommenden Seiten!

„Erfolg besteht aus Blut, Schweiß, Tränen, Frustration und der Entschlossenheit, ihn zu erreichen."

NICK BOLLETTIERI

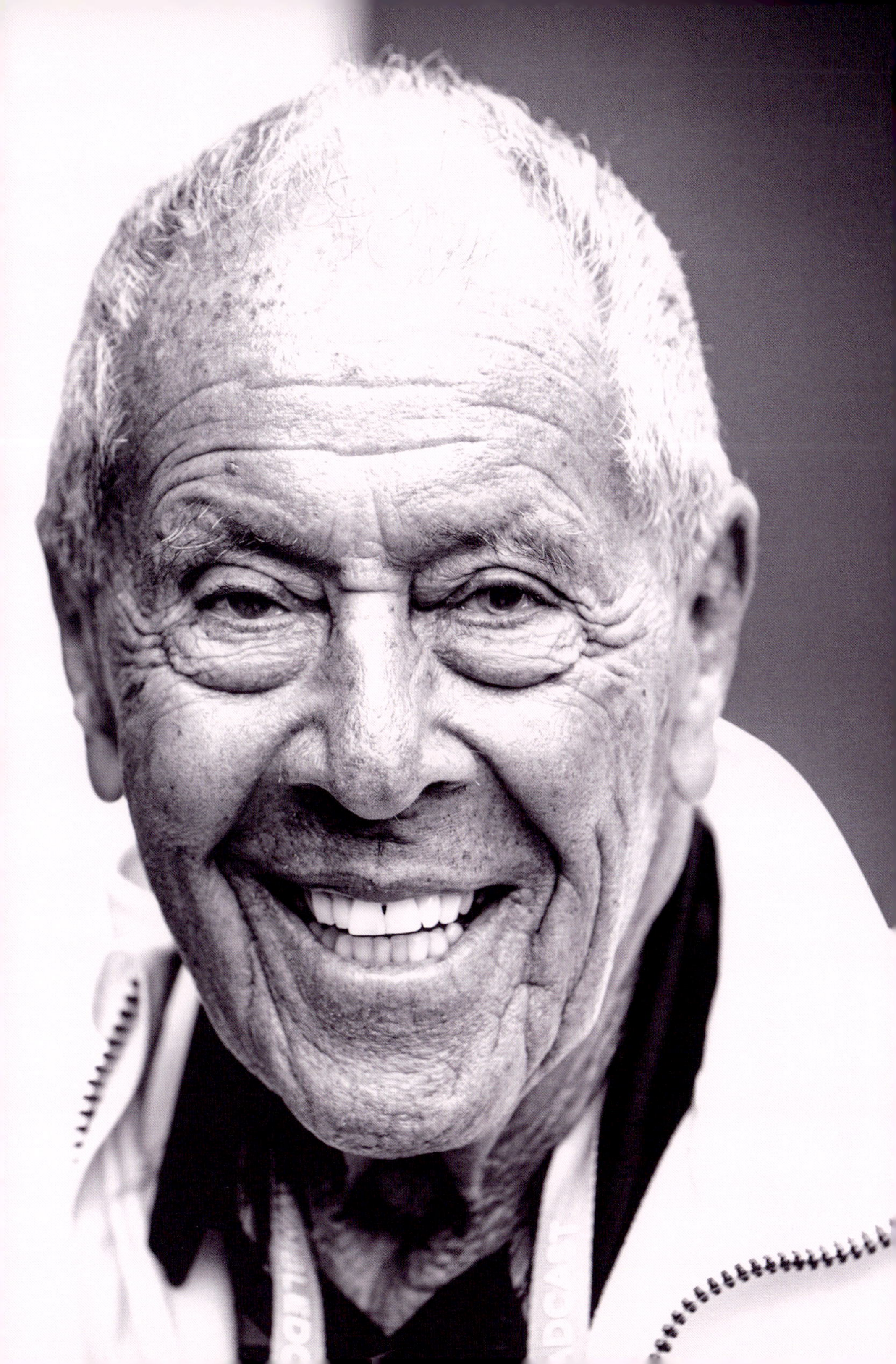

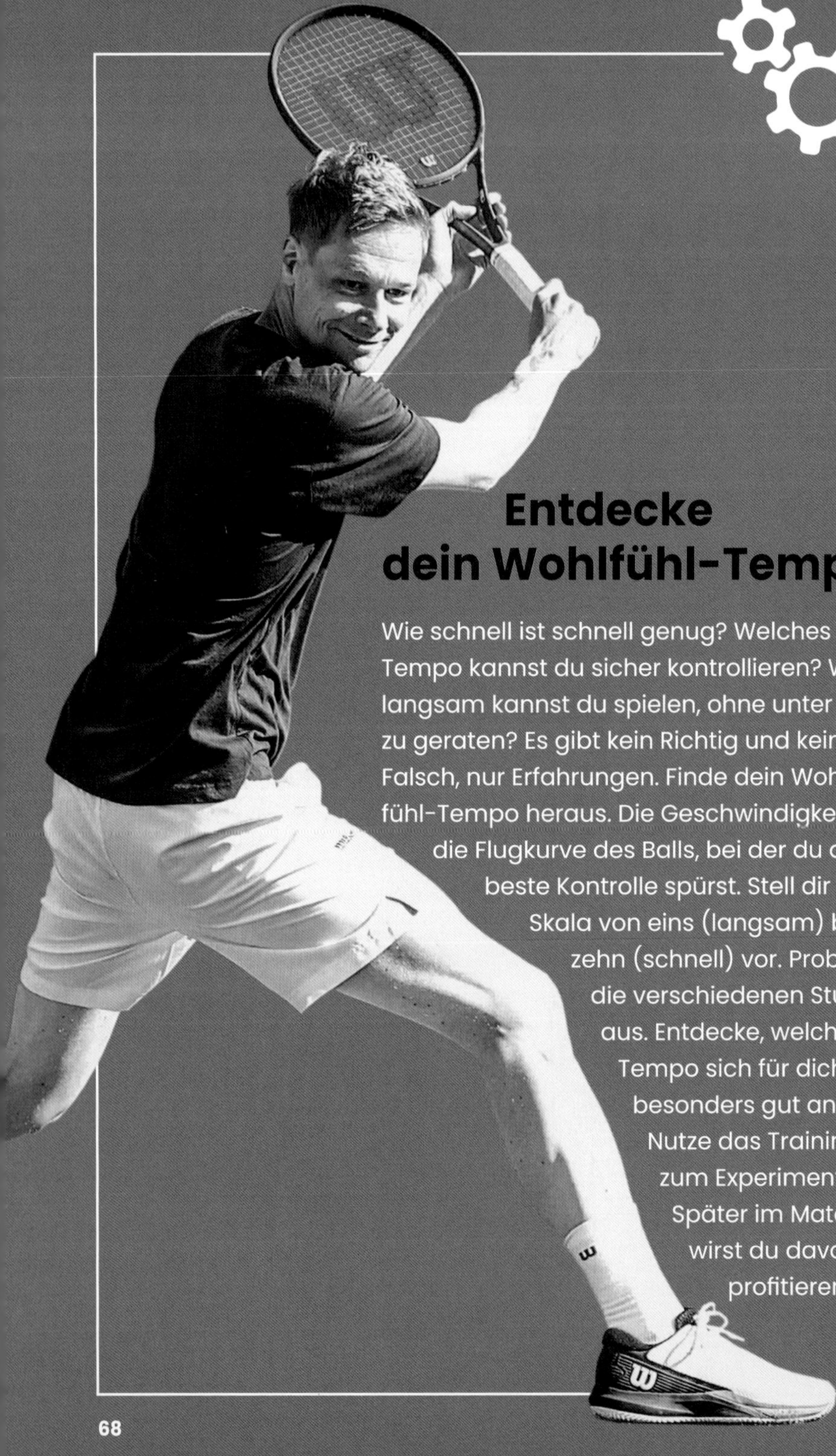

Entdecke dein Wohlfühl-Tempo!

Wie schnell ist schnell genug? Welches Tempo kannst du sicher kontrollieren? Wie langsam kannst du spielen, ohne unter Druck zu geraten? Es gibt kein Richtig und kein Falsch, nur Erfahrungen. Finde dein Wohlfühl-Tempo heraus. Die Geschwindigkeit und die Flugkurve des Balls, bei der du deine beste Kontrolle spürst. Stell dir eine Skala von eins (langsam) bis zehn (schnell) vor. Probiere die verschiedenen Stufen aus. Entdecke, welches Tempo sich für dich besonders gut anfühlt. Nutze das Training zum Experimentieren. Später im Match wirst du davon profitieren.

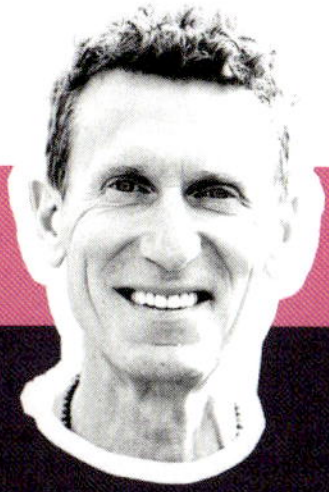

Aus meinem Tagebuch

EINE VERSPÄTUNG MIT FOLGEN

Sommer 1986. Mein erstes Training beim TK Grün-Weiss Mannheim, wo ich ab dieser Saison in der Bundesliga antrete. Mit dem Auto pendele ich von Saarbrücken, meinem Wohnort, zur Tennisanlage. Eine Strecke von 160 Kilometern, für die ich normalerweise zwei Stunden benötige. Doch an diesem Tag gerate ich in einen furchtbaren Stau. Ich bin zwar überpünktlich zu Hause losgefahren, erreiche den Club aber zehn Minuten verspätet. Mein Coach, Helmut Lüthy, sitzt auf der Terrasse und raucht eine Zigarette. Wir sind zu einer Einzelsession verabredet, um uns besser kennenzulernen. Schließlich liegt eine wichtige Saison vor uns. Nach der langen und zähen Fahrt bin ich umso heißer aufs Spielen. „Trainer, sorry für die Verspätung. Dicker Stau ...", rufe ich ihm zu. „Ich zieh' mich schnell um, dann kann's losgehen!" Helmut schaut kurz hoch, dann sagt er: „Brauchst du nicht." Verdutzt fragte ich ihn: „Warum nicht? Wir haben doch jetzt Training, oder nicht?!" „Hast du mal auf die Uhr geschaut?", entgegnet er ziemlich pampig. „Wenn wir um zehn Uhr zum Training verabredet sind, dann hast du um zehn Uhr aufgewärmt auf dem Platz zu stehen. Überleg dir also nächstes Mal, wann du hier sein willst." Dann steht er auf, geht zu seinem Auto und braust davon.
Es bleibt bis zum Ende meiner Karriere meine einzige Verspätung beim Training.

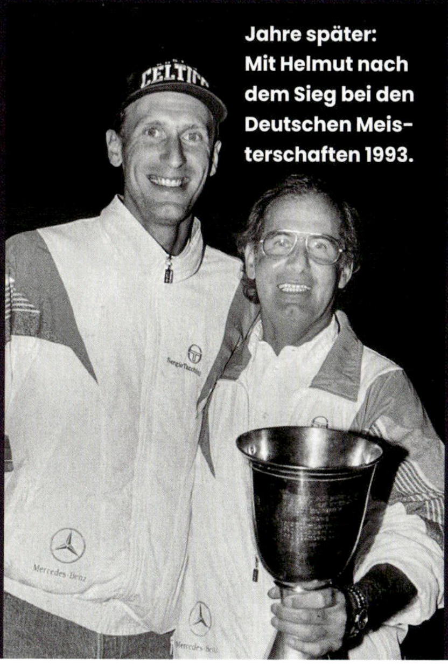

Jahre später: Mit Helmut nach dem Sieg bei den Deutschen Meisterschaften 1993.

WAS ICH GELERNT HABE:

Mir wurde klar, welchen Stellenwert das Training im Leben eines Profis haben muss. Disziplin beginnt mit Pünktlichkeit. Zu einem Match wäre ich niemals verspätet erschienen, weil ich für eine so weite Strecke noch früher zu Hause gestartet wäre. Schließlich muss man auf Unwägbarkeiten eingestellt sein. Die tägliche Vorbereitung allerdings erfordert genauso viel Einsatz und Hingabe wie ein Wettkampf. Helmut hat mir damals gezeigt, worauf es ankommt – nicht nur als Tennisprofi, sondern im Leben allgemein. Ich habe heute noch Gänsehaut, wenn ich an das Erlebnis von damals denke. Es hat mich nachhaltig geprägt, als Spieler, Coach und Mensch. Eine Verspätung mag zwar nach einer Kleinigkeit aussehen. Doch wird sie toleriert, folgen eine zweite, dritte und viele weitere Nachlässigkeiten. Dabei ist Disziplin die Basis des Erfolgs – angefangen bei den unscheinbarsten Dingen des Alltags. Leider ist Helmut inzwischen nicht mehr unter uns, dankbar für diese wichtige Lektion werde ich ihm immer bleiben.

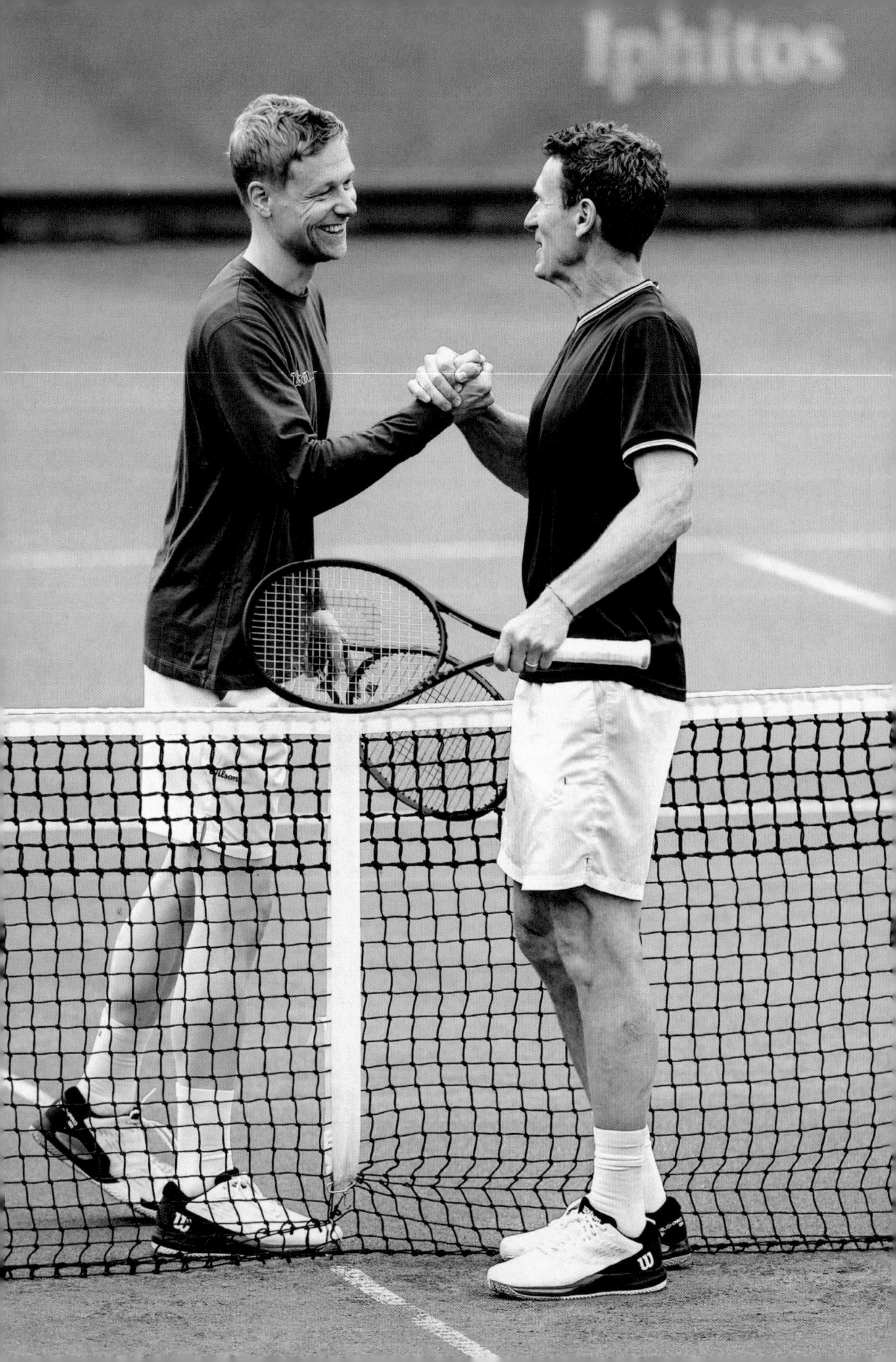
Iphitos

Wie groß ist deine Freude beim Training?

Eine Skala von eins (gar keine Freude) bis zehn (das Herz hüpft vor Glück). Wo sortierst du dich ein? Was macht dir Freude? Und was nicht? Was raubt dir vielleicht sogar den Spaß am Tennis? Je mehr du dir bewusst machst, was gut ist für dich, desto mehr wirst du auf deine Bedürfnisse achten. Wenn Klarheit entsteht, werden Veränderungen einfacher.

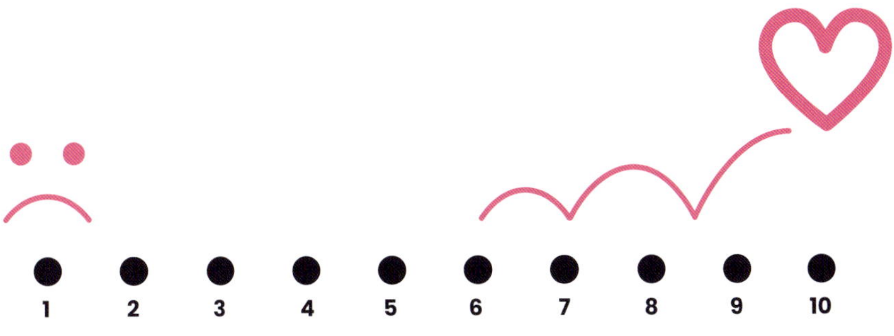

Wie bewusst trainierst du?

Oft beobachtet man Freizeitspieler in den Clubs, die Woche für Woche die gleichen Abläufe wiederholen. Kein Warm-up, nur ein kurzes, hastiges Einschlagen mit viel zu hohem Tempo und wenig Kontrolle, drei Aufschläge von jeder Seite – dann beginnt das Match. Häufig voller Verkrampfung, Frust und Enttäuschung. Manchmal werden über Jahrzehnte die immer gleichen Übungen wiederholt, in der Hoffnung, das eigene Spiel möge sich auf wundersame Weise doch noch verbessern. Schwankende Tagesformen werden als Fortschritte oder Rückschritte interpretiert – obwohl sie in Wahrheit weder das eine noch das andere sind. Man muss an ein berühmtes Zitat von Albert Einstein denken, auch wenn er bei diesem Satz wohl kaum das Tennisspiel im Kopf hatte: **„Die Definition von Wahnsinn ist, immer wieder das Gleiche zu tun und andere Ergebnisse zu erwarten."**

Der Grundstein für Siege wird im Training gelegt, sowohl in der spielerischen als auch in der mentalen Vorbereitung. Das gilt in jeder Leistungsklasse, für die junge und ambitionierte Turnierspielerin genauso wie für den älteren Herrn, der mehr Zeit an der Bar im Clubhaus als auf dem Court verbringt und trotzdem mit seinen Jungs ums Überleben in der zweiten Bezirksklasse kämpft. Der durchschnittliche Grad der bewussten Aufmerksamkeit, des Einsatzes und des Willens im Training spiegelt fast immer das wider, was die meisten Spieler als Erfolg bezeichnen – nämlich die Quote gewonnener Matches.

Wenn du die Qualität deines Trainings überprüfen willst (dazu gehören natürlich nicht nur Einheiten mit einem Coach, sondern auch das Spiel zu zweit, zu dritt oder zu viert ...), kannst du dich mit einigen der folgenden Fragen beschäftigen und für dich ehrlich und selbstreflektierend nach den Antworten forschen:

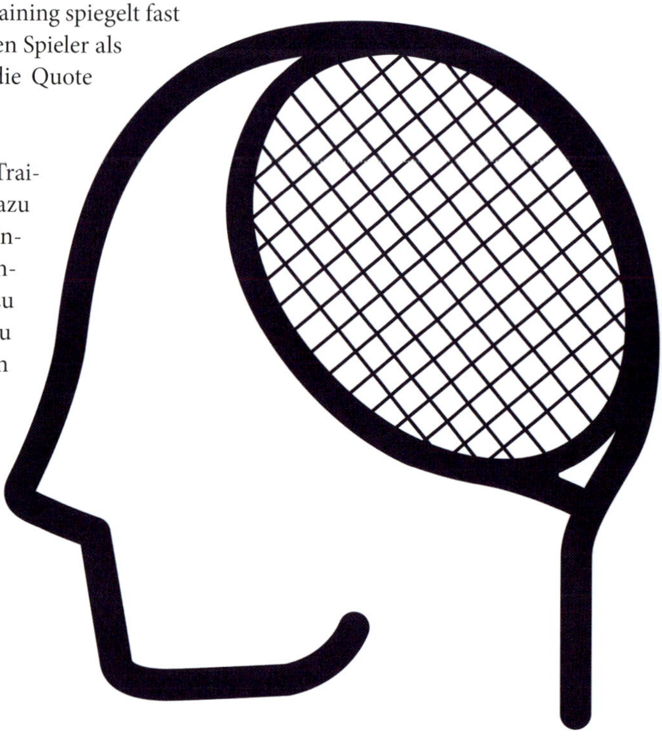

Welchen Stellenwert hat das Training für dich?

Betrittst du den Court mit einem klaren Plan, worauf du dich in dieser Einheit konzentrieren und womit du dich befassen möchtest?

Wie fokussiert bist du auf den Ball?

Wann und wie oft schweifen deine Gedanken ab?

Wie ist es um deine Bereitschaft bestellt, neue Übungen auszuprobieren?

Empfindest du mehr Freude oder mehr Ernsthaftigkeit auf dem Platz?

Wie oft lachst du im Training?

Kannst du über deine Fehler schmunzeln?

Liebst du es zu spielen?

Analysierst du nach dem Training, was gut funktioniert hat und was nicht?

Die meisten da draußen könnten ihr Spiel durch ein bewussteres Training und mehr Leichtigkeit im Kopf ganz einfach verbessern. Dafür braucht es erst einmal keine technischen Korrekturen, kein Konditionstraining und auch keine Übungen für die Beinarbeit. Alles wichtige Bereiche, aber bloß zweitrangig. Was viel mehr zählt, ist die Antwort auf diese beiden Fragen:

→ Hast du Freude am Spiel?

→ Und holst du im Training alles aus dir heraus?

Welche Ziele verfolgst du?

Was bist du bereit, für das Erreichen deiner Ziele zu tun?

Die Antworten auf die erste Frage können Klarheit bringen. Die Antworten auf Frage zwei verwandeln einen diffusen Traum in ein greifbares Ziel. Ob du es erreichen wirst, hängt auch von deinem Willen, deiner Entschlossenheit, deiner Disziplin und deinem Durchhaltevermögen ab.

Leistungsziele vs. Lernziele

Kennst du den Unterschied zwischen Leistungszielen und Lernzielen? Leistungsziele sind an messbare Erfolge geknüpft. Beim Tennis kann das eine Ranglistenposition sein, ein Titelgewinn, der Aufstieg in eine höhere Spielklasse, der erste Sieg gegen die Angstgegnerin. Leistungsziele bringen die Gefahr mit sich, seinen Selbstwert daran zu bemessen, ob sie erreicht werden oder nicht, und sich dafür zu kasteien, wenn der Erfolg ausbleibt. Sie kurbeln den Kreislauf von Bewertungen und Verurteilungen an und lassen uns permanent die Realität mit der Zielvorstellung abgleichen. Das Resultat wird dann mit dem Stempel des Erfolgs oder des Versagens versehen. So kann sich die Psyche in einen Scherbenhaufen verwandeln. Trotzdem gehören Leistungsziele zum Leben, sie werden immer ein Teil der menschlichen Gedankenwelt sein. Was sich lernen lässt, ist ein gesunder Umgang mit ihnen und eine ausgewogene Balance zu Lernzielen.

Diese sind komplexer und oft nicht messbar, zumindest nicht so offensichtlich wie Leistungsziele. Statt eines Ergebnisses steht das Entdecken dessen, was und wie etwas funktioniert (oder eben nicht funktioniert ...) im Fokus. Es kann darum gehen, das Repertoire der eigenen Fähigkeiten zu erweitern, Herausforderungen zu bewältigen, um dabei als Persönlichkeit zu wachsen und sich selbst besser kennenzulernen.

Lernziele beim Tennis können darin bestehen, das Spiel mehr zu genießen. Freude am Wettkampf zu entdecken. Einen gesunden Umgang mit Druck zu erlernen. In engen Situationen das Vertrauen in die eigenen Stärken zu spüren. Zu erfahren, wie sich die Stimme im Kopf bändigen lässt, wie man sich mehr auf das konzentrieren kann, was wirklich wichtig ist. Viele Lernziele können für das Erreichen bestimmter Leistungsziele (und weit darüber hinaus) hilfreich sein.

Manchmal ist es schwierig, ein Leistungsziel von einem Lernziel zu unterscheiden. Endlich den Rückhandslice zu beherrschen, könnte in beide Kategorien fallen und sich als ein verkapptes Leistungsziel entpuppen, wenn es dir vorrangig darum geht, mit der unterschnittenen Rückhand erfolgreicher zu spielen und mehr Matches zu gewinnen.

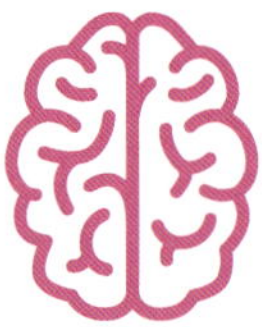

Denke über deine Lernziele nach, wenn du magst, dann schreibe sie auf. So manifestierst du sie besser. Natürlich müssen sie sich nicht zwangsläufig auf dein Tennisspiel beziehen. Wähle sie nicht aus, weil sie sich gut anhören, sondern weil sie deinen Bedürfnissen entsprechen und du Lust hast, dich ihnen zu widmen.

Jeder Punkt zählt – aber anders

Bereit für Neues? Bei den folgenden fünf Übungen geht's um Punkte – aber anders, als du es vermutlich gewohnt bist …

1| Jeder Winner zählt doppelt. Das aggressive Spiel wird belohnt. Erzielst du einen direkten Punktgewinn, zählt er zweifach. Wie verändert sich dein Spiel? Agierst du offensiver? Oder wartest du darauf, dass dein Gegner nun noch mehr Fehler produziert? Was wächst stärker: dein Verlangen, das Spiel zu diktieren, oder deine Angst, zu viel zu riskieren?

2| Volley-Winner zählen doppelt. Greifst du häufiger an, wenn es für einen Gewinnschlag am Netz zwei Punkte gibt? In welchen Situationen gehst du nach vorn? Was lernst du dabei über das Angriffsspiel? Oder meidest du weiterhin das Netz und spielst konsequent von hinten?

3| Nur ein Aufschlag – Return-Winner zählen doppelt. Der zweite Aufschlag wird gestrichen, ein direkter Punktgewinn mit dem Return wird zweifach belohnt. Wie servierst du jetzt? Mehr auf Sicherheit als sonst? Spürst du mehr Druck, weil dein Gegner mit dem Return attackieren wird? Wie viel riskierst du selbst beim Rückschlag? Was passiert im Kopf? Was im Körper?

4| Die Länge zählt. Jeder Ball, der vor der T-Linie landet, wird als Fehler gewertet. Finde heraus, welche Spielweise dir Länge und Sicherheit verschafft. Was bewirkt die Übung bei dir? Und was stellst du fest, wenn anschließend wieder das gesamte Feld genutzt werden darf?

5| Rally mit Präzision. Das Feld wird schmal wie ein Handtuch. Ihr spielt nur im Doppelfeld. Jetzt ist Kontrolle gefragt. Erst Bälle schlagen, dann um Punkte spielen. Wie sicher oder wacklig fühlst du dich? Hilft dir die Übung Bounce & Hit (s. Seite 40)?

Der Wert dieser Übungen steigt durch die anschließende Betrachtung dessen, was passiert ist: Wenn du magst, mache dir wieder Notizen dazu, weil du das Gelernte dann besser verinnerlichen kannst. Was haben die Übungen in deinem Spiel bewirkt? In welchen Situationen hast du verkrampft und ängstlich agiert? Wann locker und mit Vertrauen? Durch das Reflektieren deiner Erfahrungen lernst du dich und dein Spiel besser kennen.

„All die Jahre habe ich es auf dem Platz so einfach aussehen lassen. Niemand wusste, wie hart ich dafür arbeiten musste. Niemand hat gemerkt, was ich für den Erfolg investieren musste.“

PETE SAMPRAS

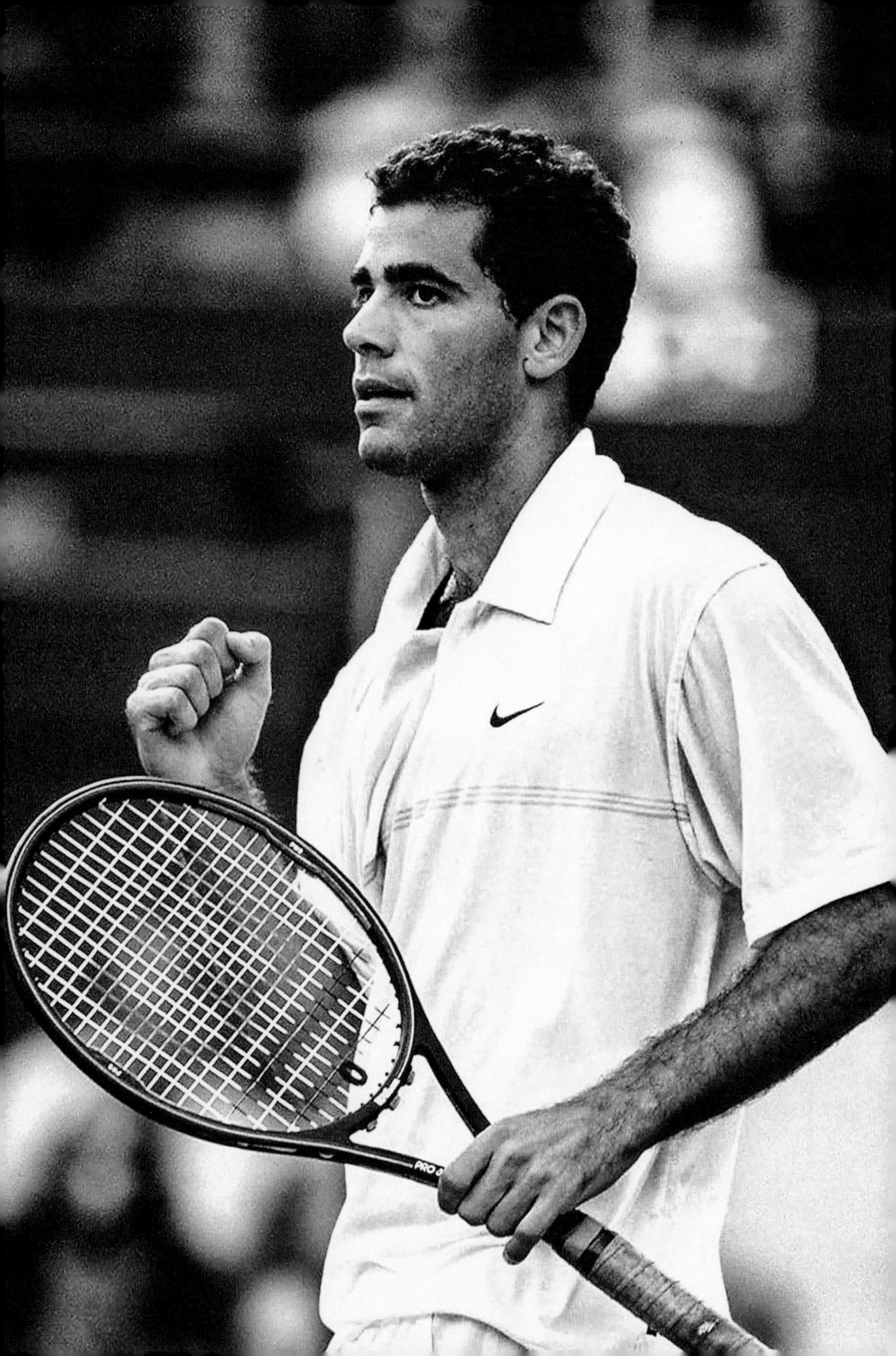

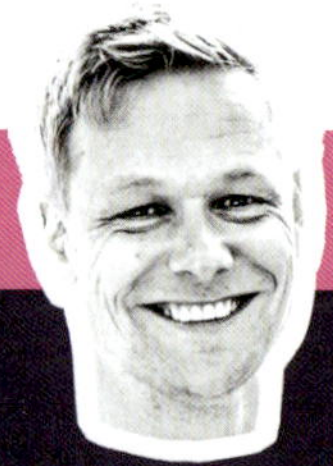

Aus meinem Tagebuch

BEGEGNUNGEN MIT TONI NADAL

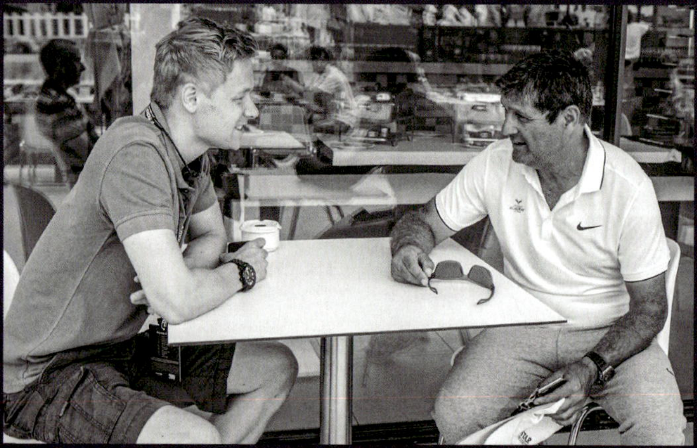

Inspirierender Talk: Treffen mit Toni Nadal in der Akademie seines Neffen auf Mallorca.

Oktober 2012. Bei einem Event für Trainer in München erlebe ich Toni Nadal. Der Onkel und damals noch Coach von Rafael Nadal spricht dort über seine Trainingsphilosophie, die Arbeit mit jungen Talenten und den Weg seines Neffen, der zu diesem Zeitpunkt bereits elf Grand-Slam-Titel gewonnen hat. Anschließend treffe ich ihn zum Interview fürs *tennis MAGAZIN*. Es bleibt nicht unser einziger Termin, einige Jahre später begegnen wir uns in der Nadal-Academy auf Mallorca wieder. Er ist mir sympathisch, hat einen guten Humor. So habe ich ihn vorher nicht eingeschätzt. Für einen Trainer eines Weltklassespielers ist er ungewöhnlich offen und ehrlich, das gefällt mir. Man hat nicht das Gefühl, dass er lange darüber nachdenkt, was er einem Journalisten erzählen kann und was nicht. Seinen wichtigsten Grundsatz beschreibt er so: Ein Spieler müsse im Training immer wieder an seine Grenzen stoßen. Wer Profi werden will, müsse jeden Tag an sich arbeiten. Reicht es dann nicht zu einer Karriere, habe man es zumindest weiter gebracht als viele andere.

Toni erzählt, wie er mit „Rafa", als der noch ein Kind war, im heimischen Verein auf Mallorca, im Club Tenis Manacor, in der sengenden Mittagssonne trainiert hat, obwohl Plätze im Schatten frei waren. Sein Neffe sollte die Härte des Profigeschäfts so früh wie möglich zu spüren bekommen. Den bequemeren Weg links liegen zu lassen und absichtlich den harten zu wählen, sollte ihn widerstandsfähig machen. Ob das aus gesundheitlicher Sicht empfehlenswert ist, darüber lässt sich streiten. Bei Nadal hat die Strategie zumindest zum Weltruhm geführt.

Manchmal verdonnerte Toni den ehrgeizigen Jungen dazu, für alle anderen Kinder den Platz abzuziehen – er sollte keine Sekunde glauben, etwas Besseres zu sein. Niemals sollten Überheblichkeit oder Zufriedenheit mit dem Erreichten aufkommen. Wenn Toni gegen seinen Neffen um Punkte spielte, dann habe er ihn oft führen lassen, um am Ende doch noch zu gewinnen. Als „Rafa" 2005 seinen ersten Titel bei den French Open gewann und Medien und Fans ihn mit Lob und Euphorie überschütteten, da zählte ihm sein Onkel noch in der Umkleidekabine alle spanischen Champions auf, die es in ihrer Laufbahn „nur" zu einem Grand-Slam-Titel gebracht haben. Dann fragte er ihn: „Willst du einer von ihnen sein oder willst du mehr?" Den meisten Talenten fehle es an mentaler Ausdauer, behauptet Toni bei unseren Treffen. Er sagt, sie wollten es zwar nach oben schaffen, seien aber nicht bereit, diesem Ziel alles unterzuordnen. Sie würden zu schnell aufgeben, wenn etwas nicht funktioniert, anstatt zu überlegen, was sie verändern könnten. Welch eine wunderbare Parallele zum Leben.

WAS ICH GELERNT HABE:

Manchmal fallen mir die Worte von Toni Nadal ein, wenn ich wieder einmal mit meinem inneren Schweinehund darüber diskutiere, ob ich mein Workout oder die Joggingrunde um die Hamburger Außenalster nun durchziehe oder doch besser verschiebe, weil es zu warm ist, zu kalt, zu windig, zu nass ... Nicht alles, was ein Star-Coach über das Training mit einem Jahrhundertspieler berichtet, ist für Leute wie dich und mich praktikabel. Doch kann es in vielen Situationen eine Erinnerung sein, was Fleiß, Ausdauer, Willenskraft und Disziplin imstande sind zu bewirken.

Das Leben ist kein Sprint

Ein kurzer Reminder für dich. Egal, wie groß ein Ziel ist, das du dir in den Kopf gesetzt hast, oder wie unrealistisch sich ein Traum anfühlen mag, den du schon lange in deinem Herzen trägst: Denke daran, dass das Leben kein Sprint ist – sondern ein Marathon. Die Zeit spielt für dich, wenn du heute beginnst und den ersten Schritt wagst. Ein Ziel mag zunächst unerreichbar erscheinen, aber es wird nur dann unerreichbar bleiben, wenn du nicht beginnst. Vielleicht hast du noch keine Vorstellung davon, wie lange es dauern wird, bis du die lang ersehnte einstellige Leistungsklasse erreicht hast, bis du dein erstes Turnier gewinnst, bis dein Aufschlag eine Waffe ist oder du einen Sieg gegen deinen härtesten Rivalen feiern darfst. Du kannst möglicherweise noch nicht absehen, wann du fit genug bist für einen Triathlon, wie lange es dauern wird, bis die Waage dein Wunschgewicht anzeigt, oder wie du die unüberwindbar scheinenden Hürden bewältigen wirst, um dir deinen ewigen Traum von einem eigenen Café zu erfüllen. Eines aber ist gewiss: Wenn du heute den ersten Schritt gehst und dann immer weiterläufst, wirst du in einem Jahr, in zwei Jahren und in drei Jahren eine Menge erreicht haben. Du wirst gewiss wertvolle Erfahrungen gesammelt haben und deinem Ziel ganz bestimmt näher gerückt sein. Du wirst stolz an deine ersten Schritte zurückdenken und zuversichtlich und mit Freude weitermachen. Wenn du nicht startest, bleibt alles, wie es ist. Du wirst dich heute in einem Jahr in der gleichen Situation befinden wie jetzt und sagen: Hätte ich doch bloß schon damals angefangen ...

Was würdest du tun, wenn du sicher wüsstest, dass es klappt?

Wenn es keine Gefahr des Scheiterns gäbe, wenn dein Plan garantiert aufginge, was würdest du dann in deinem (Tennis-)Leben verwirklichen? Fühle in dich hinein und halte einen Moment alles für möglich. Noch einmal: Was würdest du umsetzen, wenn du sicher wüsstest, dass es funktioniert? Was würdest du wagen, wofür dir bisher der Mut gefehlt hat? Was würdest du durchhalten, weil du weißt, mit welchem Gefühl du später belohnt wirst? Was würde sich verändern, weil du dich nun endlich traust? Welches Gefühl entsteht mit der Gewissheit, dass dein großer Traum garantiert in Erfüllung gehen wird? Und: Was hat dich bisher daran gehindert, ihn zu verfolgen?

Jeden Tag ein Stückchen besser

Im Frühjahr 2007 wurde Rafael Nadal in einem Interview mit der englischen Zeitung *The Sunday Times* gefragt, wie groß der Druck sei, der kurz vor den French Open in Paris auf ihm laste. Er war damals 19 Jahre alt und hatte 78 Matches in Folge auf Sand gewonnen. Seine Antwort: „Druck wäre es, würde ich zu den French Open fahren und hätte vorher nicht in Monte Carlo, Barcelona oder Rom gewonnen. Natürlich wäre eine Niederlage in Paris eine Enttäuschung. Aber nur für zwei Tage – über die Saison, die ich auf Sand gespielt habe, wäre ich trotzdem glücklich.“ Dann wollten sie von ihm wissen, ob er den Abstand zu Roger Federer, der in dieser Zeit die unangefochtene Nummer eins der Welt war, weiter verkürzen wolle, um ihn so schnell wie möglich vom Thron zu stoßen. Nadal entgegnete: „Mein Ziel ist es, jedes Mal, wenn ich auf den Platz gehe, auf einem höheren Niveau zu spielen als vor einem Jahr. Das ist meine größte Motivation. Ich möchte mein Tennis stetig verbessern und mir den Spaß auf dem Court bewahren. Wenn mir das gelingt, wird der Erfolg automatisch kommen.“

Stell dir vor, wir würden alle mit dieser Einstellung durchs Leben gehen. Auf das Lernen ausgerichtet und darauf, jeden Tag ein wenig besser zu werden, immer weiter zu wachsen und dabei stets auf die Freude zu achten.

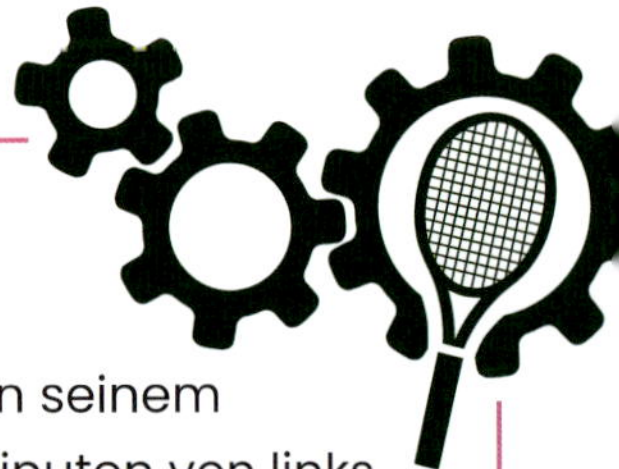

Welchen Weg wählst du?

Es gibt verschiedene Möglichkeiten, wie man z. B. an seinem Aufschlag arbeiten kann. Die einen schlagen fünf Minuten von links und fünf Minuten von rechts auf – ohne Plan, wohin, mit welchem Drall und welchem Tempo sie servieren wollen. Dann spielen sie um Punkte und beklagen sich nach jedem Doppelfehler über die eigene Unzulänglichkeit. Die anderen greifen sich einen Eimer mit 50 Bällen. Sie markieren Zielbereiche in den Aufschlagfeldern, etwa mit Balldosen, die sie treffen wollen. Dann schlagen sie so lange auf, bis alle Dosen umgefallen sind. Noch einmal: Sie schlagen so lange auf, bis alle Dosen umgefallen sind – und wenn es Stunden dauert …

Die Macht der Vorstellungskraft

Boris Becker hat einmal erzählt, dass er am Abend vor seinem ersten Wimbledon-Finale das Match im Kopf durchgespielt habe. Er habe Spiele und Sätze Punkt für Punkt vor seinem geistigen Auge erlebt und sich sogar die jubelnden Fans im Stadion vorgestellt. Eine klassische **Visualisierung**, die zu den bekanntesten Techniken im Mentaltraining gehört. Die meisten Profisportler bedienen sich dieses Tools in der Vorbereitung auf einen Wettkampf – manche machen es bewusst, andere unbewusst, indem sie sich zum Beispiel mit Musik auf den Ohren abschotten. Die passenden Songs können Erinnerungen an vergangene Erfolge hervorholen und ein Gefühl von Stärke und Unbesiegbarkeit wachsen lassen.

Beim Visualisieren stellst du dir Situationen oder Bewegungen vor und siehst sie wie einen Film vor deinem geistigen Auge ablaufen. Mit deiner Vorstellungskraft steuerst du selbst, was du siehst. Du bist quasi dein eigener Regisseur. Im besten Fall entwickelst du nicht nur eine bildliche Idee deines Ziels, sondern beziehst mehrere Sinne mit ein. Vielleicht hörst du, so wie Becker damals, den Applaus der Zuschauer? Oder du fühlst die äußeren Bedingungen, die dich erwarten, nimmst Gerüche wahr oder kannst spüren, wie dein eigenes Energielevel immer weiter ansteigt.

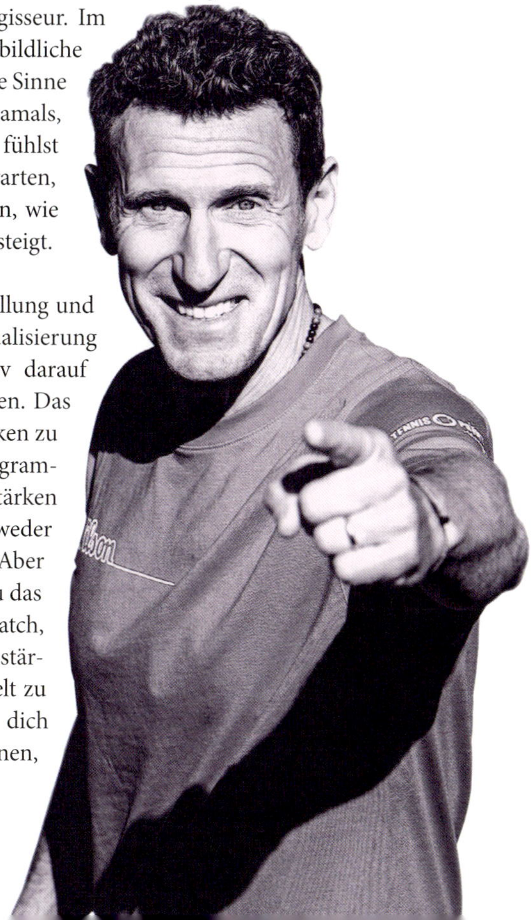

Unser Gehirn kann nicht zwischen Vorstellung und Realität unterscheiden. Durch die Visualisierung bereitest du dein Unterbewusstsein aktiv darauf vor, den gewünschten Zustand zu erreichen. Das Visualisieren eignet sich, um Schlagtechniken zu verinnerlichen, sich Matchabläufe zu programmieren, das Vertrauen in den Körper zu stärken und die Konzentration zu steigern. Es ist weder schwierig noch dauert es besonders lange. Aber es erfordert regelmäßige Praxis. Je mehr du das Visualisieren übst (nicht nur vor einem Match, sondern auch vor dem Training), desto stärker lernst du, dein Unterbewusstsein gezielt zu beeinflussen und desto schneller wirst du dich gedanklich in die Rolle hineinfühlen können, die du spielen willst. Bitte umblättern ...

Impulse zur Visualisierung

Das Entwickeln von Bildern im Kopf kannst du üben, indem du dir im ersten Schritt Gegenstände vorstellst und sie mit so vielen Details wie möglich beschreibst. Wie sieht dein Schläger aus? Form, Farbe, Schriften, Besonderheiten? Wie fühlt er sich an, wenn er in der Hand liegt?

Wenn du Hörspiele magst, dann lass die Bilder zur Story in deinem Kopf entstehen. Stell dir vor, wie die Protagonisten aussehen, was sie tun, wo und wie sie leben. Das funktioniert natürlich auch beim Lesen eines Buches oder wenn Freunde eine Geschichte erzählen. Je mehr du deine Vorstellungskraft trainierst, desto automatischer wird dein Gehirn Bilder produzieren.

Wenn du jemandem etwas erklären möchtest, zeichne es auf. Entwickle einfache Bilder, die zeigen, was du meinst.

Bereit für die erste Visualisierung deines Spiels? Zieh dich an einen Ort zurück, an dem du ungestört bist und dich wohlfühlst. Du darfst gleich tief in deine Gedankenwelt eintauchen, in der es keinen Platz für Ablenkungen geben sollte. Mach's dir also so bequem wie möglich. Je natürlicher das Visualisieren für dich wird, desto weniger bedeutend wird mit der Zeit deine Umgebung.

Konzentriere dich zunächst auf deine Atmung. Tief durch die Nase in den Bauch einatmen, lang ausatmen. Ähnlich wie bei einer Meditation geht es darum, die Aufmerksamkeit zu zentrieren und die Gedankenschleifen zu beruhigen. Jetzt zählt einzig und allein die bildliche Vorstellung deines Spiels.

Nun kannst du beginnen, dich an vergangene Momente auf dem Court zu erinnern, in denen du dich besonders gut gefühlt hast. Nimm so viele Details wie möglich wahr. Erlebe die Situation in deinen Gedanken noch einmal. Wo kannst du das Gefühl von damals jetzt in deinem Körper spüren?

Je besser du dich fühlst, desto mehr kannst du dazu übergehen, dir auszumalen, wie du außergewöhnliche Schläge fabrizierst, wie du lange Rallys mit spektakulären Winnern abschließt, wie du über den Platz fliegst und scheinbar unerreichbare Bälle doch noch ausgräbst. In deiner Vorstellung muss nichts unmöglich sein. Hier gibt es keine Grenzen.

Lass einen Übergang deiner Gedanken von damals zu heute entstehen. Richte deinen Fokus auf dein kommendes Spiel. Stell dir vor, wie du den Platz betrittst, deinen Schläger aus der Tasche holst, wie sich die Bälle in deiner Hand anfühlen und wie du dann beginnst, mit Leichtigkeit und Lockerheit zu schlagen. Visualisiere die Höhe, Länge und Platzierung deiner Schläge.

Nimm wahr, wie du dich fühlst, wenn du deine Augen öffnest und in die Realität zurückkommst. Je besser das Gefühl, desto wahrscheinlicher ist es, dass du dich künftig öfter an die Macht der Visualisierung erinnern und sie in deinen Alltag integrieren wirst.

Wenn du dich auf ein Match einstellst, visualisiere besonders knifflige Situationen. Sieh dich selbst, wie du im Tiebreak Satzbälle abwehrst und dich zurückkämpfst, um den Durchgang doch noch zu gewinnen. Wie du in engen Situationen mutig und entschlossen agierst. Kreiere deinen Matchball im Kopf. Wie willst du die Partie beenden? Mit einem Ass durch die Mitte? Mit einem gefühlvollen Stopp? Oder mit einer krachenden Vorhand die Linie entlang? Du jubelst, spürst, wie der Druck abfällt, fühlst diesen genialen Cocktail aus Erleichterung, Stolz, Freude und angenehmer Erschöpfung. Verbindest du deine Bilder mit Emotionen, entwickeln sie eine noch stärkere Kraft.

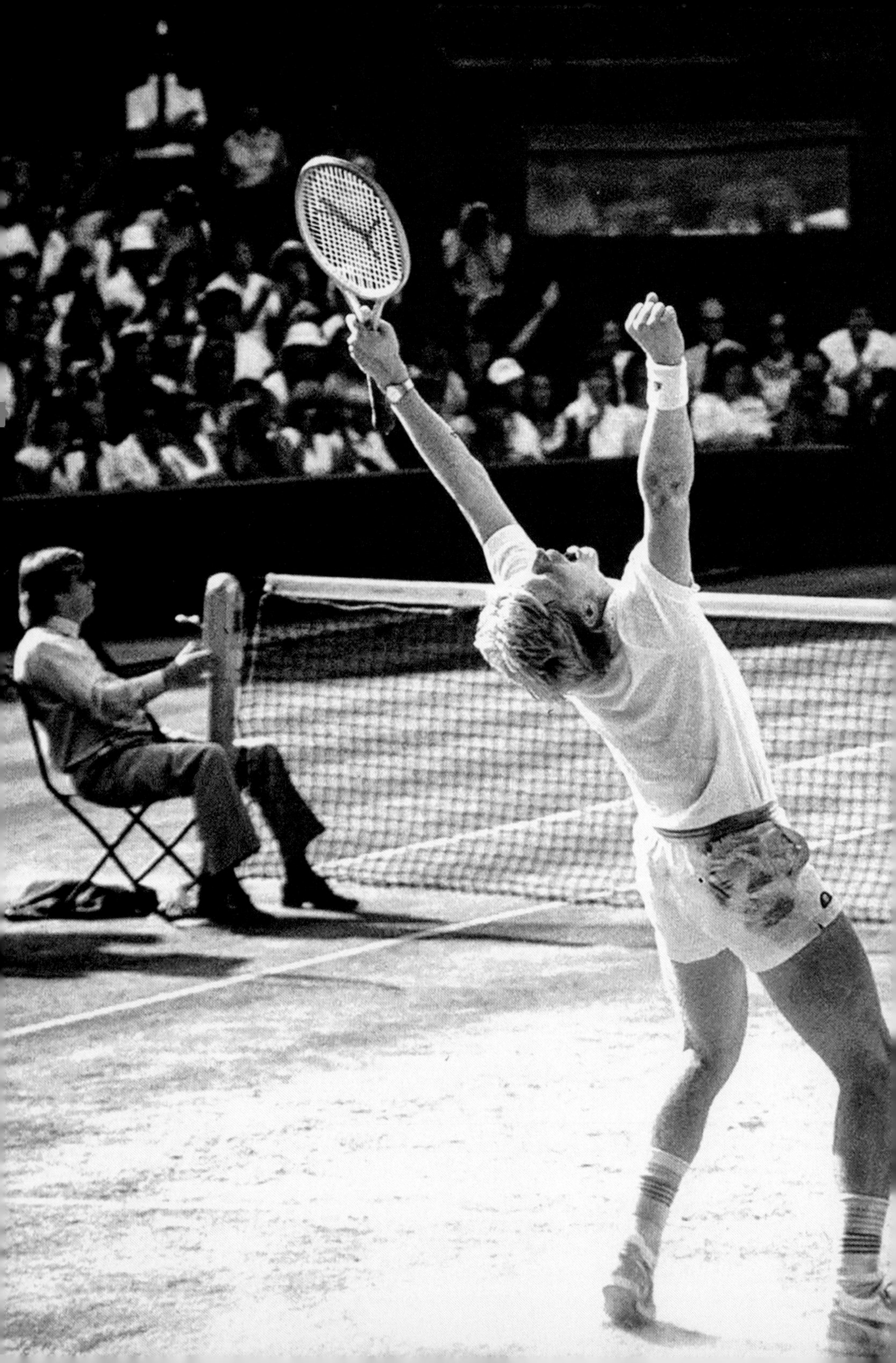

„Ich war nicht nervös, sondern hochgestimmt. Endspiel, Centre Court, und ich erstmals als Hauptdarsteller auf einer Weltbühne. Ich hatte eine ruhige Nacht, nur geträumt habe ich – vom Finale. Wie bei einer Sportübertragung im Fernsehen
liefen die Bilder vor mir ab, einschließlich der Siegerehrung."

BORIS BECKER

Wäre dein Schläger ein Zauberstab, wie würdest du dann spielen? Sicher und solide oder überwiegend mit Risiko und Power? Meistens von der Grundlinie oder stürmst du ans Netz? Schickst du den Gegner mit Höhe und Topspin von der linken in die rechte Ecke? Oder agierst du variabel, ein bisschen verrückt, mit Stops und Lobs? Wie sieht die Körpersprache aus, die dir gefällt? Entwickle ein Bild davon, wer und wie du sein willst auf dem Platz. Sieh dich vor deinem inneren Auge spielen. Spüre, wie es sich anfühlt, die Version von dir selbst zu sein, die du sein möchtest. Und dann geh raus und zeige dir, wie dieses Bild aussieht.

Welche Spielerin oder welcher Spieler möchtest du gern sein?

Zauber des Augenblicks

Es ist schwierig, ein Gefühl mit Worten zu beschreiben. Man muss diesen Moment erlebt haben, um zu wissen, wie es ist, den Ball sauber im Sweetspot zu treffen. Wenn einfach alles passt bei einem Schlag – Schwung, Timing, Treffpunkt und Balance. Für einen Bruchteil einer Sekunde scheint die Welt dann stehen zu bleiben. Du hörst es zischen, wenn Ball und Saite aufeinandertreffen. Ein Glücksgefühl durchströmt deinen Körper, während sich die gelbe Kugel wie in Zeitlupe immer weiter von dir entfernt, um ihr Ziel zu finden – unerreichbar im hintersten Winkel in der Hälfte des Gegners, die plötzlich groß erscheint wie ein Ozean.

Wir verfügen alle über die Fähigkeiten, um Momente voller Leichtigkeit auf dem Court zu erleben – jede Spielerin und jeder Spieler auf dem persönlichen Level. Viel mehr als an Ergebnissen sollten wir uns an jenen Schlägen erfreuen, die sich wie Heldentaten anfühlen. An jenen Momenten, die sich zu einer Ewigkeit auszudehnen scheinen.

Diesen magischen Zustand des Flows, wenn weder Vergangenheit noch Zukunft Platz im Kopf haben. Nur das Hier und Jetzt zählt, während alles wie automatisch zu funktionieren scheint. Willkommen in einer anderen Welt! Sind es nicht diese Erlebnisse, für die wir alle spielen? Sind sie nicht viel wichtiger als jeder Sieg, dessen kurze befriedigende Wirkung schon Tage, Stunden oder Minuten später verpufft sein kann? Für diesen Zauber des Augenblicks lohnt sich jedes Training!

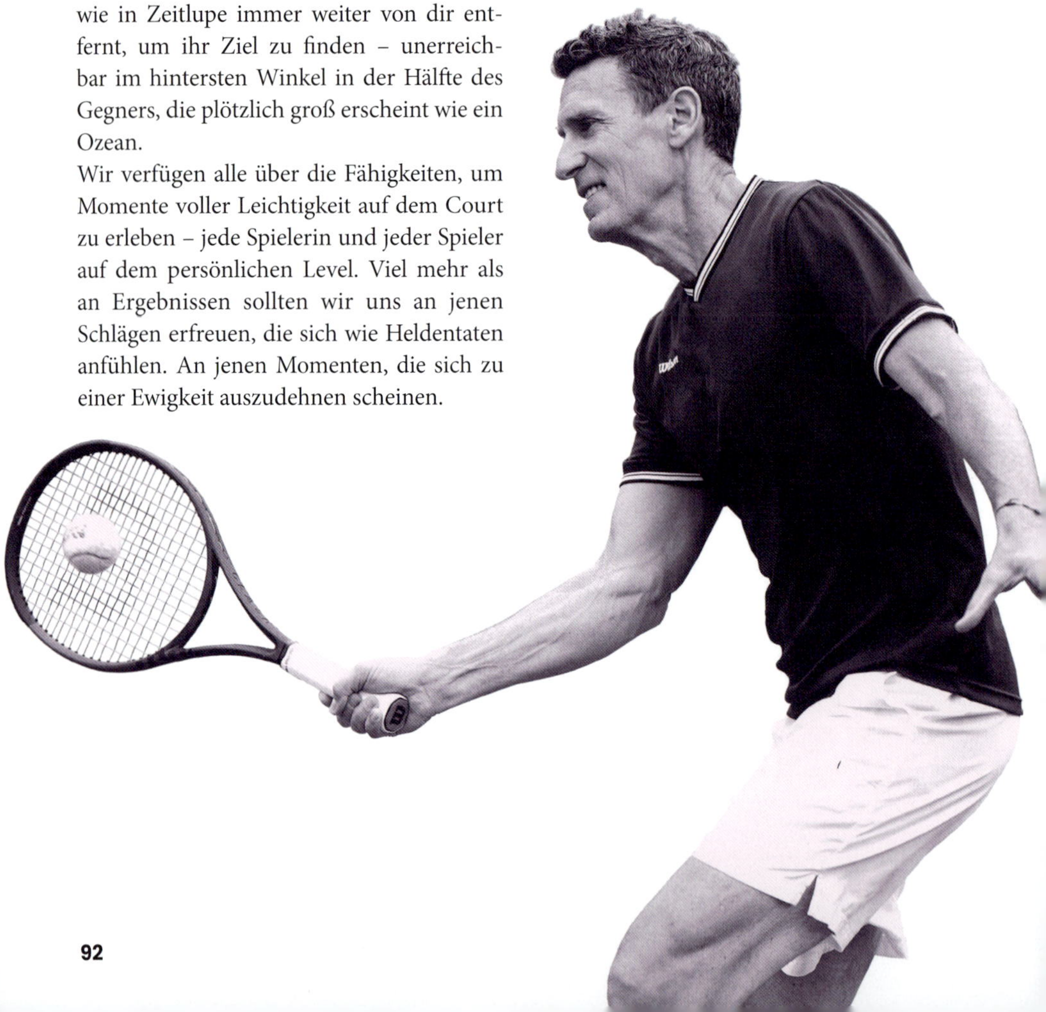

Einfach nur wahrnehmen

Du darfst alles über Bord werfen, was du bisher über das Tennisspiel und deine eigenen Stärken und Schwächen gelernt hast. Alles loslassen, was dich zweifeln und anstrengen lässt. Einfach mal wieder Anfänger sein, ohne Erwartungen, ist das nicht wunderbar? Bei diesen drei Übungen geht es darum, ohne Bewertung wahrzunehmen – frei von den typischen Richtig-oder-Falsch-Schubladen. Kein Gedanke darüber, warum ein Schlag gelungen oder misslungen ist. Einfach nur beobachten, fühlen, vertrauen. Der Verstand hat Pause, der Körper darf übernehmen. Wenn deine Aufmerksamkeit abdriftet und du feststellst, dass du in den alten, bekannten Modus verfällst, dann lenke sie sanft zurück.

1| Wo befindet sich der Schlägerkopf? Richte deine Aufmerksamkeit auf deinen Schlägerkopf. Fühlen, nicht hinschauen. Die Augen fokussieren den Ball. Wo befindet sich der Ball, wenn deine Ausholbewegung beginnt? Wo ist der Schlägerkopf, kurz bevor der Ball in deinem Feld aufspringt? Kannst du ihn spüren?

2| Wie fest ist dein Griff? Stell dir eine Skala von eins bis fünf vor. Eins bedeutet, dein Griff ist sehr locker, sodass du meinst, dein Racket würde fast aus der Hand fallen, fünf steht für den Griff, der nicht fester sein kann. Experimentiere mit jeder Stufe. Nimm nur wahr, was du fühlst. Was passiert mit deinen Schlägen, wenn du besonders fest zupackst? Finde heraus, wie locker du greifen kannst, um immer noch genug Kontrolle zu spüren. Mit der Zeit wirst du den Schläger automatisch so greifen, wie es für dich am besten ist.

3| Wo triffst du den Ball? Befindet sich dein Treffpunkt vor dem Körper, auf Höhe des Körpers oder dahinter? Dein Verstand mag sagen: „Natürlich muss ich vor dem Körper treffen! Also achte darauf, dass dir dies gelingt!" Löse dich von dem, was du zu wissen meinst. Nimm nur wahr, was geschieht und wo du den Ball wirklich triffst – ohne es aktiv beeinflussen zu wollen. Kannst du darauf vertrauen, dass der Schläger den idealen Treffpunkt selbst finden wird?

Was hast du heute Neues über dein Spiel gelernt? Was hat besonders gut funktioniert? In welchen Situationen können dir deine Erfahrungen künftig hilfreich sein?

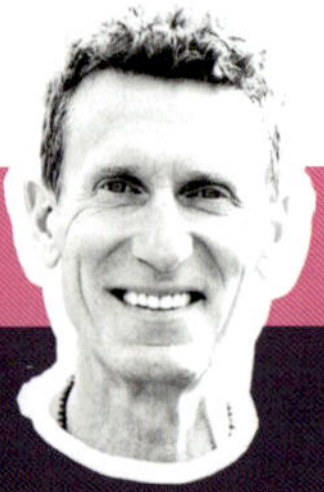

Aus meinem Tagebuch

SCHWEDISCHER BUMERANG

September 1993. Davis-Cup-Halbfinale in Borlänge gegen Schweden. Auswärts in der Halle auf Sand gegen eine der erfolgreichsten Nationen des Jahrzehnts. Sie spielen mit Stefan Edberg, Nummer fünf der Welt, sechs Grand-Slam-Titel schwer, und Magnus Gustafsson, der vor allem auf Asche gefährlich ist. Dazu das Doppel Anders Jarryd und Henrik Holm, der zwei Wochen zuvor Michael (Stich, *Anm.*) in der ersten Runde von Flushing Meadows geschockt hatte. Schweden ist Favorit. Aber wir befinden uns auf einer Mission, fühlen uns wie ein rollender Zug, der nicht zu stoppen ist. Der Spirit mit den Jungs ist grandios, auch wenn einige Medien anderes behaupten. Es wird geschrieben, wir seien eine Zweckgemeinschaft, keine Freunde, der Spaß in der Truppe sei früher größer gewesen. Ich empfinde es anders. In den vergangenen Monaten sind wir eng zusammengewachsen, haben bei unseren Siegen gegen Russland und Tschechien sensationelle Wochen erlebt. Der Davis Cup ist mit nichts zu vergleichen, weil sich Einzelkämpfer für wenige Wochen im Jahr zu einer Mannschaft formen müssen. Bei uns funktioniert es und ich liebe es. Wir vertrauen uns gegenseitig, wir glauben aneinander und wir tragen alle den Traum vom Titel im Herzen. Am meisten Michael, glaube ich. Er spielt die beste Saison seines Lebens, hat in Stuttgart und Hamburg gewonnen, zu Hause in „seinem" Stadion, er hat im Queen's Club triumphiert und man spürt, dass er noch viel mehr vorhat. Er will uns zum Davis-Cup-Triumph führen, zu Deutschlands drittem, aber zu seinem ersten. Michael ist unser Leitwolf und er übt diese Rolle mit einem beeindruckenden Selbstverständnis aus. Sein Selbstvertrauen ist ansteckend wie ein brennendes Streichholz. Für mich ist seine Aura besonders wertvoll, immerhin sind wir als Doppel gesetzt und bisher ungeschlagen. Mit ihm zu spielen ist ein Geschenk.
Das erste Training in Borlänge wird für mich zu einer Prüfung – und im Nachhinein zu einer der wertvollsten Davis-Cup-Erfahrungen meines Lebens. Als wir die ersten Bälle schlagen, habe ich einen miserablen Rhythmus, null Touch. Der Sandboden liegt mir nicht, aber noch weniger komme ich mit den drucklosen Bällen zurecht, die Schweden für diese Partie ausgesucht hat. Ich beame mich gedanklich in den Samstag, sehe mich im Doppel keinen Ball sauber treffen. „Wie soll ich mit diesen Kugeln gut spielen?!", echauffiere ich mich. „Wie kann man überhaupt solche Bälle aussuchen?!" Ich bin nervös, gefangen in meiner Angst davor, den Jungs mit einer schlechten Leistung möglicherweise den Sieg zu verderben. Michael steht am Netz, nippt an seiner Cola, wie immer. Dann spricht er ein paar Sätze, die ich nie vergessen werde. „Mach dich mal locker", sagt er. „Die Schweden haben sich mit diesen Bällen ein Eigentor geschossen. Überleg mal: Der Kick-Aufschlag von Edberg springt längst nicht so hoch ab wie sonst, den können wir entspannt auf Hüfthöhe returnieren. Und Gustafssons Vorhand ist auch keine große Gefahr mehr. Dem spiel' ich am Freitag die Dinger alle mit Slice und ohne Tempo lang hinten rein. Dann kann er sich wunderbar daran abarbeiten. Alles kein Problem, wir hauen die weg!"

Ein paar Tage später stehen wir tatsächlich im Endspiel. Die drucklosen Bälle wurden für Schweden zum Bumerang. Alles ist so eingetreten, wie Michael es prophezeit hat. Er hat Gustafsson in vier Sätzen abgefertigt, anschließend hat Marc (Goellner, *Anm.*) Edberg ebenfalls in vier Sätzen aus der Halle katapultiert. Unser Doppel hat bereits am zweiten Tag die

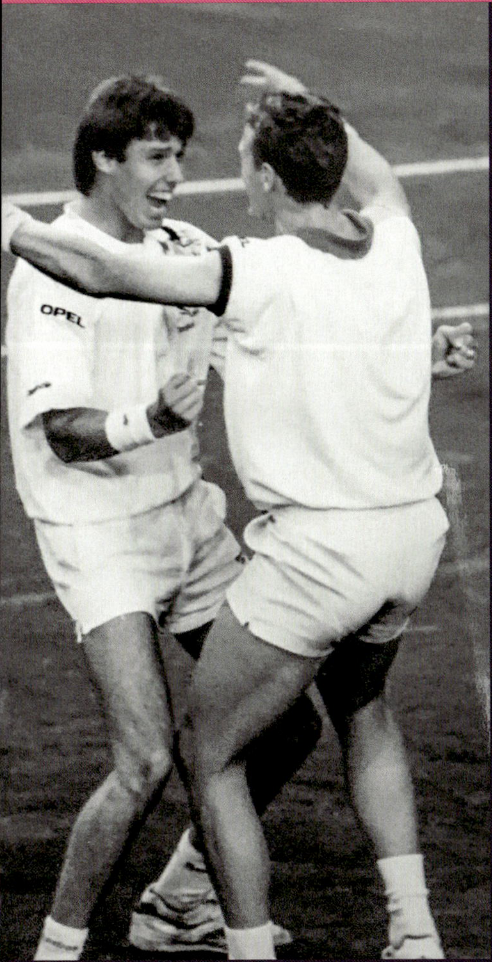

Komm in meine Arme! Der Sieg im Doppel mit Michael brachte uns ins Endspiel – ein Glücksmoment!

Entscheidung gebracht. 6 : 4, 6 : 4, 7 : 6 gegen Jarryd und Holm. Gefühlt kein Hauch von Gefahr, obwohl der Tiebreak verdammt eng war. Auch die beiden Einzel am Sonntag haben wir gewonnen, ohne Satzverlust. 5 : 0. Finale. Gegen Australien. Heimspiel. Wahnsinn!

WAS ICH GELERNT HABE:

Es ist eine Frage der Perspektive, ob ich glaube, dass eine Sache **für** oder **gegen** mich läuft. Beim ersten Training in Borlänge habe ich nur auf mich geschaut. Ich habe mein eigenes Spiel und mein persönliches Problem mit den Bällen zum Nabel der Welt gemacht – ohne darüber nachzudenken, ob ich dieser Situation auch etwas Positives abgewinnen könnte. Michael hat mir die Scheuklappen von den Augen gerissen. Er mochte die Bälle auch nicht, aber er hat sofort einen inneren Schalter umgelegt und hinterfragt, wie er sie für sich nutzen kann. Er hat sich auf die Möglichkeiten statt auf die Widrigkeiten konzentriert. Sein taktischer Plan für das gesamte Wochenende stand nach wenigen Minuten in Stein gemeißelt. Er hatte innerhalb kürzester Zeit eine innere Klarheit und daraus eine unbändige Power entwickelt. Dieses Mindset hat Michael schon immer ausgezeichnet. Es hat ihn zum Wimbledonsieger gemacht, zum ATP-Weltmeister, auf Platz zwei der Weltrangliste gebracht, uns als Team zum Davis-Cup-Sieg geführt. Er trägt die Denkweise bis heute in sich – analytisch, reflektiert und mit einem Selbstvertrauen vom kleinen Zeh bis unter die Schädeldecke. Champions ticken so und von Michael durfte ich darüber eine Menge lernen. Die Erfahrung von Borlänge hat mir gezeigt, was Fokussierung im Training bedeuten kann und wie wichtig es ist, nicht mit Umständen zu hadern, die sich nicht ändern lassen. Mein guter Freund und geschätzter Coach Helmut Lüthy sagte später einmal, in einem anderen Zusammenhang: „Es kommt nicht darauf an, wie die Bälle sind, sondern darauf, was man mit ihnen macht!" Er hatte ja so recht ...

Das Ampelspiel

Für uns eine wertvolle Übung, weil sie das Bewusstsein für Spielsituationen steigert. Du entwickelst ein Gefühl dafür, wie du in einem Ballwechsel agierst. Wann der passende Zeitpunkt für einen Angriff ist und wann es sinnvoller sein kann, den Ball sicher im Spiel zu halten. Stell dir eine normale Verkehrsampel vor. Deine Aufgabe ist es, die Bälle des Gegenübers in die Kategorien „rot", „gelb" und „grün" zu sortieren.

Ein **roter** Ball des Gegners bedeutet Gefahr. Du bist in großer Bedrängnis, wirst in die Defensive gezwungen und dein einziges Ziel besteht darin, im Ballwechsel zu überleben. In diesen Situationen spielst du, wenn irgendwie möglich, hoch und lang, um Zeit zu gewinnen und deinem Gegenüber einen Angriff zu erschweren.

Gelb bedeutet Neutralität. Du wirst noch nicht zu einem Fehler gezwungen, bist aber auch nicht eingeladen, einen Winner zu riskieren. Lange Bälle mit Spin und mittlerem Tempo gehören ebenso in diese Kategorie wie fiese Sliceschläge, die flach vom Boden abspringen und dir kaum Möglichkeiten bieten, um den anderen unter Druck zu setzen. Hier lauert eine der größten und vermeidbarsten Fehlerquellen im Spiel – denn viele wollen in diesen Momenten zu schnell punkten, obwohl sie den Winner besser vorbereiten sollten.

Grün steht für einen harmlosen Ball, der dir eine Chance zum Angriff bietet. Jetzt erhöhst du das Tempo, attackierst die Ecken und rückst im besten Fall ans Netz vor, um den Punkt abzuschließen.

1| Experimentieren: Zunächst einmal lange Bälle schlagen und ein Gefühl für die unterschiedlichen Ampelfarben in einem Ballwechsel entwickeln. Welche Bälle fallen für dich in den roten Bereich? Welche stufst du als gelb ein? Und welche als grün? Lerne dich und dein Spiel kennen. Beobachte, wie du agierst.

2| Umsetzen: Nutze die Ampel im Spiel um Punkte. Wie beeinflusst sie deine Taktik?

3| Reflektieren: Hast du die Bälle anders eingeschätzt als beim Experimentieren zuvor? Hast du mehr riskiert als sonst, weil du realisiert hast, wie viele Chancen sich boten? Oder warst du geduldiger als zuvor, weil der sichere Ball oft die bessere Wahl war?

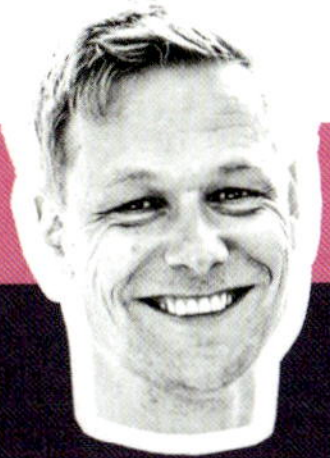

Aus meinem Tagebuch

FRÜHSCHICHT MIT BOB BRETT

Juli 2016. Stippvisite bei Trainerlegende Bob Brett in San Remo. Eine jener Reisen in meiner Zeit als Reporter beim *tennis MAGAZIN*, die mir am meisten in Erinnerung geblieben sind. In der kleinen Küstenstadt im Nordwesten Italiens, 20 Kilometer hinter der französischen Grenze, führte der Australier viele Jahre seine Tennisschule. Er legte Wert auf diese Bezeichnung – der Begriff Akademie habe nicht zu seiner Philosophie gepasst. Ihm sei es stets um eine individuelle, persönliche Betreuung junger Talente gegangen und nicht darum, besonders viel Geld zu verdienen, großspurige Versprechungen zu geben und sich selbst in Szene zu setzen. Dazu passt, dass Einzelstunden bei ihm kostenlos waren. San Remo war nicht mein erstes Treffen mit Bob, aber rückblickend mit Abstand das schönste und bedauerlicherweise bis auf zwei weitere Telefonate der letzte Kontakt. Im Januar 2021 verstarb er nach schwerer Krankheit. Ich denke seitdem oft und mit großer Dankbarkeit an die Tage bei ihm.

Bob war nicht nur einer der erfolgreichsten Coaches, die ich kennenlernen durfte, sondern auch einer der bodenständigsten und tiefgründigsten. Mit ihm über Tennis zu plaudern, war für mich wie eine Unterhaltung mit dem Papst über Glauben und Hoffnung. Er hat Boris Becker 1991 an die Spitze der Weltrangliste geführt. In den 90er-Jahren hat er mit Goran Ivanisevic zwei Wimbledon-Endspiele erreicht, der Kroate war damals die Nummer zwei der Welt. Er hat Nicolas Kiefer zu einem Weltklassespieler geformt und mit Marin Cilic sogar seit dessen Jugend gearbeitet, ihm die Grundlagen vermittelt, um die US Open zu gewinnen und weitere Grand-Slam-Finals zu erreichen. Über seinen Anteil an all den vielen Erfolgen hat Bob meist nur am Rande gesprochen. Lieber hat er über das Spiel an sich philosophiert.

Am ersten Tag unseres Besuchs sitzen wir stundenlang auf der Clubhausterrasse und plaudern über Tennis und das Leben – wie ich feststelle, erfreut sich Bob ähnlich wie ich an den vielen Analogien. Nach einigen Stunden überrede ich ihn, am nächsten Tag mit mir zu spielen. Besondere Erlebnisse sind schließlich das Fundament für lebhafte Reportagen. „Wenn wir spielen, dann richtig", sagt er, nachdem er sich eine Weile geziert hatte. „Nur für die Fotos mache ich das nicht."

Am nächsten Morgen erlebe ich, was er mit „richtig" meinte. Ich stehe so früh wie seit Jahrzehnten nicht mehr auf dem Platz. Es ist 6.30 Uhr und die Sonne ist gerade erst über der Riviera di Ponente aufgegangen, als Bob und ich den Court Nummer zwei betreten, auf dem Cilic früher oft wochenlang jeden Tag geschuftet haben soll. Als ich im Halbfeld beginnen will, lacht Bob mich aus. „Was willst du da? Geh an die Grundlinie", ruft er und grinst schelmisch. Wir schlagen die ersten Bälle und er fragt mich, ob ich zu Hause in Deutschland Bundesliga spielen würde. Es kann nur einer seiner trockenen Scherze sein, denn mein Rhythmus lässt zunächst doch sehr zu wünschen übrig. Nach etwa zehn Minuten steigert Bob die Intensität. Er steht nun zwei Meter vor mir und wirft mir Bälle zu, abwechselnd auf die Vorhand und die Rückhand. So soll ich Timing, Treffpunkt und Beinarbeit trainieren. Er schickt mich in die äußersten Ecken, holt mich mal nach vorn und treibt mich dann wieder weit hinter die Grundlinie. Meine Füße brennen. Die Übung habe ich zuletzt als Jugendlicher gemacht – als

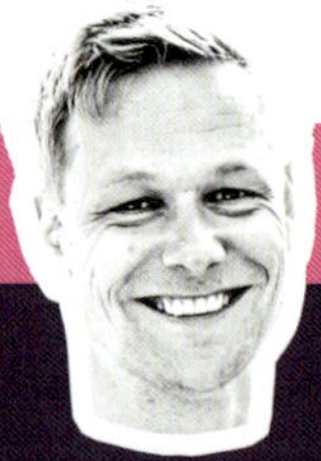

Aus meinem Tagebuch

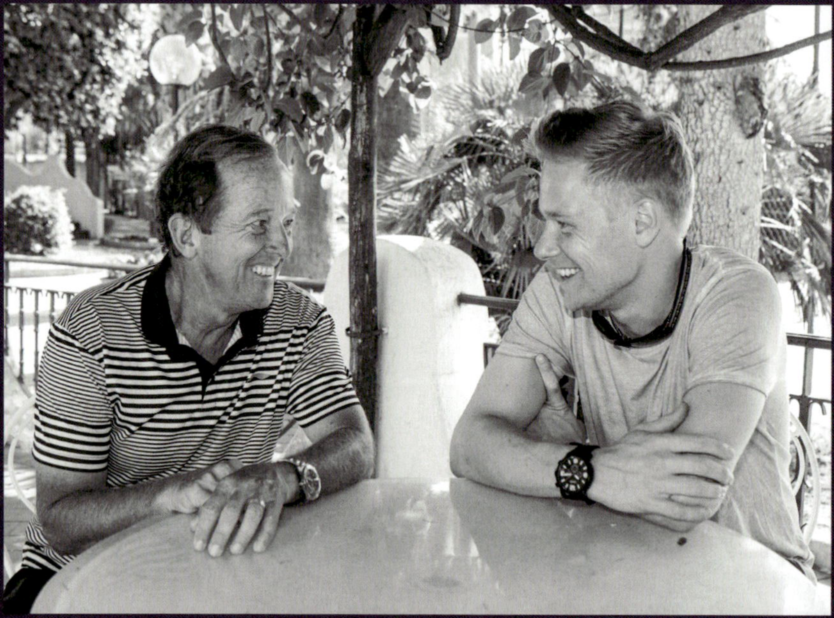

Eine besonders schöne Erinnerung: Die Begegnung mit Bob Brett in San Remo werde ich nicht vergessen.

ich Woche für Woche von einem Turnier zum nächsten tingelte und es neben Tennis kaum andere Prioritäten in meinem Leben gab. Wie hart ein solches Training sein kann, hatte ich ganz vergessen ...

Es folgen viele ähnliche und auf den ersten Blick einfache Drills. Später schlagen wir Vorhand und Rückhand cross auf abgesteckte Bereiche des hinteren Feldes, nicht größer als ein Abziehnetz. Zehn Treffer hintereinander muss ich schaffen. Landet ein Ball nicht im Ziel, beginnt die Serie von vorn, da ist Bob pingelig. Präzisionsarbeit in einer für mich brutalen Intensität. Pausen gönnt Bob mir erst, wenn ich eine Aufgabe erfolgreich gemeistert habe, egal, wie lange es dauert. Er lässt mich eine halbe Stunde lang servieren, bis ich 20 Aufschläge in Serie ins Feld gespielt habe – mit Kick und mittlerem Tempo, nicht als Einwurf. Bob erklärt mir: „Die meisten hören auf, wenn es unangenehm wird. Wenn du über diesen Punkt hinausgehst und weitermachst, bis du erreicht hast, was du erreichen willst, wirst du nicht nur spielerisch und körperlich stärker, auch deine

Einstellung verändert sich. Du wirst widerstandsfähiger. Das ist eine der wichtigsten Eigenschaften beim Tennis und im Leben."

Am Ende dauert die Einheit mit Bob **3:20 Stunden!** Es ist kurz vor 10 Uhr, als ich klitschnass wie nach einem Marathon vom Court schlurfe. Erledigt. Glückselig. Erfüllt. Auch ein bisschen stolz, denn so lange am Stück habe ich ewig nicht mehr trainiert. „Great Entertainment", ruft mein Coach und lächelt sanft. Als wir später im Clubhaus Croissants essen und Kaffee trinken, erzählt Bob, wie er in den 60er-Jahren von seinem Mentor Harry Hopman, dem Namensgeber des früheren Mixed-Turniers in Perth, lernen durfte. „Ohne ihn wäre ich nicht der geworden, der ich heute bin. Er war das größte Glück für meine Laufbahn. Von ihm habe ich gelernt, dass sich gerade in schwierigen Zeiten zeigt, wer ein guter Coach ist." Spannend finde ich seine Sichtweise auf den Umgang mit jungen Talenten. Er hält wenig von der brachialen Methode, mit der viele Kinder schon in frühen Jahren gedrillt werden. „Zwei Einheiten pro Woche sind am Anfang ausreichend", sagt er. „Die Grundlagen bildet man auch neben dem Platz aus, in anderen Sportarten. Vielseitigkeit und Abwechslung sind wichtig."

Man hätte noch viel mehr Zeit mit ihm verbringen können, die Themen wären nicht ausgegangen. Aber nach drei Tagen mussten wir weiter. Auf Fotograf Jürgen Hasenkopf und mich wartete ein weiterer Termin in der Nähe. In Erinnerung geblieben ist mir ein beeindruckender Mann, der den Tennissport mit jeder Faser seines Körpers geliebt hat. Bob hat sein Leben diesem Sport verschrieben. Und mit Sicherheit hätte ihm jeder dafür noch viel mehr Zeit gewünscht.

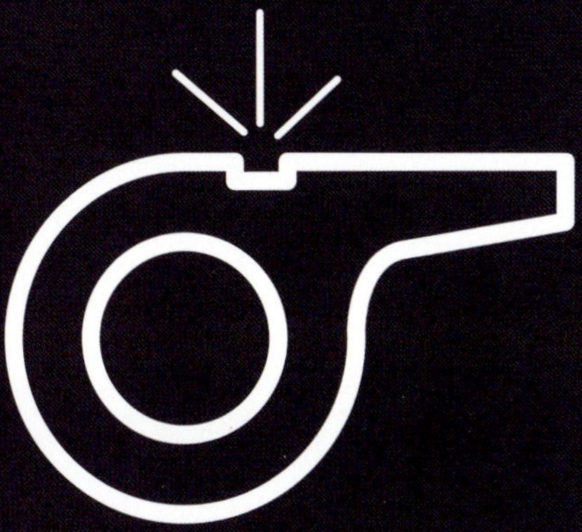

WAS ICH GELERNT HABE:

Nicht nur das Training mit Bob hat Eindruck hinterlassen. Klar, ich habe mal wieder festgestellt, wie wertvoll die scheinbar simpelsten Übungen sein können, wenn die Intensität hochgeschraubt wird und man sich vollkommen auf diese eine Aufgabe konzentriert. Besonders imponiert hat mir aber der Mensch Bob Brett. Stets aufmerksam, interessiert, mit viel Tiefgang und zu keinem Zeitpunkt abgelenkt. Nicht ein einziges Mal hat er unsere stundenlangen Gespräche unterbrochen, um auf sein Handy zu schauen. Beim Spielen hatte ich den Eindruck, dass er besser über meinen körperlichen Zustand Bescheid wusste als ich selbst. Als ich ihn darauf ansprach, erklärte er mir, wie wichtig das Beobachten sei. „Wenn du genau hinschaust und wahrnimmst, was gerade passiert, und du ein ehrliches Interesse am Menschen hast, dann kannst du sehr viel mehr erkennen, als du glaubst", sagte er. Auch für meine Arbeit als Coach inspirieren mich die Erinnerungen an den Besuch bei Bob bis heute.

Bist du bereit?

Eine gute Vorbereitung auf ein Match besteht nicht nur darin, alle nötigen Utensilien in der Tasche zu verstauen und rechtzeitig auf der Anlage zu erscheinen. Das richtige Equipment und Pünktlichkeit sind Voraussetzung, keine Frage. Genauso wichtig, jedoch oft vernachlässigt, ist deine mentale Vorbereitung auf den Wettkampf. Wer ohne einen Plan ins Match geht, wird meist auch planlos spielen. Die folgenden Fragen kannst du vor einem Match durchgehen. Finde deine Antworten.

→ **Wie gut kennst du dich und deine Stärken?**

→ **Was weißt du über deine Gegnerin oder deinen Gegner?**

→ **Mit welcher Strategie gehst du ins Match?**

→ **Mit welcher Körpersprache möchtest du auftreten?**

→ **Welches Tool zur Fokussierung hat dir im Training bisher so gut geholfen, dass du es auch im Match anwenden willst?**

→ **Gibst du dir das Versprechen, alles zu geben?**

Wann hast du dein bestes Match gespielt?

Was hat damals besonders gut funktioniert?

Ein Teil der Matchvorbereitung kann darin bestehen, sich an Erfolge zu erinnern. Noch einmal zu rekonstruieren, was in diesen Momenten anders war als sonst. Zu analysieren, was damals zum Erfolg geführt hat, kann dem Selbstvertrauen einen Schub geben. Warum sollte das, was schon einmal funktioniert hat, nicht noch einmal klappen?

„Mache die Dinge,
die du tust,
mit Freude und
Leidenschaft – und
es wird ein gutes
Ergebnis dabei
herauskommen."

ANA IVANOVIC

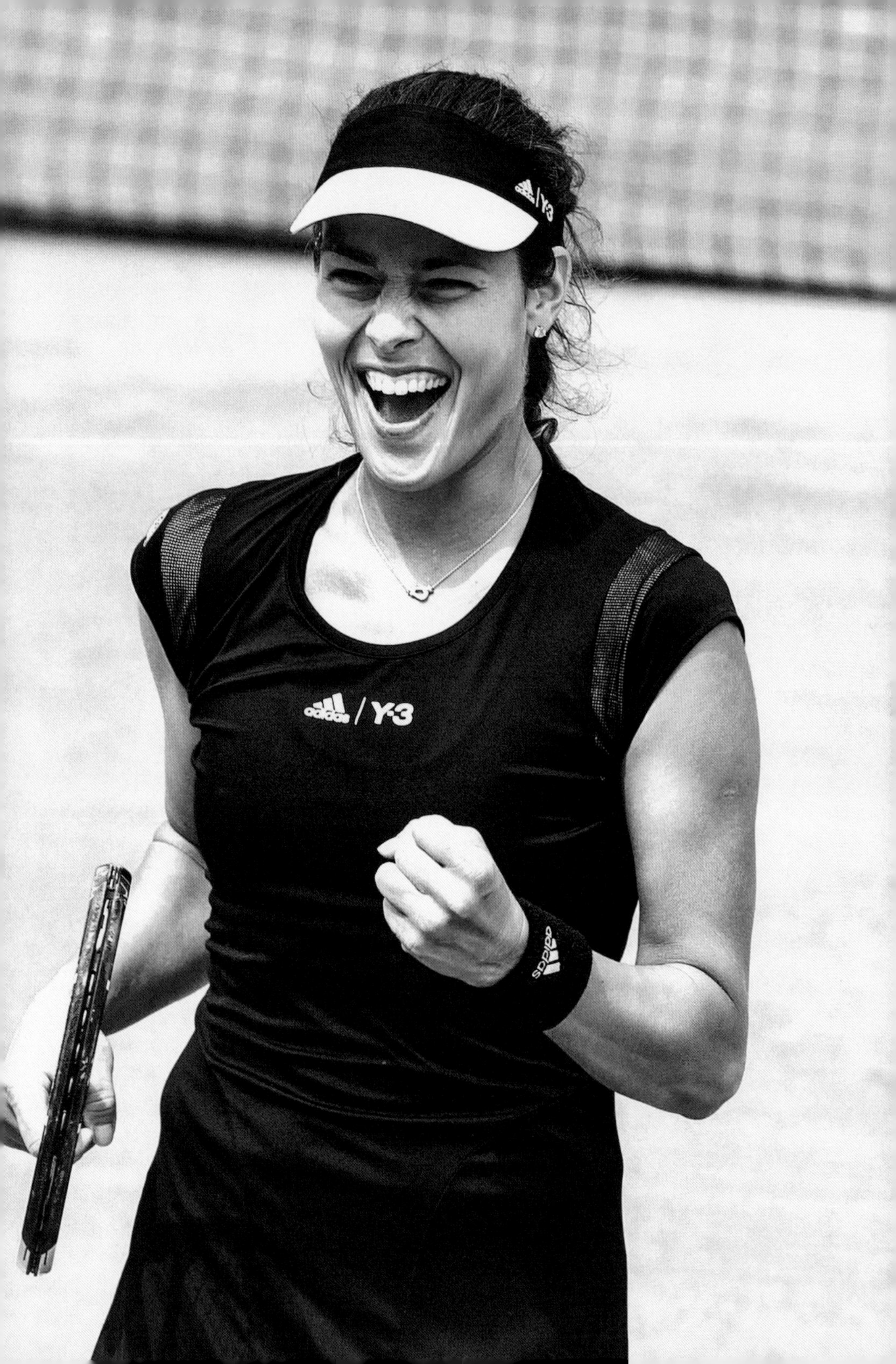
adidas / Y-3

KAPITEL 3

WETTKAMPF & ANALYSE

Mit Leichtigkeit und Gelassenheit wird fast alles einfacher – auch ein Tennismatch. Wie du unter Druck entspannt bleibst und deine besten Leistungen erzielst, wenn es zählt.

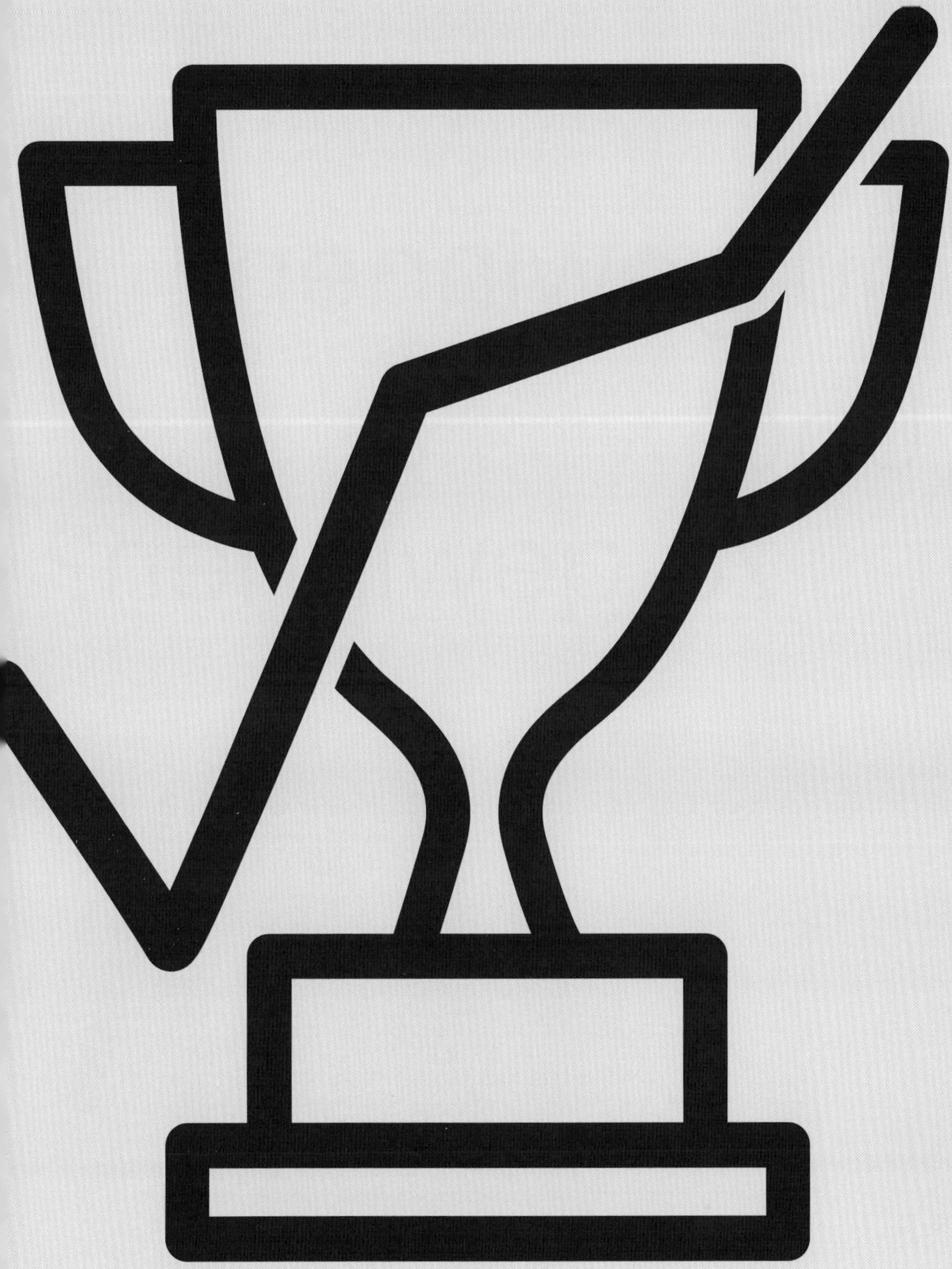

Warum willst du gewinnen? Und was gibt es zu gewinnen?

Ja, du hast richtig gelesen. Warum möchtest du überhaupt gewinnen? Oder anders gefragt: Was ist so schlimm daran, zu verlieren? Wenn du magst, mache dir wieder ein paar Notizen. Schreibe alle Gedanken auf, die dir jetzt durch den Kopf schießen. Es kann hilfreich sein, seinen Ehrgeiz besser zu verstehen und die Motive des eigenen Antriebs zu ergründen. Vielleicht verändert sich so deine Perspektive auf den Wettkampf und es entstehen mehr Leichtigkeit, Gelassenheit und Freude, wo vorher Druck und Verbissenheit überwogen haben.

Denken wie ein Bergsteiger

Was kann ein Tennisspieler von einem Bergsteiger lernen? Der Bergsteiger sucht sich meistens mit größter Freude die schwierigsten Herausforderungen aus. Er bereitet sich über einen langen Zeitraum akribisch darauf vor, zum Beispiel einen 8.000er zu erklimmen. Seine gesamte Energie fließt in dieses Vorhaben hinein. Bis ins kleinste Detail plant er seine Exkursion, stellt seine Ausrüstung zusammen, prüft das Equipment immer wieder auf dessen Tauglichkeit und testet bereits in der mentalen als auch körperlichen Vorbereitung seine Grenzen aus. Der Erfolg seiner Tour hat für ihn die höchste Priorität, deshalb überlässt er nichts dem Zufall.

Wenn der große Tag kommt und die Tour beginnt, dann mag er zwar mit einem gesunden Respekt starten, weil er weiß, welche Gefahren unterwegs lauern. Selten allerdings lässt er sich von Ängsten oder Zweifeln dominieren. Er verschwendet in der Regel wenige Gedanken daran, schnell am Gipfel ankommen zu wollen, damit die Schinderei wieder ein Ende hat. Stattdessen ist er gespannt, was ihn erwartet, und blickt neugierig auf die vielleicht größte Herausforderung seines bisherigen Lebens. Er vertraut seiner physischen und psychischen Stärke, weshalb das Aufgeben für ihn meist nur eine Option ist, wenn wirklich Gefahr droht.

Der Bergsteiger liebt die Berge. Deshalb gibt es für ihn nichts Erfüllenderes, als so viel Zeit wie möglich hier zu verbringen. Der Weg ist sein Ziel und er beschreitet ihn nicht in erster Linie, um sich vor anderen Menschen zu beweisen und zu zeigen, was für ein starker Typ er ist – sondern er ist unterwegs, um seiner Leidenschaft nachzugehen und dabei sich selbst und dem Leben näherzukommen. All die Beschwerlichkeiten, die er zu meistern hat, treiben ihn zu Höchstleistungen an. Je größer die Herausforderung, die sich ihm im wahrsten Sinne des Wortes in den Weg stellt, desto stärker brennt sein inneres Feuer. Wenn sich der eiskalte Wind, der ihm in Tausenden Metern Höhe entgegenbläst, in seinem Gesicht anfühlt wie eine messerscharfe Rasierklinge und sein Körper an den nicht enden wollenden Strapazen des Aufstiegs zu zerbrechen droht, dann lernt der Bergsteiger eine neue Dimension von Schmerz kennen, die ihn gewiss an die Grenze seiner körperlichen und mentalen Fähigkeiten treibt. Gleichzeitig aber zehrt er davon, jeden einzelnen Moment dieser Quälerei in vollkommener Präsenz zu erleben, weil er sich verbunden fühlt mit der Natur, die er liebt, und weil er spürt, was es bedeutet, lebendig zu sein. Er ist durchströmt von Dankbarkeit für seine körperlichen Voraussetzungen, die es ihm überhaupt erst erlauben, eine Tortur solchen Ausmaßes zu bewältigen – und dabei zu entdecken, dass das menschliche Potenzial so viel größer ist, als zumeist angenommen. Diese Erfahrung ist der wertvollste Lohn für eine wochen- und manch-

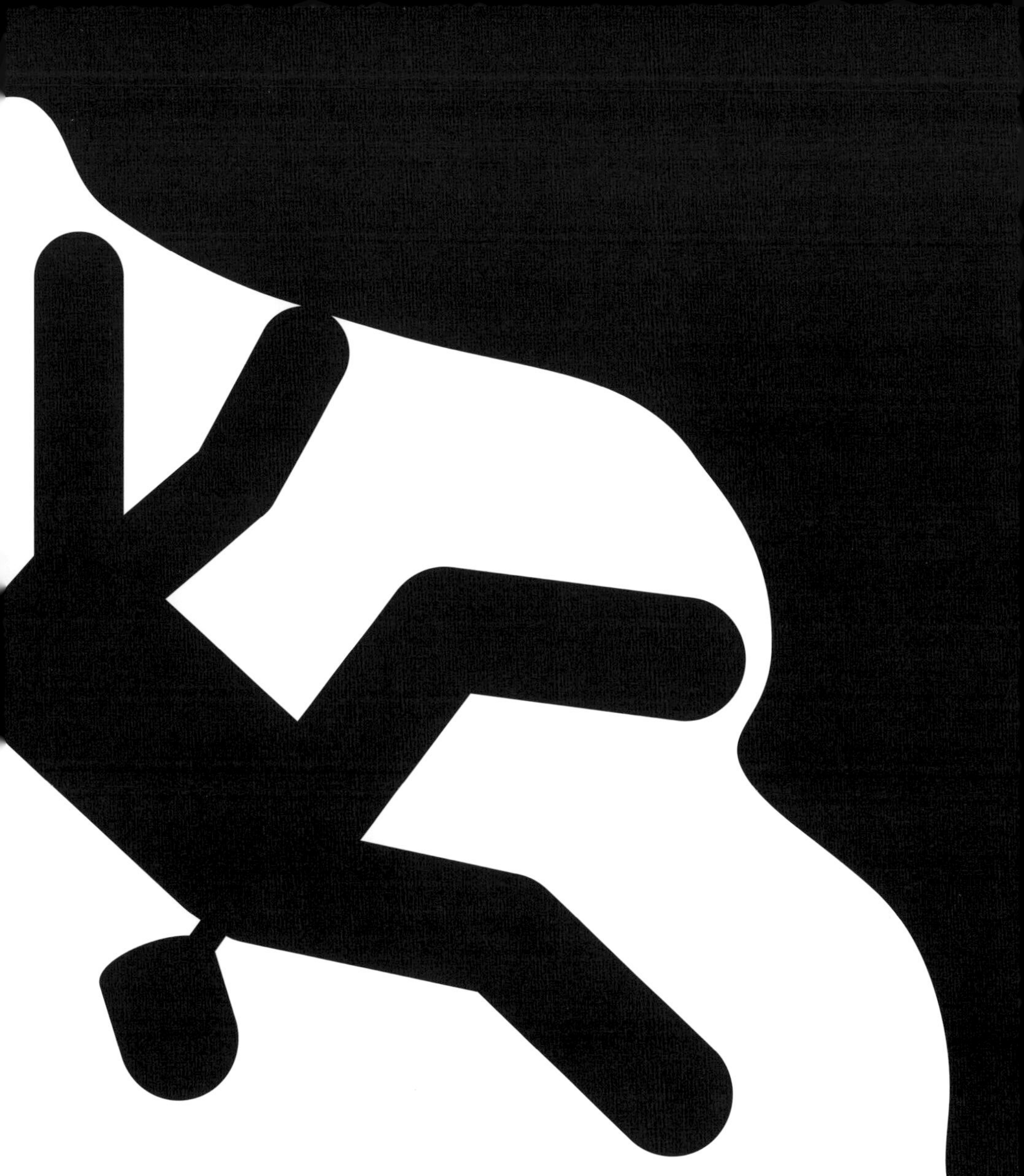

mal monatelange brutale Schinderei. Sie macht süchtig nach mehr. Es ist gewiss das Idealbild eines Extremsportlers, nicht jeder wird so empfinden. Viele aber beschreiben ihre Motivation so oder so ähnlich.

Anders als ein Bergsteiger definiert ein Tennisspieler seinen Wert als Mensch oft über Siege und Niederlagen, über Ranglistenpositionen und Leistungsklassen, über den messbaren Vergleich mit einem anderen Spieler. Das Duell gegen einen Gegner auf der anderen Seite des Netzes macht den Court für beide zu einer Bühne, auf der die Kontrahenten sich selbst und anderen ihre Stärke demonstrieren wollen.

Oft hat ein Tennisspieler schon im Kindesalter gelernt, dass er vor allem an seinen Leistungen gemessen wird – und dass es für den Stellenwert innerhalb einer Gesellschaft von Bedeutung ist, ob man ein Gewinner oder ein Verlierer ist. Nur der Sieger erntet schließlich Lob und Respekt für seinen Erfolg, während der Verlierer mitleidsvolle Blicke und manchmal auch eine Menge Kritik ertragen muss.

Schon als Kinder erfahren die meisten, dass Leistung die wichtigste Währung im Leben sei. So entstehen und gedeihen Versagensängste und Selbstzweifel bei vielen bereits in frühen Jahren. Manche lernen mit der Zeit einen gesunden Umgang mit diesen Gefühlen, andere schliddern in einen Kreislauf hinein, in dem bereits die Begrifflichkeiten von Sieg und Niederlage kontaminiert sind mit dem beengenden Gefühl von Druck.
Was auf dem Tennisplatz beginnt, kann sich später sukzessive auf andere Bereiche ausweiten und mit der Zeit in jeden Winkel des Lebens hineinkriechen – wie ein Computervirus, der sich durch eine komplette Festplatte frisst. Die Jagd nach Anerkennung und Wertschätzung wird so zum oft nicht erkannten, aber trotzdem dominanten Motiv des eigenen Ehrgeizes. Die pure Freude am Spiel – der Grund, warum jeder Tennisspieler und jede Tennisspielerin irgendwann einmal angefangen hat, die ersten Bälle zu schlagen – und das Gefühl von Glückseligkeit und innerer Erfülltheit gehen dabei manchmal schleichend verloren. Obwohl doch fast alle (die allermeisten Leser dieses Buches sowieso) auf dem Tennisplatz vornehmlich einem Hobby nachgehen, mit dem Wunsch, Spaß zu haben und für eine Weile glücklich, frei und sorglos zu sein. Das Leben ist schließlich aufreibend genug. Wenn du bis hierhin gelesen hast, dann blättere doch genau JETZT einmal zurück auf Seite 14 und lies dir das Zitat von Roger Federer über seine Liebe zum Spiel durch. Man kann es gar nicht oft genug lesen und sich daran erfreuen, dass einer der erfolgreichsten Spieler der Geschichte, der seinen Sport vermutlich mehr geprägt hat als jeder andere zuvor, so herrliche Worte findet, um seinen inneren Antrieb und seinen Drang nach Spielfreude zu beschreiben.

Häufig sind es also unsere eigenen meterhohen Erwartungen und die tief im Unterbewusstsein verankerten Glaubensmuster, die uns davon abhalten, in einem Tennismatch die gleiche Freude und Leichtigkeit zu empfinden wie in dem Moment, in dem es scheinbar um nichts geht. Allein der weit verbreitete Sprachgebrauch suggeriert uns bereits, dass ein Wettkampf nichts ist, was man einfach genießen könnte. „Nun wird es ernst!", sagen viele etwa, wenn sie die Tasche schultern, den Court betreten und die Stirn in Sorgenfalten legen. Oder aber: „Jetzt hört der Spaß auf!" Kurz darauf fliegen die ersten Bälle übers und bald auch ins Netz – die Folge von Angespanntheit und Verbissenheit. „Gestern im Training lief es noch viel besser", heißt es dann. Wen wundert's?

Erinnere dich nun noch einmal an den Bergsteiger und stell dir vor, du würdest ein Tennismatch mit einer ähnlichen Geisteshaltung bestreiten wie er seine Exkursion. Stell dir vor, du würdest es als eine Chance betrachten, das zu tun, was du liebst, während du Herausforderungen löst, an denen du wächst – als Sportler und als Mensch. Wie verändert diese Sichtweise deine Gedanken über den Wettkampf?

Mit den Impulsen und Geschichten auf den kommenden Seiten wollen wir dir kleine Tools an die Hand geben, die dir im Match helfen können, Ablenkungen und Störungen zu reduzieren und eine Partie bewusster und mit mehr Entspanntheit zu bestreiten. Sie sollen Quellen der Inspiration sein, damit du das Spiel auch unabhängig von Spielständen und Statistiken noch mehr genießen kannst – und es vielleicht öfter so ähnlich betrachtest wie ein Bergsteiger seinen langen Weg bis zum Gipfel. Deinen Siegeswillen muss dieser Perspektivwechsel keineswegs schmälern, im Gegenteil! Einer, der das in seiner Karriere eindrucksvoll belegt hat, ist Rafael Nadal …

… wie er seinen Antrieb im Wettkampf beschreibt, das liest du, wenn du umblätterst …

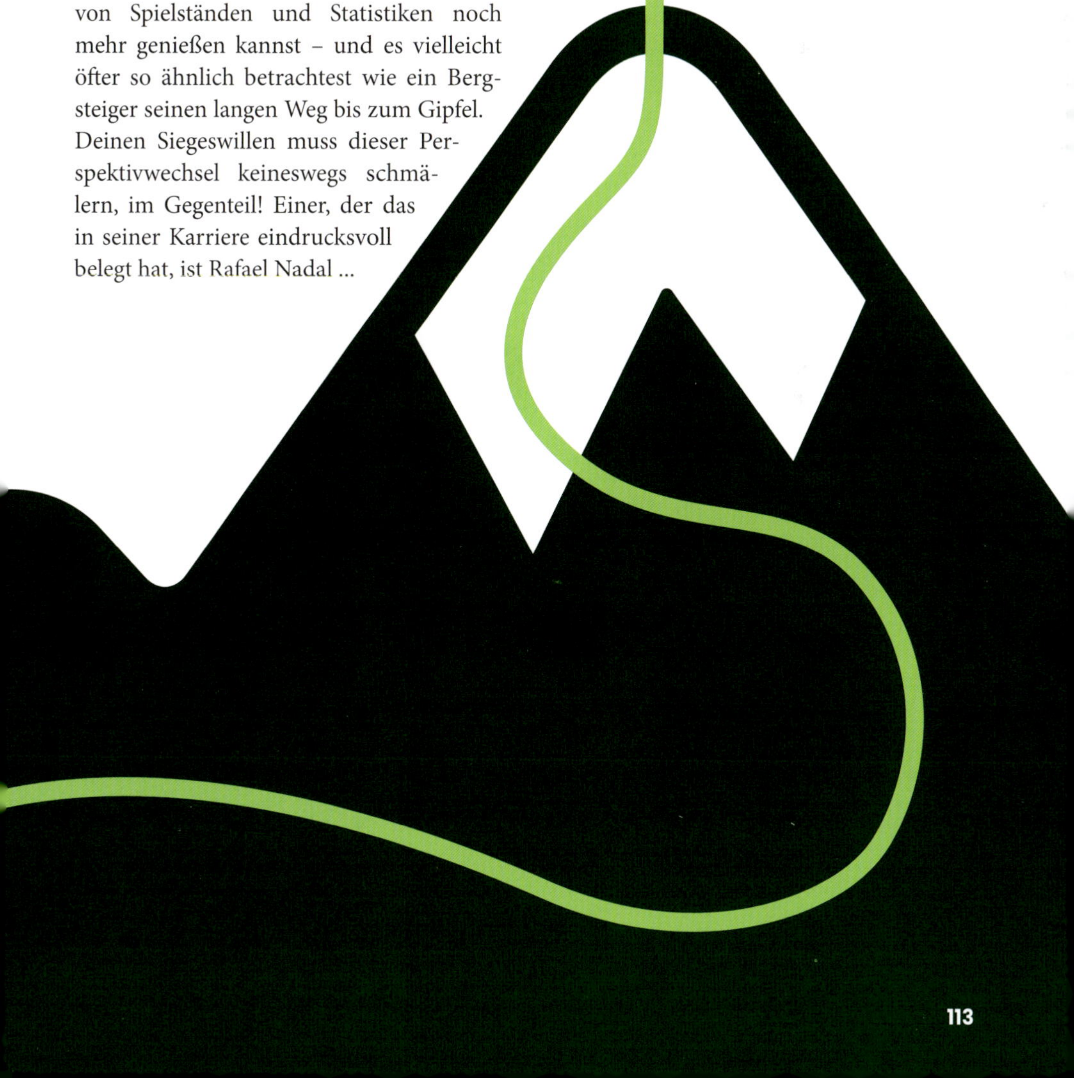

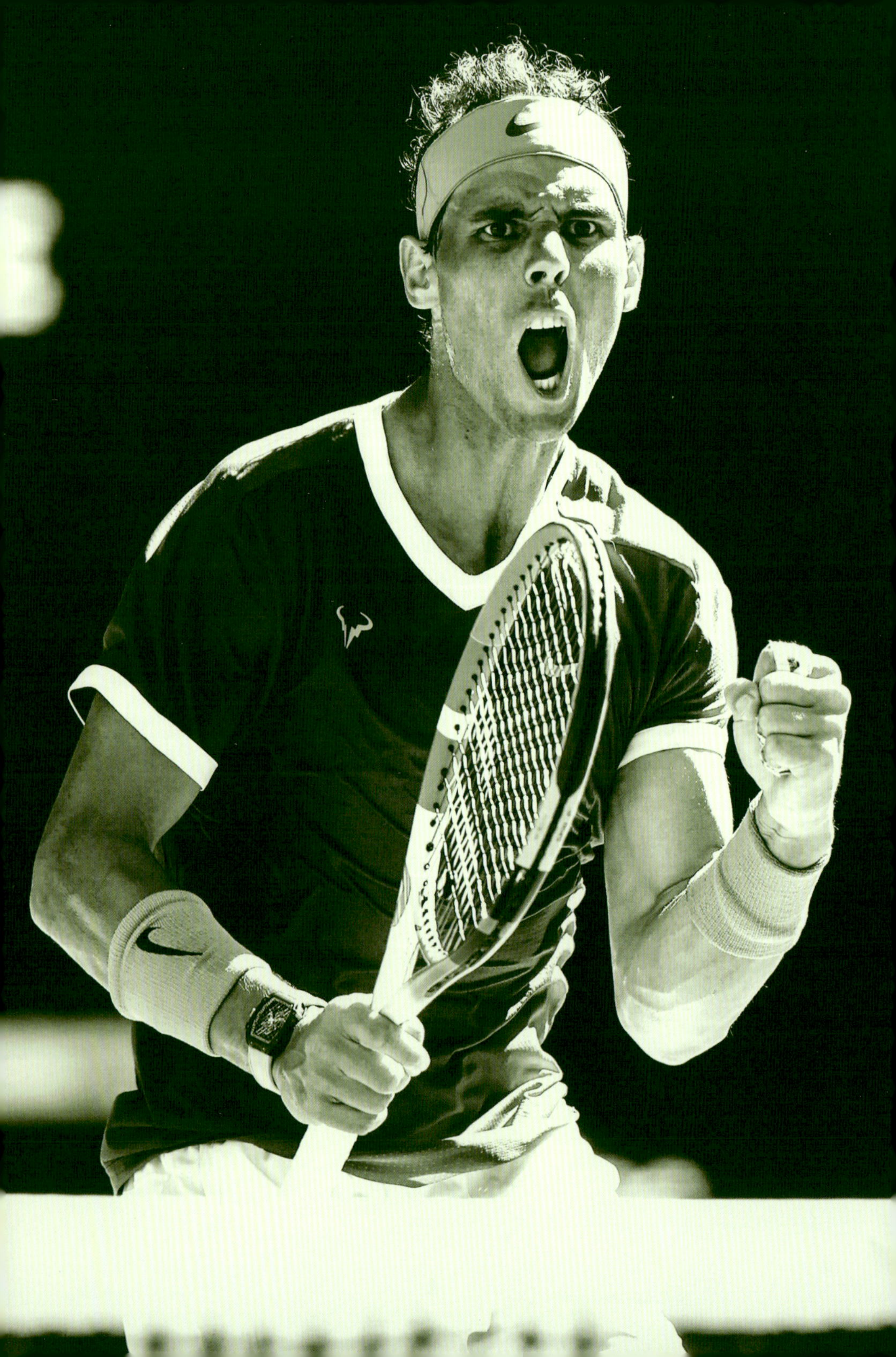

„Ich liebe den Wettkampf in allen Aspekten des Lebens. Wenn ich antrete, liebe ich es, auf dem Platz zu stehen und um den Sieg zu kämpfen. Vielleicht ist mir der Kampf um den Sieg wichtiger als das Gewinnen.“

RAFAEL NADAL

Zeit für eine BREAK-TIME

Auf Seite 36 haben wir dir bereits das Tool **BREAK-TIME** vorgestellt – ein geniales mentales Hilfsmittel, das du jederzeit nutzen kannst, um deine Gedankenspirale anzuhalten, Klarheit zu gewinnen, dich neu zu fokussieren und bewusstere Entscheidungen zu treffen. Falls du die Doppelseite im ersten Kapitel noch nicht gelesen hast, blättere einmal zurück und schaue dir die vier sehr einfachen Schritte für eine BREAK-TIME an.

Auf dem Tennisplatz ist BREAK-TIME das vielleicht wichtigste Tool, um sich immer wieder gedanklich zu sammeln und neu auszurichten. Du kannst dir die BREAK-TIME wie einen mentalen Reset vorstellen, als ob du deinen Computer, auf dem zu viele Programme gleichzeitig geöffnet sind, neu starten würdest. Eine BREAK-TIME kann dir helfen, dich von destruktiven Gedanken zu lösen und dich, wann immer es nötig ist, neu zu fokussieren. Nicht einmal die erfolgreichsten Profis schaffen es, vom ersten bis zum letzten Ballwechsel ein konstantes Level der Konzentration aufrechtzuerhalten – Ablenkungen sind also unvermeidbar. Entscheidend jedoch ist, wie schnell du sie bemerkst und dich wieder selbst zurück in die Spur bringst. Während eines Matches gibt es verschiedene kritische Phasen, in denen die Gefahr der mentalen Störungen und der gedanklichen Selbstsabotage besonders groß ist. Eine BREAK-TIME ist in diesen Momenten äußerst wertvoll. Experimentiere doch mal mit diesem Tool und beobachte, was sich verändert.

- **Zwischen zwei Punkten:**

Die wenigen Sekunden zwischen zwei Ballwechseln haben einen enormen Einfluss auf das, was im Spiel passiert. Du kannst in dieser Zeit mehr Schaden für den weiteren Verlauf der Partie anrichten als mit mehreren verlorenen Punkten in Folge. Es gilt, in kurzer Zeit sowohl den letzten Punkt mental zu verarbeiten, vielleicht einen ärgerlichen Fehler zu akzeptieren, als auch die gedankliche Vorbereitung auf die nächste Rally vorzunehmen. Ganz wichtig in dieser Phase: Löse deine Emotionen! Lass Anspannung, Frust oder auch Freude kurz heraus. Das hat eine befreiende Wirkung. Dreh dich kurz von deinem Gegner weg oder richte deinen Blick auf die Saiten deines Schlägers. Das kann dir helfen, um dich neu zu fokussieren und Ablenkungen von außen zu vermeiden. Vor allem: Nimm dir Zeit. Niemand hetzt

dich. Triff die bewusste Entscheidung, den letzten Punkt abzuhaken – er ist bereits jetzt Teil deiner Vergangenheit. So abgedroschen es klingt: Nur der nächste Ballwechsel zählt. Erinnere dich an deine Taktik oder ein Hilfsmittel wie zum Beispiel die Übung *Bounce und Hit* (s. Seite 40). Erzeuge neue Bereitschaft und Entschlossenheit. Erst jetzt setzt du das Spiel fort – mit einer klaren Ausrichtung für den nächsten Ballwechsel.

- **Beim Seitenwechsel**

90 wertvolle Sekunden – wenn du sie **für dich** nutzt und nicht für eine gnadenlose Abrechnung mit dir selbst. Harsche Selbstkritik ist unangebracht. Manche Spieler ziehen sich beim Seitenwechsel unter ihr Handtuch zurück, so gewinnen sie kurzzeitig Abstand zur Situation. Hier bist du ungestört, ganz für dich allein. Nutze den Moment für einen Kurzcheck deines Spiels und deines Gegners. Bringt dich dein Spiel ans Ziel? Was läuft gut, was nicht? Warum steht es 1 : 4? Wie agiert dein Gegner? Worauf musst du aufpassen? Analysiere sachlich, anstatt über Umstände und Fehler zu grübeln. Rufe dir deinen Matchplan zurück ins Gedächtnis. Du kannst auch Atemtechniken anwenden (s. Seite 122), die dir helfen, ruhiger zu werden. Mache dir bewusst, wie du ab sofort spielen willst.

- **In der Satzpause**

Eine ähnliche Situation wie beim Seitenwechsel, aber strategisch mit einer noch größeren Bedeutung. Die Satzpause ist die ideale Situation, um den Court kurz zu verlassen. Profis machen das oft. Novak Djokovic lag 2021 im Finale der French Open mit 0 : 2 in Sätzen gegen Stefanos Tsitsipas zurück. Der Serbe ging in die Umkleidekabine und kam nicht nur mit neuem T-Shirt zurück, sondern auch mit einer völlig veränderten Ausstrahlung. Er hatte sich gesammelt, neu fokussiert – und gewann danach drei Sätze. Seine BREAK-TIME war die Basis für den Sieg. Nutze dieses Tool als Neustart, wenn du den ersten Satz verloren hast. Analysiere kurz: Welche Gründe gibt es für den Spielverlauf? Hast du deine Taktik verfolgt? Was hat dich möglicherweise davon abgehalten? War deine Strategie clever? Wie könntest du das Spiel anders gestalten? Klarheit sorgt für Power! Mit der Bereitschaft, bei jedem Punkt das Beste zu geben, kehrst du dann auf den Platz zurück.

Anmerkung

Auch vor und nach einem Match kann eine BREAK-TIME hilfreich sein. Sie schärft den Blick für das Wesentliche, weil du deine gewohnten Denk-Automatismen unterbrichst. Du kannst selbst entscheiden, welchen Gedanken du Raum in deinem Kopf schenken willst – und welchen nicht. Eine BREAK-TIME kann die Spirale deiner Be- und Verurteilungen anhalten, damit du das Geschehen sachlicher analysieren kannst – ohne Selbstvorwürfe. Oft ist eine BREAK-TIME auch dafür gut, sich an die Kraft des Vertrauens zu erinnern, sich der eigenen Stärken bewusst zu werden und negative Gedanken und Gefühle loszulassen.

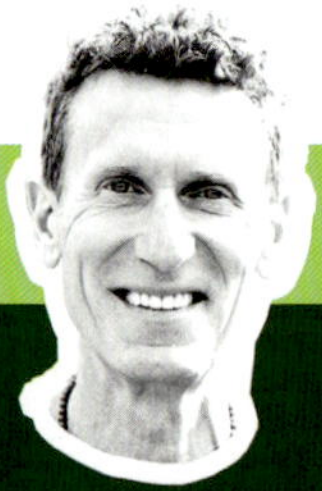

Aus meinem Tagebuch

FÜNFTER SATZ MIT COLA UND KINDERSCHOKOLADE

März 1994. Eine der denkwürdigsten Davis-Cup-Begegnungen meiner aktiven Karriere. Etwas mehr als drei Monate nach unserem Sieg in Düsseldorf reisen wir zur ersten Runde nach Österreich. Der „kleine Bruder“ ist kein einfaches Los. In der Schwarzl-Halle von Unterpremstätten bei Graz empfangen uns Thomas Muster, Alex Antonitsch, Horst Skoff – und ein paar Tausend frenetische Fans, die uns die schlimmste Auswärtshölle bereiten, die ich als Spieler je erlebt habe. Am ersten Tag läuft trotzdem alles nach Plan: Michael (Stich, *Anm.*) bezwingt Skoff in vier Sätzen und bringt uns in Führung, Marc (Goellner, *Anm.*) unterliegt anschließend Muster. Wie so häufig ist unser Doppel am Samstag richtungsweisend. Michael und ich sind noch immer unbesiegt, wir fühlen uns stark wie Spiderman und Superman zusammen – obwohl wir seit dem Triumph im letzten Jahr andere Spitznamen tragen: Michael ist Maddog, ich bin Wingman.

Muster und Antonitsch spielen ein Weltklasse-Doppel an diesem Tag, während auf den Rängen Dinge geschehen, die in einem Tennisstadion normalerweise nicht passieren sollten. Der Patriotismus der Gastgeber geht so weit, dass wir vor unseren Aufschlägen ausgepfiffen und beschimpft werden. Immer wieder zischt der Schiedsrichter „Psssst“ in sein Mikrofon, und die Horde auf den Rängen stimmt mit ein, um dieses Geräusch tausendfach zu verstärken – eine wirklich perfide Quälerei. Lange Zeit lassen wir uns davon so wenig wie möglich beeinflussen, führen 2 : 1 in Sätzen und sind das überlegene Duo. Doch im vierten Durchgang, als die Stimmung immer feindseliger wird, fällt es uns schwer, die Ruhe zu bewahren. Die Partie droht zu kippen. Sowohl Michael als auch ich echauffieren uns über die Unsportlichkeiten der Fans und verlieren mit jeder Minute mehr unseren Fokus. Selbst Niki (Pilic, *Anm.*) erhebt sich zwischendurch von seiner Bank, um mit den Offiziellen zu diskutieren, was etwa so selten vorkommt wie ein durch die Beine geschlagener Winner.
Als wir den vierten Satz verlieren und die Ösis toben, sagt Michael mir auf dem Weg zur Bank: „Wir gehen auf die Toilette!“ Naiv antworte ich ihm: „Warum? Ich muss doch gar nicht … ?!“ Doch das Wort eines Wimbledon-Champions und Weltranglistenzweiten hat Gewicht, außerdem vertraue ich ihm.

Wir verlassen also den Court, und als wir in unserer Kabine ankommen, lässt sich Michael auf einen Stuhl plumpsen. Die Toilette interessiert auch ihn nicht. Er nimmt sich eine Cola aus dem Kühlschrank und einen Riegel Kinderschokolade und drückt mir das Gleiche in die Hand. „Nimm das!“, sagt er. „Jetzt erst einmal runterkommen.“ Wir genießen für eine kurze Weile die Stille, während gefühlt die ganze Welt auf den finalen fünften Akt wartet. Mich beeindruckt Michaels plötzliche Gelassenheit. Eben noch brodelte er innerlich, nun scheint er um 100 Grad abgekühlt zu sein. „Pass auf, Patrik!“, sagt er zu mir und durchbohrt mich mit seinem Blick. „Wir gehen da gleich wieder raus und spielen einen Satz lang unser bestes Tennis! Wir lassen uns von niemandem provozieren, hörst du?! Wir diskutieren auch nicht mehr mit dem Schiedsrichter. Es ist uns ab sofort vollkommen egal, was um uns herum passiert, okay?!“ Ohne meine Antwort abzuwarten, fügt er an: „In einer halben Stunde sitzen wir wieder hier und dann haben wir den Satz 6 : 1 gewonnen! Hast du verstanden?!“ Natürlich!

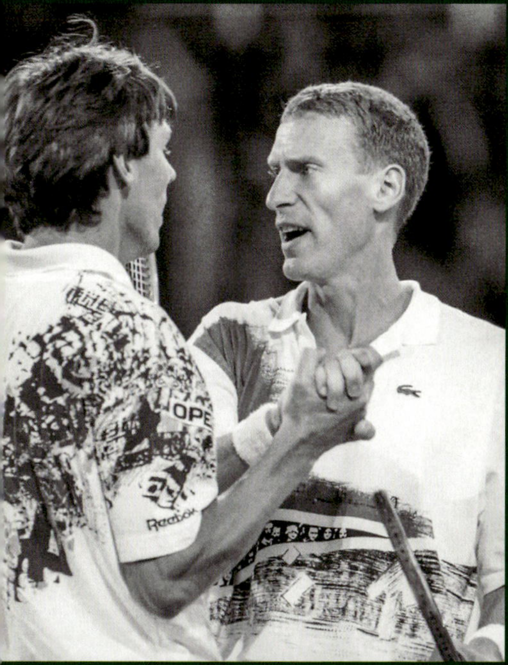

Eine Erfahrung fürs Leben: Das Doppel mit Michael gegen Österreich war ein mentaler Kraftakt.

Der Rest ist schnell erzählt: Wir spielen im fünften Satz fast fehlerfrei und tatsächlich steht es eine halbe Stunde nach Cola und Kinderschokolade 6 : 4, 3 : 6, 6 : 2, 2 : 6, 6 : 1. Wieder einmal hat Michael recht behalten – und wieder einmal haben wir Deutschland in Führung gebracht. Am Tag darauf kämpft Michael fast fünfeinhalb Stunden gegen Muster, die Atmosphäre ist mindestens so hässlich wie beim Doppel. In der Schlussphase des fünften Satzes kann Michael einen Matchball nicht nutzen und als einige Minuten später seine Rückhand ein paar Zentimeter hinter die Grundlinie segelt, steht es 10 : 12 – Muster bricht jubelnd zusammen, Österreich hat ausgeglichen. So wird Marc am Ende zum Helden, als er im letzten Einzel die Nerven behält und Skoff in vier Sätzen bezwingt. Ein Sieg mit Ach und Krach!

WAS ICH GELERNT HABE:

Unsere Pause vor dem fünften Satz war ein genialer Schachzug von Michael – ein entscheidender Moment in der gesamten Begegnung. Damals kannte ich ein Tool wie BREAK-TIME (s. Seite 116) noch nicht, unbewusst aber haben wir sie perfekt umgesetzt. Das Verlassen des Courts war ein kurzer Rückzug, um uns abzukühlen von der Hitze des Gefechts. Nur so waren wir in der Lage, unsere Gedanken zu sortieren und uns in einen mentalen Zustand zu versetzen, der es uns im fünften Satz möglich gemacht hat, unser bestes Tennis zu spielen – trotz der Störungen und Provokationen um uns herum. Michael reichten ein paar Sekunden, um Klarheit darüber zu gewinnen, was in dieser heiklen Situation wichtig war für uns beide: Besonnenheit, eine Körpersprache voller Selbstvertrauen und die Fokussierung auf den Ball. Das klingt selbstverständlich, ist es aber unter Extrembedingungen nicht immer. Hätten wir die Satzpause wie üblich auf der Bank verbracht, wären wir vermutlich in unseren wilden Gedanken gefangen geblieben. Wir hätten uns weiter über unsere Fehler, unsere Gegner und vor allem die unfairen Fans geärgert und dabei übersehen, dass die Akzeptanz dieser widrigen Umstände unsere einzige Chance war. Wer weiß, wie die Partie dann ausgegangen wäre ...

Was lenkt dich im Match ab?

Um von einer BREAK-TIME (s. Seite 116) zu profitieren und das mentale Tool sowohl in einem Tennismatch als auch in anderen Lebenssituationen routiniert zu nutzen, kann es hilfreich sein, die wichtigsten Störfaktoren zu kennen. Wenn du weißt, was dich aus der Ruhe bringt, bemerkst du diese Störungen schneller und kannst einfacher Veränderungen vornehmen. Nichts schadet dir mehr als eine Ablenkung, die du gar nicht als solche wahrnimmst. Wenn du magst, schreibe auf, was dich in einem Match davon abhalten kann, dein bestes Tennis zu spielen. Erinnere dich an deine Erfahrungen, die du auf dem Court gemacht hast. Denke daran, dass es sich sowohl um äußere als auch um innere Faktoren handeln kann.

Atme – aber richtig!

Eine Erinnerung an die Bedeutung der Atmung für dein Wohlbefinden, deine Leistungsfähigkeit und deine Konzentration. Auf Seite 46 findest du eine längere Passage zu diesem Thema. Das richtige Atmen kann ein Match entscheiden, weil du so deinen Puls steuern, deine Regeneration beschleunigen und deine Gedankenwelt verändern kannst. Über deine Atmung kannst du in Momenten der Lethargie neue Power entwickeln und umgekehrt – was häufiger erforderlich ist – innere Ruhe herstellen, wenn du angespannt und nervös bist. Drei Vorschläge für dich zum Experimentieren – finde heraus, welcher dir am besten hilft.

1| Bei Druck und Stress:

Tief durch die Nase ein- und länger durch den Mund ausatmen. Spüren, wie sich der Brustkorb hebt und senkt. Du kannst dabei die Augen schließen, wenn du magst. Sowohl zwischen zwei Punkten als auch während der Pause beim Seitenwechsel eignet sich diese Technik, um ruhiger zu werden, um Druck und Anspannung entweichen zu lassen und auch, um sich von negativen Gedanken zu lösen. Das tiefe Ein- und Ausatmen zwischen den Ballwechseln kann sich zu einer hilfreichen Routine entwickeln, sie kann ein Anker sein in Momenten besonders großer Nervosität.

2| Für mehr Power:

Es gibt Phasen vor und während eines Matches, in denen fühlen sich die Beine so schwer an, als würde Blei unter den Schuhen kleben. Das innere Feuer lodert kaum noch, man fühlt sich träge und agiert zu passiv. Jetzt ist es Zeit für die Power-Atmung: zehn sehr schnelle und tiefe Atemzüge! Durch die Nase strömt die Luft in dich hinein, durch den Mund lässt du sie wieder heraus. Stell dir vor, wie du dich mit neuer Energie aufpumpst. Auch beim Seitenwechsel kann diese Atmung hilfreich sein, um neue Bereitschaft zu erzeugen.

3| Für Länge und Ruhe im Ballwechsel:

Ausatmen in deinen Treffpunkt – eine wunderbare Möglichkeit, um die Fokussierung auf den Ball zu trainieren, gleichzeitig den Rhythmus der Schläge zu fühlen und Ruhe ins eigene Spiel zu bringen. Viele Spieler schwärmen davon, weil sich ihre Längenkontrolle verbessert. Langes Ausatmen führt oft zu längeren Schlägen. Andere schwören auf ein schnelles, fast schon explosionsartiges Ausatmen, wie Tommy Haas früher, der sich damit gern gepusht hat. Finde heraus, was dir hilft.

„Das habe ich noch nie vorher versucht. Also bin ich völlig sicher, dass ich es schaffe!"

In vielen Quellen wird dieses Zitat mit Astrid Lindgrens Pippi Langstrumpf in Verbindung gebracht. Die schwedische Autorin hat den Satz jedoch nicht geschrieben. Die Quelle dieses Zitats ist unbekannt. Ein schönes Motto ist es trotzdem – auf dem Tennisplatz und im Leben.

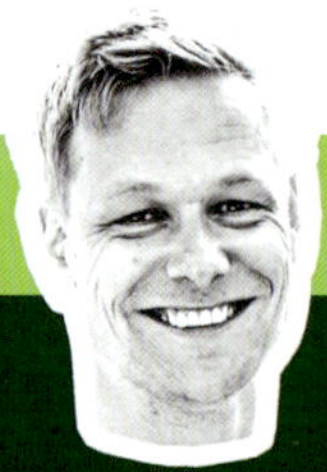

Aus meinem Tagebuch

MEIN TRAUM VOM ERSTEN POKAL

März 1994. Ich bin acht Jahre alt und Tennis entwickelt sich gerade zum Mittelpunkt meines Lebens – auch wenn ich noch nicht den Hauch einer Ahnung haben kann, wie sehr dieser Sport meinen Weg später noch prägen wird. In dieser Phase erfahre ich zum ersten Mal, was der unbedingte Wille eines Menschen bewirken und welche Kräfte ein Traum in mir freisetzen kann. Wirklich bewusst werden soll mir das allerdings erst Jahrzehnte später.

Mein Trainer attestiert mir damals ein gewisses Talent, aber einen noch größeren Ehrgeiz. Ich bin der Erste, der den Platz betritt, und der Letzte, der ihn verlässt. Doch in meinem Club gibt es viele Jungs, die größer und kräftiger sind als ich und die deshalb auch besser spielen – obwohl keiner so besessen ist wie ich. Sobald ich Bälle schlagen darf, ist meine Welt in Ordnung. Es gibt nur ein Problem: Für die vollkommene Glückseligkeit fehlt mir ein Pokal! Ich bin vollkommen verrückt nach diesen Blechkübeln. Die meisten meiner Kumpels haben mindestens schon einen gewonnen, meine einzige Trophäe hingegen ist eine zerknickte Siegerurkunde von den Bundesjugendspielen aus dem Vorjahr. Ich flehe meine Mutter an, mir einen Pokal zu kaufen, doch sie erklärt mir immer wieder mit einer Engelsgeduld, dass eine gekaufte Trophäe wertlos sei. Deshalb bettele ich bei einem Kumpel, er möge mir seinen Pokal ausleihen, damit ich ihn ein paar Tage auf meinem Bücherregal bewundern kann, während ich daneben zerrupfte Schaumstoffbälle gegen die Wand schlage und in meinem Kopf epische Matches auf den großen Courts dieser Welt gegen meine Idole Michael Stich, Pete Sampras und Stefan Edberg bestreite. Doch mein Versuch scheitert. Mein Kumpel fürchtet, ich könnte seine Trophäe putzen und sie so auf magische Weise zum Schrumpfen bringen.
Es muss also anders klappen. Eine Chance bietet sich zum Abschluss der Hallensaison, da findet in meinem Club, dem TV Wensenbalken in Hamburg-Volksdorf (heute existiert dieser kleine Verein leider nicht mehr), wie in jedem Jahr ein großes Turnier statt. Mindestens 20 Kinder sind dabei, die meisten sind älter und vor allem größer und kräftiger als ich. Nach dem letzten Training sitzen wir auf dem Hallenboden im Kreis, während uns unser Trainer auf das Turnier einstimmt. Kurz bevor wir aufspringen, sagt er zwei Sätze, die bis heute in meinen Ohren klingen: „Gebt am Wochenende alle euer Bestes und kämpft um jeden einzelnen Punkt! Für den Sieger gibt's am Ende einen richtig fetten Pokal!" Die Worte brennen sich in mein Gedächtnis. Es ist der Moment, indem meine bis dato wichtigste Mission beginnt.

Der Einzige, der diese Mission für möglich hält, bin ich selbst. Fast alle anderen meinen, ich sei zu klein, zu schmächtig, zu hibbelig. Ich hingegen verschwende keinen Gedanken daran, dass ich scheitern könnte. Auch hinterfrage ich nicht, wie mir dieser Sieg, der eigentlich unmöglich erscheint, gelingen soll. Mein Kopf ist voll von dem typischen Ich-will-das-aber-Trotz eines Achtjährigen und deshalb wie freigeblasen von allem, was mich mental ins Wanken bringen könnte – keine Selbstzweifel, keine Angst vor dem Scheitern, nur das eine Ziel. Tagelang denke ich an fast nichts anderes als daran, wie ich meinen eigenen Pokal im Arm nach Hause tragen werde und wie er dann in meinem Kinderzimmer auf dem Regal stehen wird. Dort, wo ich ihn immer anschauen kann.

Ein paar Tage später wird der Traum tatsächlich Realität. Ich bezwinge jeden, der sich mir in den Weg stellt. Eine Partie nach der anderen spiele ich wie in einem Rausch. Jungs, die mich noch Tage zuvor besiegt hatten, sind plötzlich chancenlos. Mit meinem Wissen von heute bezeichne ich diesen Zustand als Flow. Was für eine wundersame Wandlung – innerhalb weniger Tage von einem unauffälligen Durchschnittsspieler zum Club-Champion. Als ich bei der Siegerehrung endlich meinen Pokal in den Händen halte, fühle ich mich drei Meter groß. Angekommen am Ziel der Träume meines achtjährigen Ichs.

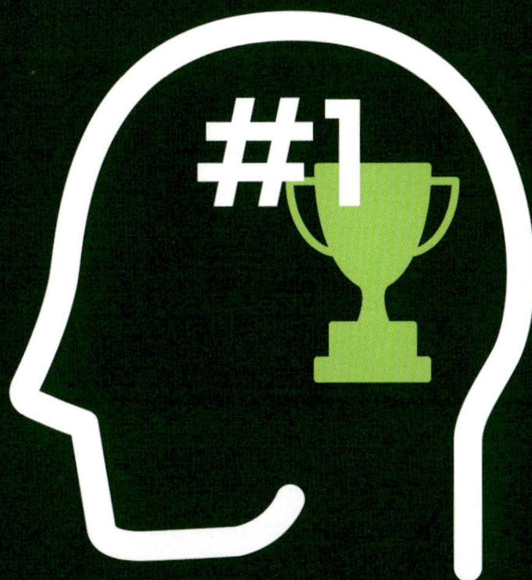

WAS ICH GELERNT HABE:

Nichts ist stärker als ein Traum, der zu einer Mission wird. Wenn du einen unbändigen Glauben daran entwickelst, dass alles möglich ist, können die größten Kräfte entstehen. Ich habe den Pokal, den ich mir so wünschte, damals gedanklich bereits in Besitz genommen, lange bevor überhaupt der erste Ballwechsel gespielt wurde. Ich träumte von ihm und wachte morgens mit dem gleichen Gedanken auf. Zwar hatte mir bis dato niemand etwas von Visualisierung und Vorstellungskraft erklärt, doch ich schien diese Instrumente auf unbewusste Weise zu nutzen. Ich hatte ein Ziel und ich wusste, was nötig sein würde, um es zu erreichen. Der Sieg war Mittel zum Zweck. Ganz anders, als es später immer wieder der Fall sein sollte, hatte ich noch keine Furcht vor dem Gefühl nach einer Niederlage. In meinem Kopf war noch keinerlei Platz für Zweifel an mir selbst. Dabei war nicht der Gedanke an den Sieg an sich mein Antrieb, sondern einzig und allein der Pott. Hätte es einen Pokal für den Schlechtesten gegeben, wäre ich mit größter Freude Letzter geworden. Heute denke ich manchmal: Hättest du dir diese Fähigkeit doch noch viel öfter zunutze gemacht ... Manchmal können die alltäglichsten Erlebnisse die größten und wichtigsten Erkenntnisse liefern.

Es gibt zwei verschiedene Geisteshaltungen, mit denen du den Court betreten kannst. Entweder mit einem unbändigen Willen, dein Bestes zu geben und alles zu tun, um zu gewinnen – oder mit dem Gedanken daran, bloß nicht zu verlieren.
Die entscheidende Frage ist also, ob dein Siegeswille dominiert oder deine Angst vor einer Niederlage. Wer spielt, um zu gewinnen, bewegt sich mit einer selbstbewussten Körpersprache über den Platz, agiert mutig und entschlossen, sein Ziel ist klar. Er trifft ohne zu zögern Entscheidungen und übernimmt Verantwortung für sein Handeln – er agiert beherzt, entschlossen, kreativ und furchtlos. Wer spielt, um nicht zu verlieren, strahlt Angst und Unsicherheit aus. Die Schläge sind oft passiv, der Ball wird irgendwie im Spiel gehalten, in der Hoffnung auf einen Fehler des anderen. So entstehen gerade in den Schlussphasen eines Satzes oft Zitterpartien mit haarsträubenden Patzern, wenn beide Kontrahenten mehr Furcht haben vor der Niederlage als Verlangen nach dem Sieg. Die Entschlossenheit fehlt, die Panik vor einer falschen Entscheidung führt zu Verkrampfung. Die Siegeshungrigen hingegen spielen ihr bestes Tennis, wenn es wichtig wird. Dann steigert sich das Niveau einer Partie mit jedem Ballwechsel, und als Beteiligter ist man oft selbst überrascht von den eigenen Fähigkeiten.
Wenn du magst, mache dir ein paar Notizen dazu. Wie agierst du, wenn du spielst, um zu gewinnen? Und was ist für dich anders, wenn du spielst, um nicht zu verlieren? Welche Erfahrungen hast du bisher gesammelt?

Spielst du, um zu gewinnen oder um nicht zu verlieren?

Sei dein bester Freund!

Die inneren Dialoge des Menschen sind ein zentrales Thema des Lebens. Sie verraten viel über die Beziehung, die man zu sich selbst pflegt. Darüber, ob man sich wertschätzend, respektvoll und im besten Fall liebevoll begegnet. Oder hart, unhöflich und verachtend. Ob man sein Selbstwertgefühl von seinen Leistungen und Ergebnissen abhängig macht oder losgelöst von Siegen und Niederlagen freundlich mit sich umgeht. Auf dem Tennisplatz kommt diesen Selbstgesprächen eine besondere Bedeutung zu – und manchmal bringen sie dort die hässlichsten Seiten eines Menschen zum Vorschein. Dann, wenn er schonungslos und übertrieben Selbstkritik übt, knallhart mit seiner Performance abrechnet, sich unflätig beschimpft und daraus einen Rundumschlag entwickelt, der weit über die Grenzen des Courts hinausreicht.

Es gibt einen Weg zu einem respektvollen und wertschätzenden Umgang mit sich selbst. Er nennt sich **Selbstmitgefühl** und wird in Verbindung mit Achtsamkeit seit vielen Jahren wissenschaftlich erforscht. Zahlreiche Studien belegen eine eindrucksvolle Wirkung von Selbstmitgefühl auf das Wohlbefinden, sogar auf das Empfinden von Glück und Zufriedenheit, Motivation sowie die körperliche und seelische Gesundheit. Ängste, Zweifel, Sorgen und sogar Depressionen können durch ein selbstmitfühlendes Verhalten reduziert werden.

Eine Definition von Selbstmitgefühl liefern die beiden Forscher Kristin Neff, Professorin für Psychologie und Persönlichkeitsentwicklung an der Universität Texas, und Christopher Germer, Lehrbeauftragter für Psychologie an der Harvard Medical School. Selbstmitgefühl bedeutet für sie, dass du dich selbst so behandelst, wie du mit deinem besten Freund oder deiner besten Freundin umgehst, der oder die gerade eine harte Zeit durchmacht. Wer Selbstmitgefühl praktiziert, ist sich also selbst ein innerer Verbündeter und kein Feind.

Natürlich lässt Selbstmitgefühl auch Raum für Kritik und Vorschläge zur Veränderung – aber auf eine konstruktive, sachliche, analysierende und nicht vernichtende Art und Weise. Man begegnet sich wohlwollend und unterstützend statt verletzend, aufbauend und mutmachend statt resignierend. Getreu dem Grundsatz: Niemand ist perfekt, jeder Mensch macht Fehler. Entscheidend ist, ob wir uns dafür kasteien oder ob wir unsere Fehler mit heiterer Gelassenheit als Chance zum Lernen betrachten, als einen unvermeidbaren Teil des Lebens.

Selbstmitgefühl sollte nicht verwechselt werden mit Selbstmitleid. Du bist keine „arme Socke", wenn du nach einem Fehlstart ins Match mit 1 : 4 im Rückstand liegst. Du musst dich nicht bemitleiden dafür, wenn du einen Tag erwischst, an dem einfach nichts funktionieren will und du eine herbe Klatsche kassierst. Stattdessen könntest du dir bewusst machen, dass jeder Mensch auf dieser Welt das Gefühl des Scheiterns kennt. Selbst die auf ihren Gebieten erfolgreichsten Menschen haben bereits am Boden gelegen. Niederlagen können wunderbare Lehrer sein und unserer Weiterentwicklung dienen – nicht umsonst widmen wir diesem Thema ein komplettes Kapitel in diesem Buch.

Manche Sportler fürchten, zu viel Selbstmitgefühl könnte dem eigenen Ehrgeiz und dem unbedingten Siegeswillen schaden – ein großes Missverständnis! Scharfe und vernichtende Selbstkritik ist das Gegenteil einer gesunden Motivation, sie ist der sichere Weg in einen Kreislauf aus immer mehr Druck und Verbissenheit. Neff und Germer konnten mit ihren Forschungen herausfinden, dass Menschen mit Selbstmitgefühl hohe Ziele im Leben verfolgen, sich aber weniger über das eigene Scheitern ärgern. Stattdessen starten sie zuversichtlich und mutig einen neuen Anlauf – und zwar ohne dass Versagensängste und Selbstzweifel sie lähmen würden.

Selbstmitgefühl zu praktizieren erfordert Übung, so wie fast alles immer wieder wiederholt werden muss, was sich verfestigen und zu einer Gewohnheit werden soll. Dann kann aus einer neuen Routine irgendwann ein Teil der eigenen Identität werden. Der Alltag bietet jedem von uns unzählige Möglichkeiten, um sich wertschätzend, respektvoll und fürsorglich zu behandeln. Der Tenniscourt ist zweifelsohne einer jener Orte, an denen Selbstmitgefühl fast immer gefragt ist.

Finde doch einmal heraus, wie du dich fühlst und was in deiner Innenwelt geschieht, wenn du in einem Match so zu dir sprichst, wie du mit einer Teamkameradin oder einem Teamkameraden sprechen würdest. Stell dir vor, er oder sie verschlägt die einfachsten Bälle oder ist besonders nervös und vergibt eine Möglichkeit nach der anderen – wie würdest du als Coach reagieren? Welche Worte würdest du finden? Und was würdest du selbst gern hören, wenn du dich in einer solchen Situation befindest?

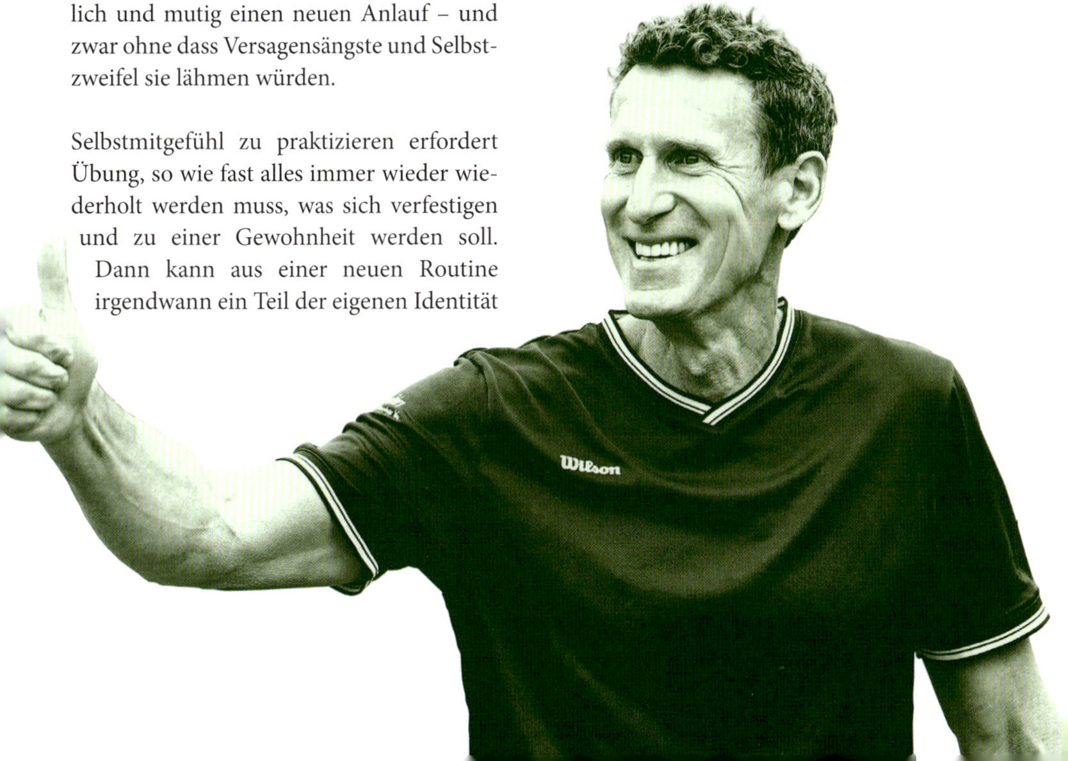

„Mit keinem Menschen kommunizierst du so viel wie mit dir selbst. Also überlege dir gut, was du zu dir sagst und in welchem Ton du mit dir sprichst."

FELIX GREWE

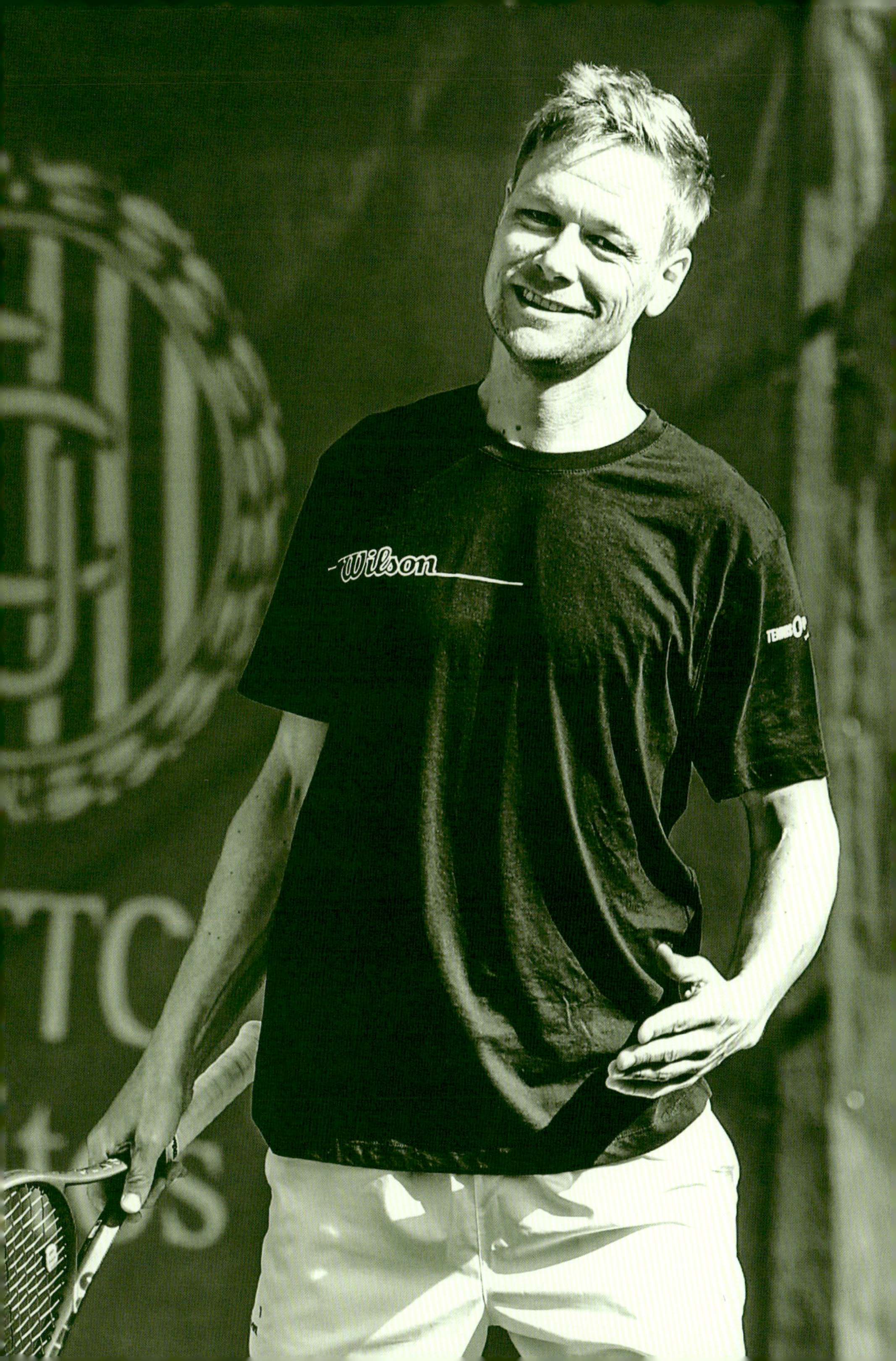
Wilson

Welche Worte tun dir gut?

Versetze dich in eine schwierige Lage. Stell dir zum Beispiel vor, du haderst mit dir und deiner Leistung – ob beim Tennis oder in welcher Situation auch immer. Du kannst deine eigenen Ansprüche an diesem Tag nicht erfüllen und wünschst dir Zuspruch. Was würdest du jetzt gern hören? Wie könnte man dich aufmuntern und dir Mut machen? Wenn du magst, dann fühle dich in eine solche Situation hinein und schreibe einige Sätze auf, an die du dich erinnern kannst, wenn du sie das nächste Mal brauchst …

Alles unter Kontrolle? Von wegen!

Oft vergeuden wir unsere Energie für Dinge, die sich nicht ändern lassen. Wir ärgern uns über das Verhalten anderer Menschen. Wir kämpfen gegen Umstände, auf die wir keinen Einfluss nehmen können. Das führt zu Frust, Ärger und Enttäuschung. Wir hadern mit der Vergangenheit und fürchten uns vor der Zukunft – dabei vergessen wir die Gegenwart, den einzigen Moment, der wirklich existiert. Von Buddha stammt das Zitat: „Wenn du ein Problem hast, löse es. Kannst du es nicht lösen, dann mache kein Problem daraus."

Viele Situationen auf dem Court, die sich wie Probleme anfühlen und eine gewaltige Macht auf dich ausüben, kannst du nicht beeinflussen. Du kannst die Wetterbedingungen nicht ändern, auch nicht die Beschaffenheit des Platzes oder die Lichtverhältnisse in der Halle – ob sie nun deinem Spiel entgegenkommen oder nicht. Du kannst weder das Verhalten noch die Tagesform deines Gegners kontrollieren. Du hast keinen Einfluss darauf, wer auf dem Platz nebenan spielt und ob man deiner Bitte nach etwas mehr Ruhe nachkommt. Genauso wenig wie du Gedanken und Kommentare von Zuschauern beeinflussen kannst, eine Entscheidung des Schiedsrichters oder mit welchen Bällen du ein Turnier bestreiten musst. Die Liste ist ewig lang.

Was du hingegen fast immer kontrollieren könntest, sind deine Gedanken. Du hast die Möglichkeit, deine Perspektive zu verändern und dich für eine neue Einstellung zu entscheiden – gleichgültig, wie unangenehm die Umstände sein mögen. Es liegt allein an dir, wie viel Zeit und Energie du einer Situation widmest, die dir Kraft raubt, die aber nicht änderbar ist. Die einzige Herausforderung ist diese: Du musst erkennen, was du nicht beeinflussen kannst – und was du stattdessen beeinflussen könntest, bisher aber übersehen hast.

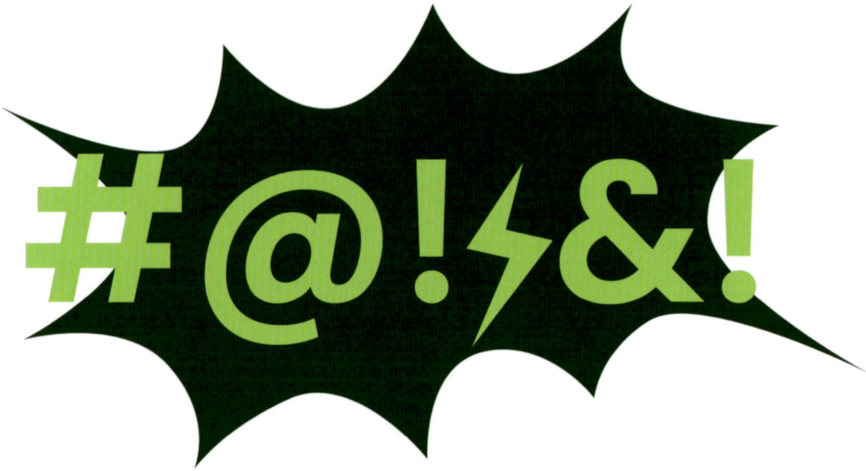

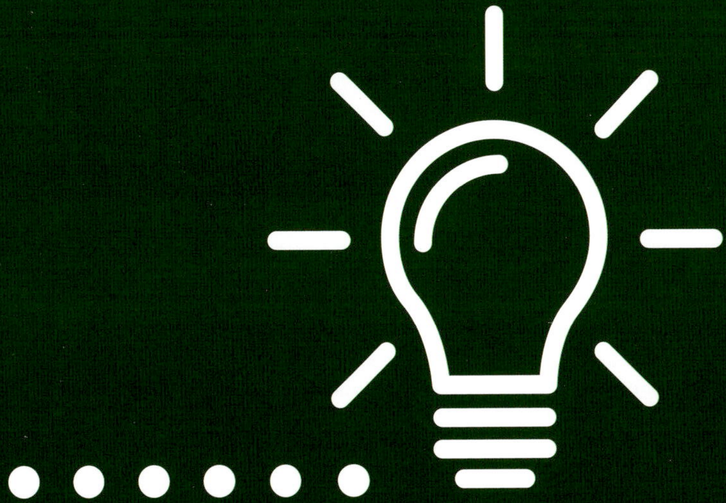

„Der Lösung ist es egal, wie das Problem entstanden ist."

STEVE DE SHAZER

Was, wenn …

Es gibt unzählige Szenarien, die in einem Match eintreten können und die eine Veränderung deiner Spielweise erfordern. Du kannst dich weder auf alles vorbereiten, noch können wir dir sagen, was in welchem Moment richtig ist. Genauso wenig kannst du dich auf jede Situation in deinem Leben vorbereiten. Nicht alles ist kalkulierbar. Kein Tennismatch ist wie das andere. Jede noch so plausibel klingende Theorie ist nur so gut, wie ein Spieler in der Lage ist, sie praktisch umzusetzen. Was dich gestern an dein Ziel gebracht hat, kann dich morgen in die falsche Richtung lenken, weil die Umstände anders sind. Jedes Match stellt dich vor neue Schwierigkeiten und Herausforderungen, die bewältigt werden wollen. In dieser simplen Erkenntnis könnte die zentrale Idee des Spiels liegen: Lösungen finden! Tüfteln! Spielen! Dafür musst du ausprobieren, scheitern und immer wieder von vorn beginnen. Notfallpläne mit Garantie auf Erfolg gibt's also keine. Dafür jede Menge Ideen und Inspirationen, mit denen du experimentieren kannst, wenn nicht alles nach Wunsch läuft. Um auch im größten Stress die innere Stabilität zu bewahren, kann es hilfreich sein, einen kleinen Bauchladen mit Tipps & Tools dabeizuhaben. Hier kommt er. Finde heraus, was dir hilft.

… die Nervosität groß ist?

Gibt es einen wirklich plausiblen Grund für deine extreme Nervosität? Es kann hilfreich sein, an der Ursache zu arbeiten und nicht nur an der Wirkung. Was viele vergessen: Eine gewisse Anspannung ist nicht nur normal, sie ist sogar wichtig, weil sie dich antreibt, deine Motivation steigert, für die nötige Körperspannung sorgt. Rafael Nadal hat einmal erzählt, dass er 30-mal in Roland Garros gewinnen könnte und trotzdem vor jedem neuen Match aufgeregt wäre. Warum solltest du es also nicht sein? Akzeptiere eine gewisse Nervosität. Und wenn's wirklich so schlimm ist, dass dein Spiel länger als ein paar Ballwechsel darunter leidet, dann erinnere dich an diese Möglichkeit: Bewege dich während und zwischen den Punkten noch mehr als sonst, fast so, als würde es dir übertrieben erscheinen. So lösen sich oft Anspannungen, die Muskulatur wird lockerer. Beobachte einmal, wie intensiv du dich auf einer Skala von eins bis zehn bewegst. Du könntest deinen Fokus auch auf deine Atmung richten (s. Seite 122) oder dich an eine Übung wie zum Beispiel *Bounce und Hit* erinnern (s. Seite 40), um deine Aufmerksamkeit von deiner Nervosität abzulenken.

… der Rhythmus fehlt?

Gegenfrage: Wie entsteht Rhythmus? Meistens durch mehr Spin, eine höhere Flugkurve des Balls und eine gute Beinarbeit. Wir möchten noch einmal auf die Fokus-Übungen verweisen, die du in den Kapiteln eins und zwei findest. Schaue zum Beispiel auf Seite 35. Oder schlage Seite 40 auf und entdecke, was *Bounce und Hit* bewirken kann. Wenn du herausfindest, welche dieser Übungen dir zu einem angenehmen Rhythmus verhelfen, wirst du auch im Match von deinen Erfahrungen profitieren.

… es nach zehn Minuten 0 : 3 steht?

Kein Grund zur Panik, die Partie ist noch lang! So wenig wie eine 3 : 0-Führung deinen sicheren Sieg bedeuten würde, muss ein solcher Rückstand deine Niederlage einläuten. Erinnere dich an das Tool BREAKTIME (s. Seite 116), es könnte dir jetzt hilfreich sein. Auch eine Schnell-Analyse solltest du machen: Was ist passiert in den ersten drei Spielen? Liegst du zurück, weil du zu viele Fehler gemacht hast? Oder weil der andere einfach alles getroffen hat? Kannst du Stärken und Schwächen deines Gegners erkennen? Apropos: Kennst du überhaupt deine eigenen Stärken? Oder beschäftigst du dich überwiegend mit deinen Schwächen? Je klarer deine Antworten, desto größer die Chance für eine Lösung. Bewusstheit schärft den Blick für die Vielzahl von Möglichkeiten. Vielleicht fällt dir auf, dass du bisher zu passiv agierst. Oder du merkst, dass du viel mehr riskierst, als es nötig wäre. Möglicherweise stellst du auch fest, dass du noch keinen einzigen Slice eingestreut und noch keinen Stoppball gespielt hast. Sicher ist bei 0 : 3 nur eines: Es ist Zeit für eine Veränderung!

… die Ballwechsel zu schnell für dich sind?

Nicht immer gewinnt der- oder diejenige mit der größeren Power. Wenn dein Gegenüber jedoch nicht nur schnell, sondern dabei auch sicher spielt, dann beschäftige dich einmal mit dieser Frage: Auf welche deiner Bälle könnte er oder sie auf der anderen Seite nur schwierig Druck ausüben? Wie müsstest du agieren, damit das Tempo für dich angenehmer wird? Meistens lautet die Antwort: mehr Höhe, mehr Länge, mehr Spin – und mehr Variabilität! Nichts kommt einem Hardhitter mehr entgegen als ein konstanter Rhythmus mit halbhohen Bällen, die kurz hinter dem T-Feld aufspringen – oder einer, der das hohe Tempo mitgeht und reihenweise Fehler produziert. Wenn du dir auf der Skala von eins bis zehn verschiedene Flugkurven vorstellst und eine Eins bedeuten würde, dass der Ball nur Millimeter über die Netzkante fliegt, während eine Zehn für einen extremen Mondball stünde, dann experimentiere doch mal mit Level sechs bis acht – und beobachte, wie sich das Tempo eurer Ballwechsel verändert.

… es windig ist?

Hast du schon den Absatz zum Thema Kontrolle gelesen? Du findest ihn auf Seite 134. Viele Faktoren in einem Match kannst du nicht kontrollieren – das Wetter gehört dazu. Was jedoch in deiner Macht liegt, ist deine Umgangsweise mit einer Situation wie dieser. Kämpfst du also gegen den Wind und ärgerst dich über dessen Präsenz? Oder analysierst du cool, wie du ihn dir zum Freund machen kannst? Zum Beispiel indem du nicht zu nah an die Linien spielst, um das Risiko zu reduzieren. Oder indem du bei Gegenwind Stopps einstreust und bei Rückenwind angreifst.

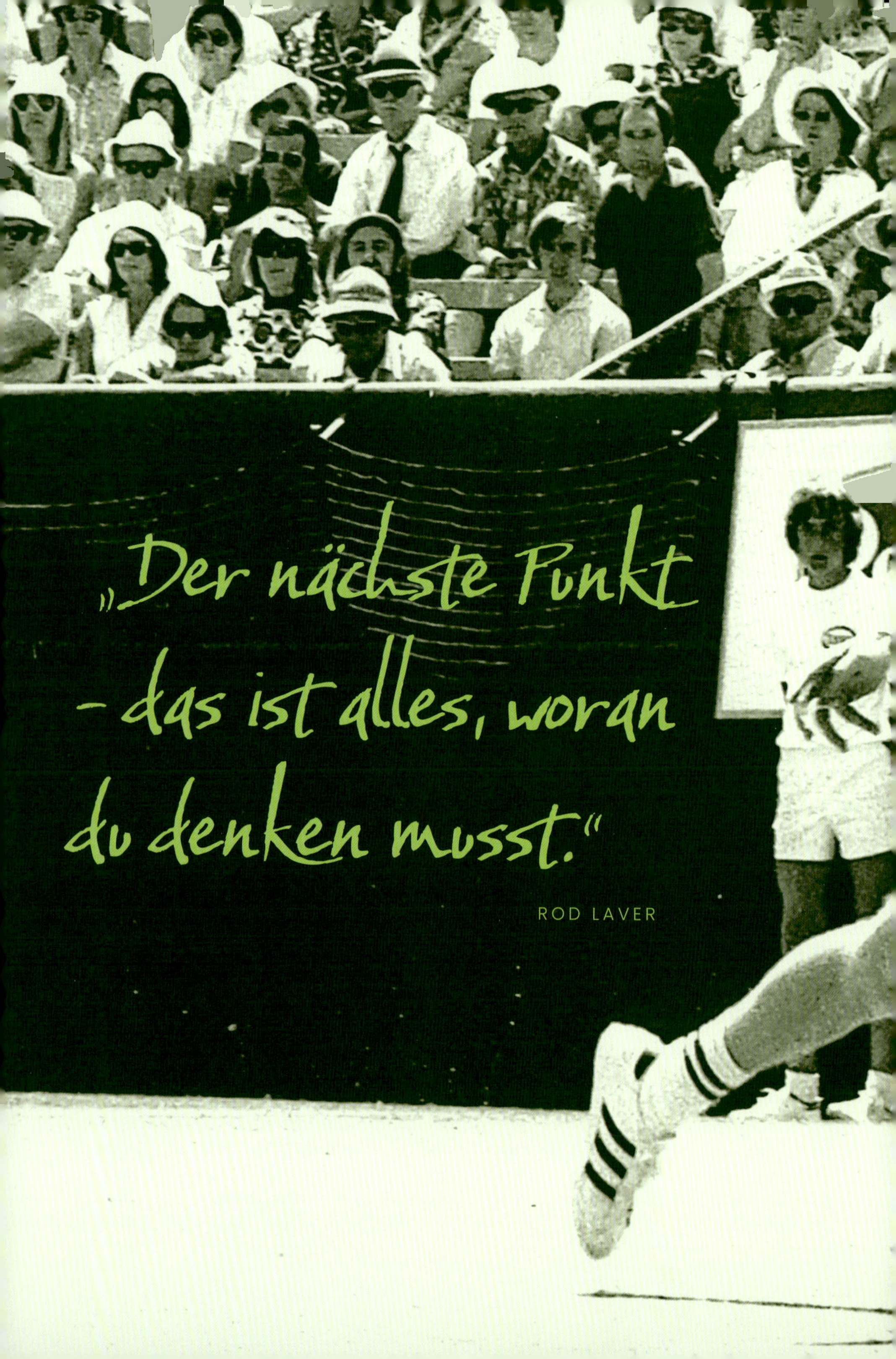
„Der nächste Punkt
– das ist alles, woran
du denken musst."
ROD LAVER

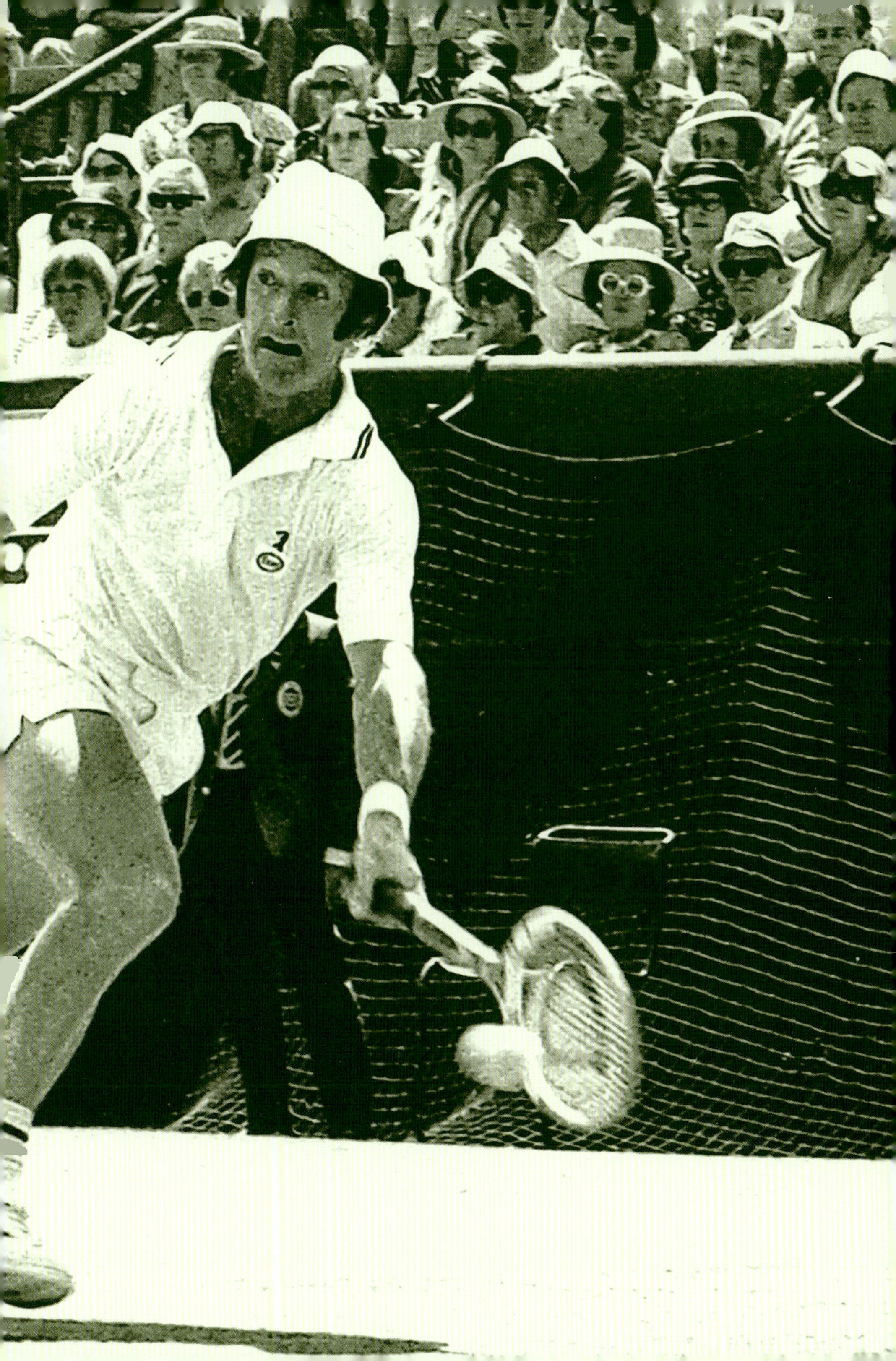

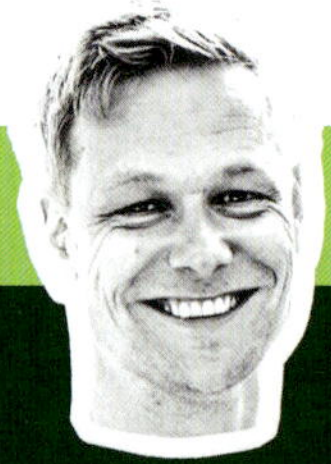

Aus meinem Tagebuch

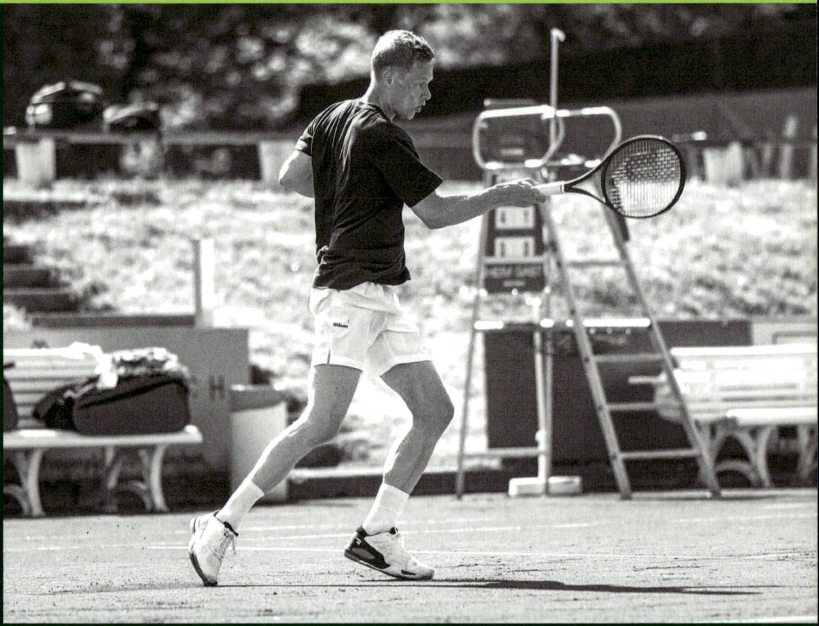

Mit Volldampf! Alles gegeben zu haben, kann manchmal ein besseres Gefühl entstehen lassen als ein Sieg.

MEINE NEUE DEFINITION VON ERFOLG

Sommer 2021. Ich treffe auf einen alten Bekannten, mit dem ich in den vergangenen Jahren bereits viele enge Matches ausgetragen habe. Manchmal waren es regelrechte Schlachten über zwei, drei Stunden, fast immer endeten sie in einem knappen dritten Durchgang oder in einem Champions-Tiebreak, an dessen Ende wir uns kraftlos, aber glücklich am Netz in die Arme fielen. Unsere Bilanz muss in etwa ausgeglichen sein, heute jedoch ist mein Gegner der klare Favorit – zu gut ist seine Form, zu wenig Matchpraxis habe ich in der letzten Zeit gesammelt. Vom ersten Ballwechsel an spielen wir beide nah an unserem scheinbaren Leistungszenit. Fast jedes Spiel zieht sich in die Länge wie ein Kaugummi, nach 25 Minuten steht es 2 : 2, nach 45 Minuten 4 : 4, als fast eineinhalb Stunden vergangen sind, plumpse ich auf die Bank – 6 : 7. Ich habe den ersten Durchgang verloren und doch das beste Tennis seit Langem gespielt, besser als ich glaubte, derzeit spielen zu können.
Im zweiten Satz steigern wir uns beide noch einmal um ein paar Prozent, auch das habe ich vorher kaum für möglich gehalten. Phasenweise liefern wir uns epische Rallys, die sich zumindest für mich so anfühlen, als wären sie ähnlich spektakulär wie die besten Ballwechsel

zwischen Nadal, Djokovic, Federer & Co. Selten habe ich so weite Strecken auf einem Tennisplatz zurückgelegt wie an diesem Tag, selten habe ich so viele Bälle aus den hintersten Ecken des Courts herausgelöffelt, selten habe ich aus größter Bedrängnis so mutige und erfolgreiche Konter riskiert. Vor allem aber hatte ich schon lange nicht mehr eine annähernd vergleichbare Freude in einem Match wie an diesem Tag – obwohl ich im Rückstand bin und mir der Weg ans Ziel kilometerlang erscheint. Je näher das Ende des zweiten Satzes rückt, der lange Zeit genauso ausgeglichen verläuft wie der erste, desto mehr denke ich: „Lass dieses Match bitte noch nicht zu Ende gehen. Hol dir irgendwie diesen Durchgang, damit das Spektakel weitergeht."
Die Gedanken an Sieg oder Niederlage rücken in den Hintergrund. Viel mehr fasziniert es mich, ein lange nicht mehr erreichtes und deshalb fast schon vergessenes Level meiner Leistungsfähigkeit zu entdecken. Beim Stand von 4 : 4 und 30 : 40 bei meinem Aufschlag jagen wir uns gefühlt minutenlang in jeden Winkel des Aschecourts. Es entwickelt sich ein Schlagabtausch, bei dem ich mich wie eine Playstation-Figur fühle, die zwar von ihrem Gegner dominiert wird, im letzten Moment aber irgendeine bisher unentdeckte Superkraft freischalten kann, um die unmöglichsten Bälle aus den entlegensten Ecken des Platzes zurück über das Netz zu bugsieren. Der beste Ballwechsel des Tages – ach was, vielleicht sogar der beste meiner letzten zehn Jahre, mindestens! – endet mit einem Stoppball meines Gegners, der, ohne schreckliche Sehnen- und Muskelfaserrisse zu riskieren, eigentlich unerreichbar ist – und den ich trotzdem Millisekunden vor dem zweiten Aufspringen verletzungsfrei kurzcross über das Netz ins freie Feld schiebe. Es ist mein letzter gewonnener Punkt an diesem Tag. Drei Minuten später steht es 6 : 7, 4 : 6. Kopf und Körper waren leer nach der letzten Marathon-Rally, die bei YouTube bestimmt eine Klickmaschine hätte werden können. Ich habe an diesem Tag ein Spiel verloren und doch viel mehr gewonnen, als das, was ein Sieg hätte wert sein können.

WAS ICH GELERNT HABE:

An diesem Tag, an dem mein Gegner einfach noch ein bisschen besser war als ich, habe ich eine neue Definition von Erfolg entwickelt. Nicht mehr bloß die nüchternen Zahlen sollen ausschlaggebend dafür sein, ob ich mich erfolgreich fühle oder nicht, sondern vor allem die Antwort auf die folgenden drei Fragen: Hast du dein Bestes gegeben? Konntest du alles aus dir herausholen? Hast du dabei Begeisterung empfunden? Ein uneingeschränktes Ja, frei von eigentlich und aber, kann wertvoller und wohltuender sein als jeder Triumph. Früher hätte mich diese Niederlage tagelang beschäftigt. Diesmal kann ich die Dinge anders sehen. Mit der veränderten Definition habe ich meinen Erfolg allein in der Hand, bin nicht mehr abhängig von Einflüssen, die ich nicht kontrollieren kann. Das Beste gegeben zu haben, ist die Grundlage wahrer Freude, bei welcher Tätigkeit auch immer. Ob es mir gelingt, täglich nach dieser Definition zu leben? Nein, gewiss nicht. Aber je öfter ich mich an sie erinnere, desto faszinierender werden die Erlebnisse, die sich daraus entwickeln – nicht nur beim Tennis.

Wie lautet deine Definition von Erfolg?

Zählen wirklich nur Siege als Erfolge? Oder gibt es noch eine andere Perspektive, die dein Wohlbefinden unabhängiger macht vom Ausgang eines Tennismatches, von Ranglisten-positionen und Leistungsklassen, vom Applaus der Menschen in deiner Umgebung, vom Lob deiner Chefin, von Preisen und Auszeichnungen, die man dir verleiht? Schreibe deine eigene Definition von Erfolg auf.

„In der zweiten Phase meiner Karriere entwickelte ich das Bewusstsein, dass mein Glücklichsein nicht von den Ergebnissen abhängt. Erfolg ist für mich, dass ich weiß, alles gegeben zu haben.“

ASHLEIGH BARTY

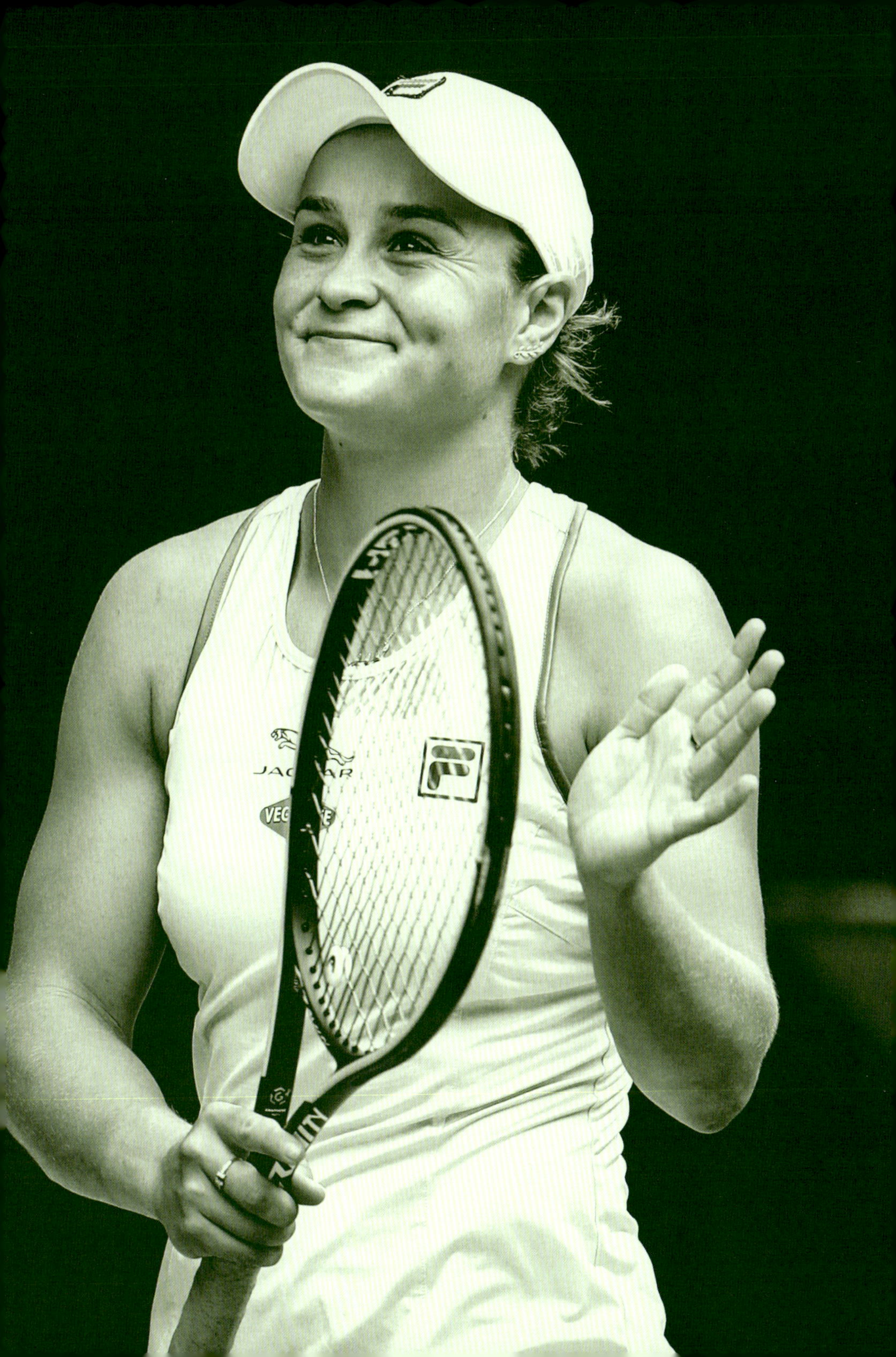

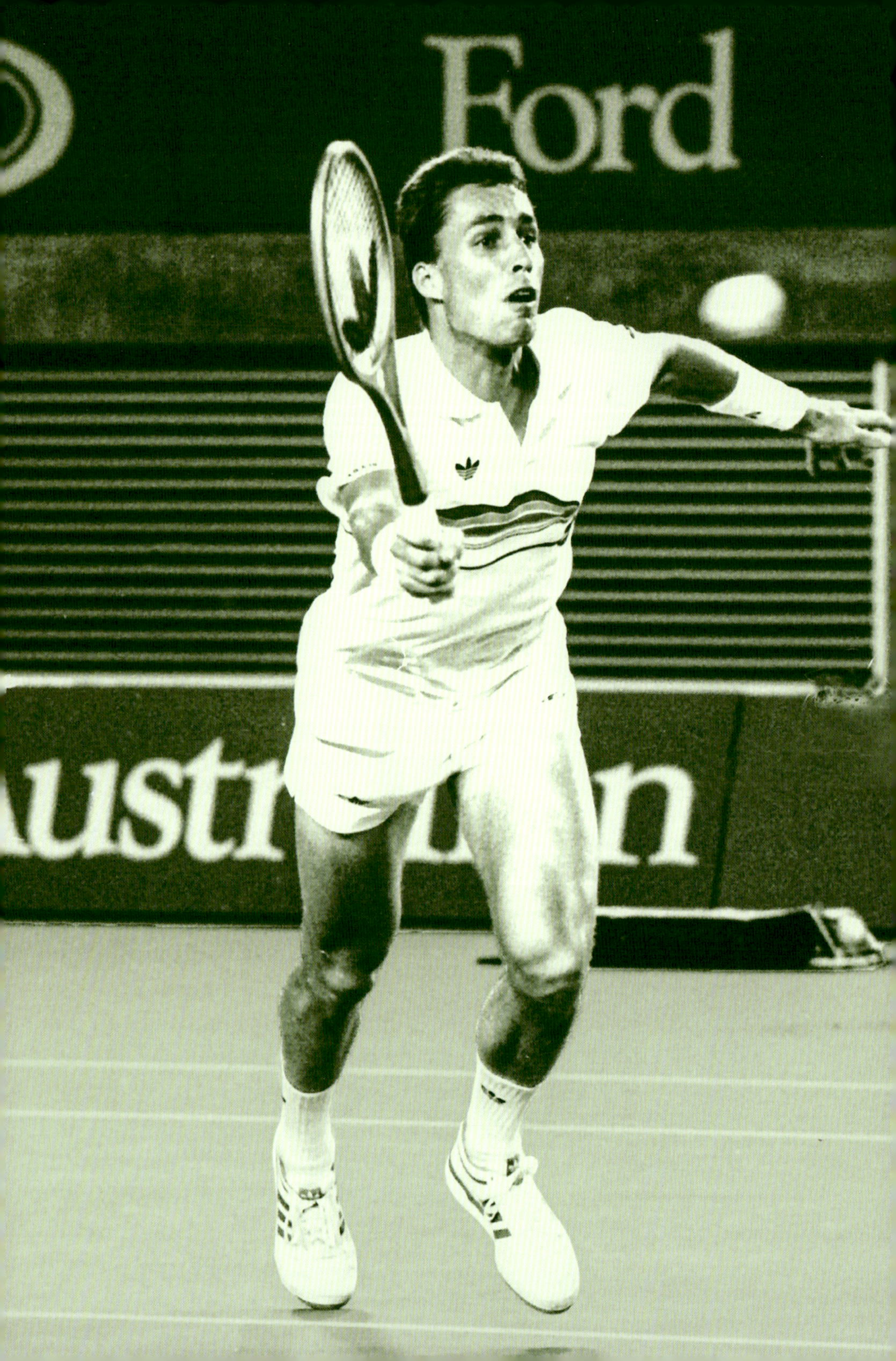
Ford

Die Lendl-Routine

Ivan Lendl galt während seiner Karriere als Vorreiter des modernen Trainings. Er war der erste Profi, der wie ein Asket lebte und seinen Körper wie eine Hochleistungsmaschine behandelte. Lendl absolvierte schon damals individuelle Fitnessprogramme und befasste sich intensiv mit den Auswirkungen der Ernährung auf seine Leistungsfähigkeit, was zu Beginn der 80er-Jahre selbst in der Weltspitze ungewöhnlich war. Lendl arbeitete damals bereits mit einer Sportpsychologin zusammen – Alexis Castorri, eine Amerikanerin, die später auch Simona Halep, Andy Murray, Kevin Anderson, und viele andere Sportlerinnen und Sportler betreute und bis heute Lendls Töchter coacht, die erfolgreich Golf spielen.

Als Lendl 1985 in Delray Beach Stefan Edberg in zwei Sätzen unterlag, engagierte er Castorri zum ersten Mal. Sie zeigte ihm Techniken, die damals als fortschrittlich galten und die heute fast alle Spitzenathleten sämtlicher Disziplinen anwenden, um den zappeligen Geist stärker zu konzentrieren. Lendl lernte, sich in der kurzen Phase zwischen zwei Punkten besser zu fokussieren, indem er **Selbstgespräche** führte. Teilweise erzählte er sich haargenau, was er als Nächstes tun würde. Von vielen wurde er dafür belächelt, die Bedeutung der Psyche wurde damals noch kaum thematisiert. Bei Lendls Selbstgesprächen ging es nicht um den Inhalt, sondern darum, seine Aufmerksamkeit so gut wie möglich auf den gegenwärtigen Augenblick zu zentrieren. Er sprach banale Sätze wie: „Ivan Lendl geht zum Handtuch.“ Oder: „Jetzt bereitet er sich auf den nächsten Punkt vor.“ Indem er mit sich redete, trickste er seinen Verstand aus. Er folgte einer klaren Aufgabe, die ihm kaum noch Zeit ließ, über den vergangenen Punkt oder den Spielstand nachzudenken. Einen ähnlichen Effekt haben die Übung *Bounce und Hit* (siehe Seite 40) und viele andere sogenannte Fokusübungen, die wir dir in diesem Buch vorstellen.

Was Castorri ihrem Schützling damals ebenfalls beibrachte: den Blick zwischen zwei Ballwechseln auf die Saiten des Schlägers zu richten. Wer den ehemaligen Weltranglistenersten früher genau beobachtet hat, wird sich an diese Szenen erinnern. In wichtigen Phasen wandte sich Lendl von seinem Gegner ab und fummelte an seiner Bespannung herum. Er tat das nicht, um die Saiten neu auszurichten, sondern als Hilfsmittel für eine maximale Konzentration. Indem er seinen Blick auf seinen Schläger richtete, der als mentaler Anker fungierte, zentrierte er auch seinen Geist – und reduzierte die äußeren Ablenkungen, die in einem vollen Stadion mit lauten Fans natürlich noch größer sind als auf einem normalen Tennisplatz.

Der **Blick auf die Besaitung** ist ein sehr simples, aber effektives Tool für die Fokussierung zwischen den Punkten. Es steht auch dir jederzeit zur Verfügung, um die Geschwindigkeit des rasenden Gedankenkarussells zumindest bedeutend zu reduzieren. Probiere es doch beim nächsten Mal auf dem Court einmal aus und beobachte, was sich verändert.

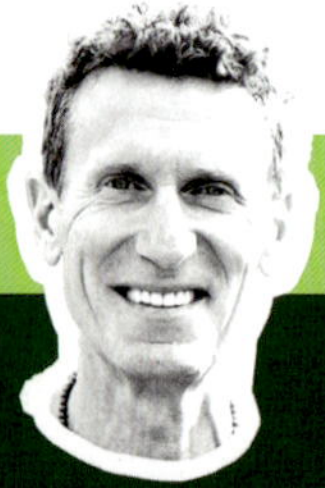

Aus meinem Tagebuch

ÜBER DIE BEDEUTUNG DER FOKUSSIERUNG

Februar 2011. Eine jener Davis-Cup-Wochen als Teamchef, an die ich mich besonders gut und gern erinnere. Mit Philipp Kohlschreiber, Florian Mayer, Philipp Petzschner und Christopher Kas reisen wir zur ersten Runde nach Kroatien. Unsere Ambitionen aufs Viertelfinale sind riesig. Im Jahr zuvor waren wir in der Auftaktrunde gescheitert und mussten im Herbst den Abstieg verhindern. In Zagreb erwarten uns mit Marin Cilic, Ivan Dodig und Ivo Karlovic allerdings nicht nur drei körperliche und spielerische Riesen, sondern auch eine hitzige Atmosphäre. Am Abend vor den ersten Einzeln treffen wir uns im Mannschaftsraum. Wie immer schwöre ich die Truppe auf das ein, was uns erwartet. „Männer, wir haben ein brutales Auswärtsspiel vor uns. Die Zuschauer werden laut sein, vielleicht nicht immer fair. Die Luft in der Halle wird brennen – aber wir sind darauf vorbereitet. Wir werden uns zu keinem Zeitpunkt von den Emotionen beeinflussen lassen!" Dann kommt meine wichtigste Ansage, die ich auch gestandenen Profis immer wieder eingebläut habe: „Zwischen den Ballwechseln schaut ihr nur zu mir! Ich bin euer Fixpunkt auf der Bank! Unsere Verbindung ist der Blickkontakt. Wann immer ihr ihn braucht – ich bin für euch da!"

Tennisspieler lassen sich schnell von äußeren Einflüssen ablenken – erst recht, wenn die Emotionen hochkochen. Ich hatte diese Erfahrung als Profi selbst oft genug gemacht. Etwa 1992 in Wimbledon, als ich in der ersten Runde auf Ivan Lendl traf und zum ersten Mal überhaupt auf dem Center Court spielen durfte – mein erfüllter Kindheitstraum. Auf keinem Platz der Welt ist die Stille noch stiller, während du dich auf deinen Aufschlag vorbereitest. Jede Erdbeere, die irgendwo auf dem Oberrang aus einer Schale fällt, stört dich in deiner Konzentration. Die Blicke der vielen Tausend Fans durchbohren dich wie sonst nirgendwo und gefühlt geschieht alles in Zeitlupe – und fliegt doch an dir vorbei. Mich hat diese Situation damals vollkommen überwältigt. Keinen einzigen Ball durfte ich vor dem Match auf diesem heiligen Platz schlagen, nicht einmal eine andere Partie hatte ich mir hier zuvor angeschaut, was natürlich mein Fehler war. Und so wanderte meine Aufmerksamkeit, überwältigt von den Eindrücken, wie eine Flipperkugel durch das Stadion. Am Ende verlor ich 1 : 6, 6 : 7, 6 : 7. Aus dieser Erfahrung hatte ich gelernt. Für die Konzentration ist der Zeitraum zwischen den Punkten die kritischste Phase. Wandert der Blick nach draußen, geht auch die Aufmerksamkeit nach draußen. Du bist mental nicht mehr auf dem Platz, die Aufmerksamkeit geht verloren. Im Kopf entsteht mehr Raum für Ärger oder Selbstzweifel.

In Zagreb gingen beide Einzel am Freitag und das Doppel am Samstag über fünf Sätze. Auch an mir zehrten diese Marathon-Partien, weil ich über viele Stunden vollkommen präsent sein musste, um meine Spieler zu führen und zu spüren, welche Ansprache sie brauchten. Mayer unterlag zum Auftakt Cilic, anschließend gewann Kohlschreiber ein episches Duell gegen Dodig. Das Doppel am Samstag wurde zum Thriller: Petzschner und Kas rangen Dodig

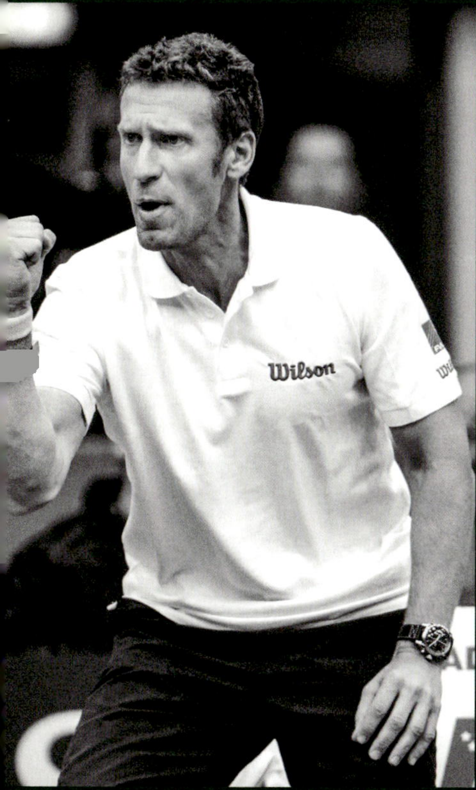

Volle Präsenz: Wie wichtig meine Energie als Coach sein kann, habe ich auf der Davis-Cup-Bank oft erlebt.

und Karlovic in fünf Sätzen nieder; so ebneten sie uns den Weg ins Viertelfinale. Zwar war „Kohli" am letzten Tag gegen Cilic chancenlos, doch weil „Petzsche" danach das beste Davis-Cup-Einzel seines Lebens spielte und Karlovic in drei Sätzen besiegte, war unsere Mission tatsächlich erfüllt! Für mich war klar: Meine geistige und emotionale Verbindung zu den Spielern war ein wichtiger Schlüssel zum Sieg.

WAS ICH GELERNT HABE:

Nichts ist für die Fokussierung in einem Match wichtiger, als mit der Aufmerksamkeit auf dem Court zu bleiben – das habe ich als Spieler und Trainer erfahren. Als Kapitän war ich der Einzige, der die Jungs mit seiner Körpersprache, Mimik und Gestik führen konnte. Ich war stets wie ein Spiegel für sie. Mit meinen Blicken und mit meiner Energie konnte ich sie stärken, unabhängig vom Spielstand. Unsere Blicke trafen sich und beide Seiten fühlten sich wie in einem Tunnel. Keine einzige Sekunde durfte ich mir einen negativen Gesichtsausdruck leisten, weil ich damit ein katastrophales Signal gesendet hätte. Oft bin ich deshalb an den Spieltagen früh morgens spazieren gegangen, um mich gedanklich auf den Tag einzustimmen und mich vorzubereiten. Diese Momente der inneren Einkehr sind noch heute vor wichtigen Aufgaben unverzichtbar für mich.
Inspiriert hatte mich zu dieser Form der Teamführung übrigens Guy Forget (Anfang der 90er-Jahre die Nummer vier der Welt). Als wir 2006 in Halle auf Frankreich trafen, saß er als Kapitän auf der Bank. Er positionierte sich seinen Spielern stets zugewandt, seine Haltung war zu jedem Zeitpunkt offen und positiv. Ich beschäftigte mich zwar schon eine Weile mit der Bedeutung der Körpersprache als Instrument für das Coaching, doch Forgets Ausstrahlung auf der Bank imponierte mir nachhaltig.

Wenn du deine Augen schließt und an den schönsten Moment denkst, den du auf dem Tennisplatz erlebt hast – welcher Augenblick kommt dir dann in den Sinn?

Auch im Match können die Erinnerungen an schöne Erlebnisse auf dem Court wertvoll sein. Vor allem dann, wenn es mal nicht läuft. Indem du deine Aufmerksamkeit auf etwas lenkst, das dir ein gutes Gefühl beschert, veränderst du sofort deine Geisteshaltung. Erinnere dich, was diesen besonderen Moment damals ausgemacht hat. Was war anders als sonst? Lass das Gefühl noch einmal entstehen und beobachte, was es in dir bewirkt.

Quick-Check

Elf Mini-Impulse fürs Match – weil manchmal schon kleine Erinnerungen genügen, um zurück in die Spur zu finden. Tipp: Platziere vor dem Spiel ein Lesezeichen an dieser Stelle, dann musst du beim Seitenwechsel nur noch das Buch aufschlagen. Jim Courier hat bei der ATP-Weltmeisterschaft 1993 in Frankfurt auch in der Pause auf der Bank gelesen ...

1| **Warum spielst du Tennis?** Du bist freiwillig hier, niemand zwingt dich.

2| **Mit welcher Körpersprache bist du unterwegs?** Sie spiegelt deinem Gegner nicht nur deine mentale Verfassung, sondern beeinflusst auch dein Denken und damit deine Leistung.

3| **Bist du dir deiner Stärken bewusst?** Selbst wenn an diesem Tag wenig zu funktionieren scheint, überlege dir, was am besten klappt.

4| **Wie spielt dein Gegner?** Analysiere, was er gut kann und welche Schwächen er hat.

5| **Bist du auf den Ball fokussiert?** Vielleicht hilft dir eine der Fokus-Übungen in diesem Buch, zum Beispiel Bounce und Hit (s. Seite 40)

6| **Zeit für eine BREAK-TIME?**

7| **Wie sprichst du mit dir selbst?** Denke daran, respektvoll und freundlich zu dir zu sein – sprich dir Mut zu und unterstütze dich.

8| **Erinnerst du dich das Comeback von Barbie Bramblett?** 0 : 6, 0 : 5, 0 : 40 lag sie bei den US Open 1983 zurück – um am Ende doch noch zu gewinnen (s. Seite 157).

9| **Wohin wandern deine Augen?** Mach's wie Lendl! (s. Seite 147). Der Blick auf die Saiten des Schlägers kann bei der Fokussierung helfen – und die Ablenkungen von außen reduzieren.

10| **Atmest du richtig?** Langsam und tief durch die Nase ein- und durch den Mund ausatmen. Auch so steigerst du deine Konzentration.

11| **Wenn gar nichts hilft** – lächeln geht immer!

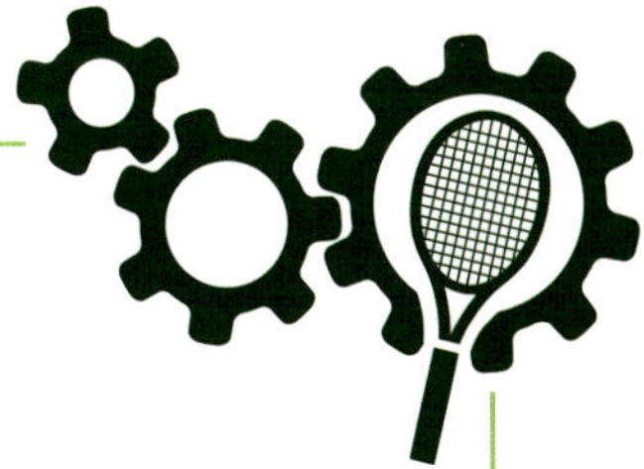

Woran denkst du beim Aufschlag?

Der Ballwurf ist eine kritische Phase im Spiel. Zum einen leitet er die komplexeste Bewegung ein, die wir beim Tennis ausführen. Dadurch unterliegt er einer hohen Fehleranfälligkeit. Zum anderen gibt er uns Zeit zum Nachdenken – über die Qualität unseres Aufschlags, unseres Spiels, über den brenzligen Spielstand, den Gegner und darüber, was die Zuschauer am Zaun jetzt gerade denken könnten. Zu viele Gedanken zerstören den Flow – und führen nur zufälligerweise und äußerst selten zu guten Ergebnissen.
Wenn du im Match Unsicherheiten bei deinem Aufschlag feststellst, könnte der Ballwurf eine Rolle spielen. Suche dir dann eine der folgenden Fokus-Übungen aus und lass dich überraschen, was geschieht.

1| Konzentriere dich auf deinen Wurfarm. Kannst du spüren, wo sich dein Arm auf dem Weg nach oben befindet, wenn du den Ball in deiner Hand loslässt?

2| Spüre, wie lange dein Wurfarm gestreckt bleibt, nachdem du den Ball losgelassen hast.

3| Beobachte den Ball. Kannst du erkennen, in welche Richtung er rotiert, nachdem er deine Hand verlassen hat?

Denke nicht an richtig oder falsch. Nur spüren, hinschauen, wahrnehmen. Nicht bewerten, nicht verurteilen, dich erst recht nicht angestrengt bemühen. Vertraue stattdessen deinem Körper.

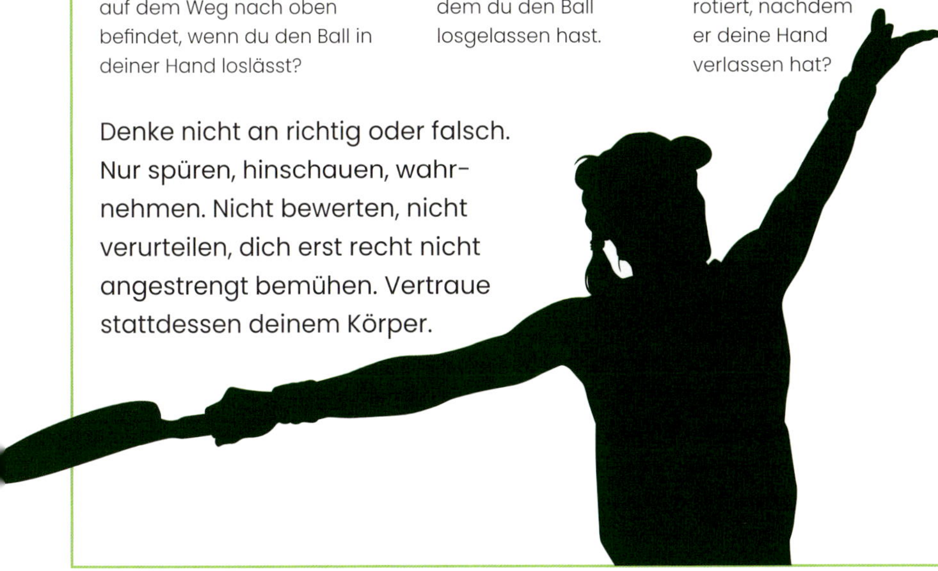

Was geht dir durch den Kopf?

Was möchtest du jetzt verändern?

Zwei einfache Fragen. Sind die Antworten für dich auch leicht zu finden? Manchmal kann es in einem Match hilfreich sein, sich diese Fragen zu stellen – zum Beispiel bei einem Seitenwechsel. Du schärfst so deine Wahrnehmung für den Ist-Zustand. Mit der neu gewonnenen Klarheit setzt du dann dein Spiel fort. Wann immer du etwas verändern willst, benötigst du zunächst einen ungetrübten Blick für die Situation. Diese kleine Übung kannst du an jedem Ort der Welt und in jeder Situation machen. Sie dauert nicht lange und liefert dir wertvolle Erkenntnisse über deine Gedanken- und Gefühlswelt.

Von Kindern lernen

Kannst du dich an deine ersten Schritte erinnern? Wahrscheinlich nicht, sie liegen ja auch schon ein paar Tage zurück. Es wird so oder so ähnlich gewesen sein: Als du etwa zehn Monate alt warst – vielleicht ein wenig früher, vielleicht ein wenig später –, hast du zum ersten Mal allein auf deinen kurzen Beinen gestanden. Ein paar Tage oder Wochen später hast du den ersten Fuß vor den anderen gesetzt, so wie du es dir bei Mama, Papa und all den anderen Menschen abschauen konntest. Am Anfang hast du nicht einmal einen Meter zurücklegen können – zack, da lagst du wieder auf dem Boden. Angetrieben von einem eisernen Willen, hast du dich voller Begeisterung immer wieder aufgerappelt, um weiter zu üben, manchmal stundenlang an einem Tag. Nichts konnte dich von deinem Ziel abbringen, endlich selbstständig und ohne Hilfe zu laufen. Da waren keinerlei Zweifel an deinen Fähigkeiten, keine Furcht davor, dass es nicht klappen könnte, keine harsche Selbstkritik für die vielen gescheiterten Versuche, keine einzige Sekunde, in der du frustriert und entnervt von den vielen Rückschlägen ans Aufgeben gedacht hast, nach dem Motto: „Wenn ich das nicht hinbekomme mit dem Laufen, dann krabbel ich halt weiter durchs Leben!" Eines Tages wurde dein unermüdlicher Einsatz endlich belohnt. Voller Stolz hast du deine ersten Meter allein zurückgelegt, anfangs noch wacklig, später dann mit jedem Schritt sicherer und schneller. Kannst du dir vorstellen, mit dem gleichen Urvertrauen, mit der gleichen Leidenschaft und der gleichen Beharrlichkeit, mit der du einst das Laufen erlernt hast, auch Tennis zu spielen?

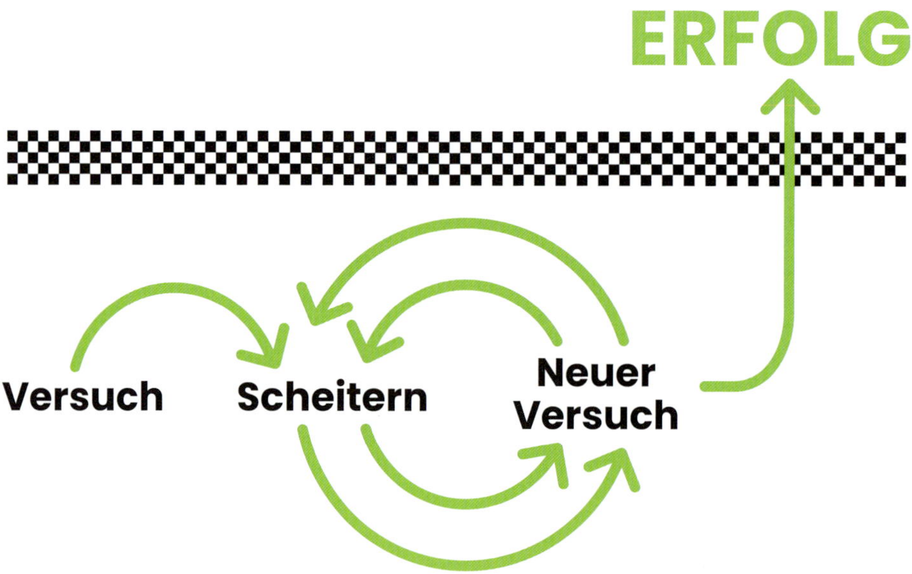

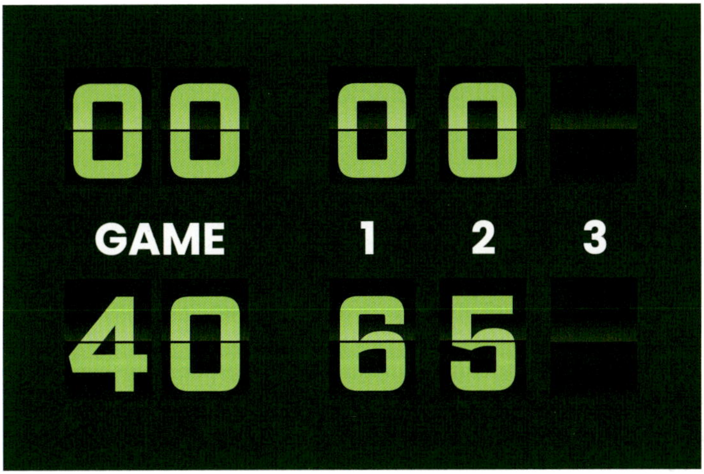

Wundersame Wende

Die wohl spektakulärste Aufholjagd in der Tennisgeschichte glückte der Amerikanerin Barbie Bramblett in Runde zwei der Qualifikation für die US Open 1983 gegen ihre Landsfrau Ann Hulbert. Nur einen weiteren verlorenen Punkt war sie entfernt von der höchstmöglichen Pleite, die eine Tennisspielerin erfahren kann – einer 0:6, 0:6-Demütigung, die zweifellos für jeden, der sie erleben muss, schwierig zu verkraften ist. Bramblett wehrte 18 Matchbälle ab, und ohne jeglichen Hoffnungsschimmer auf eine erfolgreiche Wende begann sie plötzlich mutiger zu agieren. Ihre Devise: Schlimmer geht nimmer! Befreit von jeglichem Druck und die unausweichlich erscheinende Schmach innerlich akzeptierend, gelangen ihr nun spektakuläre Winner. Bälle, die zuvor Zentimeter ins Aus gesegelt waren, landeten plötzlich auf der Linie, während Hulbert auf der anderen Seite zunehmend ihre Konstanz verlor. Mit jeder Minute, die sich Bramblett erfolgreich gegen die drohende Niederlage sträubte, entwickelte sie langsam, Punkt für Punkt, den Willen, sich doch noch in diese Partie zurückzukämpfen. Aus diesem Willen schien zunächst ein zaghafter und dann ein immer stärkerer Glaube an die wundersame Wende zu erwachsen. Am Ende glückte sie tatsächlich! Bramblett gewann den zweiten Satz 7:5 und den dritten 6:3 – ein Sieg für die Ewigkeit. Kurios: Ein paar Monate später schaffte sie ein ähnliches Comeback noch einmal: In Nashville lag sie diesmal mit 1:6, 0:5 zurück, wehrte sogar 20 Matchbälle ab und verließ den Court erneut als Siegerin.

Wer Turniere und Punktspiele bestreitet, sollte sich öfter an die Geschichte von Bramblett erinnern, weil sie zeigt, dass es sich auch dann zu kämpfen lohnt, wenn eine Situation noch so ausweglos erscheint.

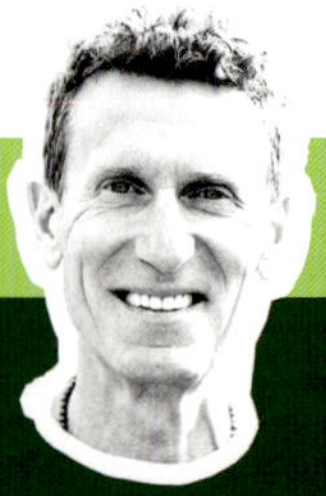

Aus meinem Tagebuch

DIE BEDEUTUNG EINER STRATEGIE

Anfang 1992. Hinter mir liegt ein katastrophaler Saisonstart mit vielen Erstrundenpleiten in Folge, darunter einige knappe Matches, die ich durchaus auch hätte gewinnen können. Als ich im März beim Masters-Turnier in Miami dem Spanier Thomas Carbonell 5 : 7, 3 : 6 unterliege, fühle ich mich am Tiefpunkt. Es ist nicht die eine Pleite, die mich frustriert, sondern die Summe der vielen verlorenen Matches in Serie. „Was soll die Schinderei, wenn du eh nichts gewinnst?!", frage ich mich. Von Selbstzweifeln zerfressen denke ich über eine längere Turnierpause nach. Dann fällt mir ein Buch von Willi Railo in die Hände, es heißt *Besser sein, wenn's zählt.* Railo erklärt darin, wie wichtig es ist, eine Strategie zu verfolgen, um seine Ziele zu erreichen – nicht nur beim Tennis. Das Thema packt mich sofort, vielleicht gerade deshalb, weil ich zuletzt so planlos war.

Nach der Lektüre fasse ich einen Entschluss: Bei der anstehenden Turnierserie in Asien werde ich jedes Match mit ein- und derselben Strategie bestreiten. Sie soll so aussehen: Ich will konsequent Serve-and-Volley spielen – sowohl nach dem ersten als auch nach dem zweiten Aufschlag. Völlig egal, ob mir die Returns um die Ohren fliegen oder nicht. Schlechter laufen als zuletzt kann es nicht. Außerdem lege ich fest, dass ich von der Grundlinie ausschließlich cross spielen werde. Sobald sich jedoch eine Chance zum Angriff bietet, riskiere ich den Longline-Schuss. Diesen simplen Plan – das schwöre ich mir! – werde ich bei den folgenden fünf Turnieren bedingungslos verfolgen. Und zwar unabhängig vom Ausgang der Matches.

Beim Asien-Auftakt in Singapur treffe ich auf den Israeli Amos Mansdorf. Er ist die Nummer 30 der Welt, während ich mit meiner desolaten Form aus den Top 100 gepurzelt bin. Ich stürme ans Netz, spiele so viel cross wie nie zuvor und gewinne 6 : 4, 6 : 4 – mein erster Sieg des Jahres. Ein guter Mann, dieser Willi Railo, denke ich. Danach folgen zwar wieder einige Niederlagen, mein Spiel jedoch wird konstanter. Der Wendepunkt ist Seoul. Drei glatte Zweisatz-Siege bringen mich ins erste Halbfinale seit mehr als einem halben Jahr. Es fühlt sich an wie eine Erlösung. Zwar verliere ich gegen den Australier Todd Woodbridge, trotzdem fühle ich mich wie ein neuer Spieler. Das Vertrauen in meine Schläge ist zurück. Meine Strategie gibt meinem Spiel eine Struktur, die zuvor fehlte. Vor jedem Ballwechsel genau zu wissen, wie ich agieren werde, reduziert die vielen Entscheidungen, die ich treffen muss, auf ein angenehmeres Level.

Ich reise weiter zum Challenger nach Taipeh und erreiche wieder das Halbfinale. Danach beende ich mein Experiment, weil sich meine Gegner sonst bald leicht auf mein Spiel einstellen würden.

WAS ICH GELERNT HABE:

Wie wichtig eine Strategie auf dem Court ist! Sie gibt dir Halt und macht es dir viel einfacher, die Ballwechsel selbst aktiv zu gestalten und nicht bloß auf das Spiel des Gegners zu reagieren. **Ohne Plan spielst du planlos** – das habe ich seitdem nicht mehr vergessen. Es ist zu einer meiner wichtigsten Botschaften geworden, die ich später als Davis-Cup-Kapitän in mein Coaching eingebracht habe und die ich auch heute noch an Freizeitspieler weitergebe. Eine Taktik muss nicht kompliziert sein, im Gegenteil. Je einfacher sie ist, desto größer die Chance, dass du sie konsequent verfolgst.

Kreislauf für Bestleistungen

Vorbereitung, Performance und Analyse bilden einen Kreislauf. Ein Rädchen greift ins andere. Je besser du vorbereitest bist, umso größer die Chance, dass du im Match dein Potenzial ausschöpfen und deine beste Leistung abrufen kannst. Wenn du während eines Matches immer wieder dich und das Geschehen reflektierst und wertfrei wahrnimmst, was geschieht, gewinnst du Klarheit darüber, welche Strategie dich an dein Ziel bringen kann. Du wirst die Vielzahl deiner Möglichkeiten deutlicher erkennen – und feststellen, dass du in jedem Moment die Chance hast, Veränderungen vorzunehmen. Je ehrlicher deine Analyse im Anschluss ausfällt, umso einfacher gestaltest du dir die nächste Vorbereitung.
Bei den folgenden Fragen handelt es sich um Wahrnehmungsfragen. Sie steigern dein Bewusstsein und schärfen deine Aufmerksamkeit für das, was passiert.

Vorbereitung

Kennst du deinen Gegner? Was weißt du über ihn? Welche Stärken und Schwächen kannst du identifizieren? Welche Stärken hast du? Wie willst du sie einsetzen und welches Ziel möchtest du in diesem Match verfolgen? Geht es dir um den Sieg? Möchtest du bei jedem Punkt dein Bestes geben? Hast du dir eine Strategie zurechtgelegt, die du konsequent umsetzen willst? Mit welchem Matchplan beginnst du die Partie? Deine Antworten werden Klarheit entstehen lassen – und Klarheit bedeutet Power!

Dieser Kreislauf endet nie. Mit einer Analyse startest du die nächste Vorbereitung, alle Phasen gehen ineinander über, immer wieder aufs Neue. Bewusstheit ist die Basis für Weiterentwicklung und Wachstum, nicht nur auf dem Tennisplatz. Um mit diesem Kreislauf zu arbeiten, kannst du das Beispiel Tennis durch eine beliebige andere Tätigkeit ersetzen, bei der dir deine Performance wichtig ist – im Berufsleben, in der Schule, im Studium oder in anderen Sportarten.

Analyse

Was hat funktioniert – und was nicht? Welche Gründe gibt es dafür, dass du diese Partie gewonnen oder verloren hast? Was waren die Schlüsselmomente des Matches? Wie konzentriert warst du? In welchen Phasen warst du abgelenkt – und wovon? Haben dich mehr innere oder mehr äußere Faktoren gestört? Welche Erkenntnisse ziehst du aus der Partie? Wie groß war das Vertrauen in deine Schläge (Skala von eins bis zehn)? Welche Zweifel hattest du? Woran hattest du die meiste Freude auf dem Court?

Jedes Match liefert dir eine Botschaft. Wenn du sie verstehst, setzt du einen Lernprozess in Gang. Zu lernen bedeutet zu wachsen. Wichtig: Analysen beinhalten keine Beurteilungen. Sie sind wertfrei, sachlich und vor allem ehrlich und sollten möglichst immer stattfinden – nach Siegen genauso wie nach Niederlagen. Viele Hobbysportler vergessen das. Sie glauben, ein Sieg müsse nicht analysiert werden – hat ja irgendwie gereicht und das Ego fühlt sich gebauchpinselt. Ein großer Trugschluss. Auch Erfolge sollten hinterfragt werden. Der Blick auf das Funktionierende liefert ebenso wertvolle Erkenntnisse.

Performance

In einem Match ist der Seitenwechsel prädestiniert für eine BREAK-TIME (s. Seite 116). Analysiere: Bringt deine Strategie dich deinem Ziel näher? Welcher Teil deines Matchplans geht auf und welcher nicht? Auf einer Skala von eins bis zehn: Wie leichtfüßig und schnell bewegst du dich? Wie nimmst du deine Körpersprache wahr? Wo liegt dein Fokus? Bist du gedanklich in einem Tunnel oder lässt du dich von äußeren Einflüssen ablenken?

Boris Becker war früher ein Meister dieser Kurzanalysen im Spiel. Als er 1995 im Wimbledon-Halbfinale gegen Andre Agassi mit 2 : 6, 1 : 4 zurücklag, änderte er zur Überraschung aller plötzlich radikal seine Taktik. Becker spielte nun konsequent von der Grundlinie, anstatt wie üblich ans Netz zu stürmen. Die Rückhand spielte er fast ausschließlich mit Slice. Sein neuer Plan ging auf – und er besiegte den immer mehr entnervten Amerikaner in vier Sätzen.

„Glaube einfach an dich selbst. Auch wenn du es nicht tust, tu einfach so, als ob du es tätest, und irgendwann wirst du es tun."

VENUS WILLIAMS

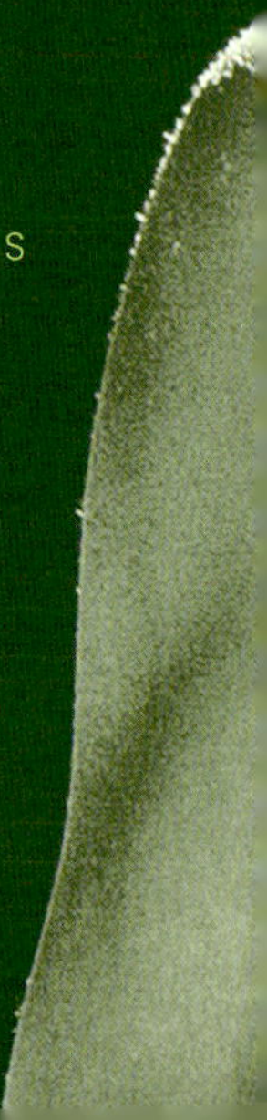

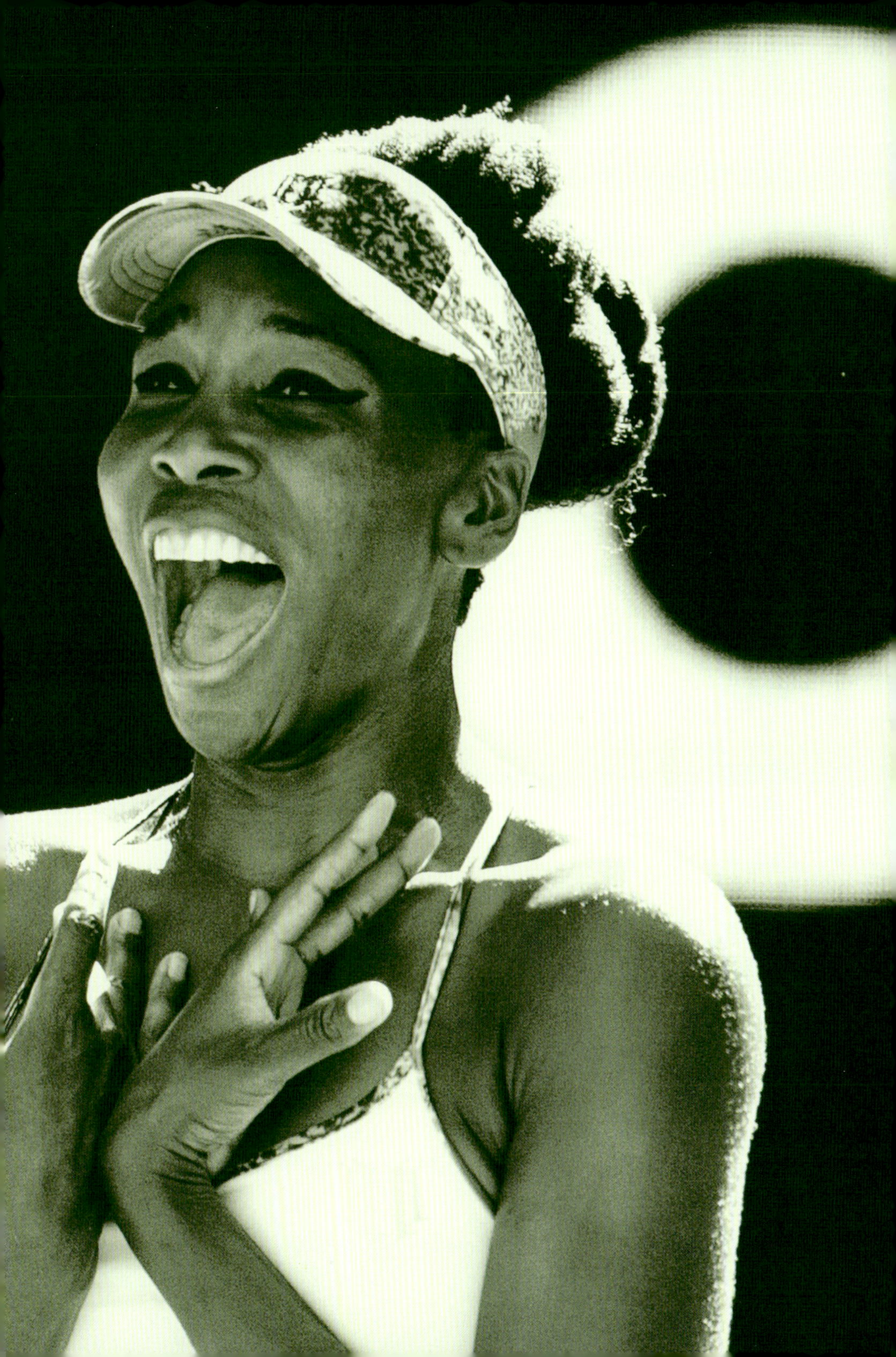

KAPITEL 4

NIEDERLAGEN & KRISEN

Niederlagen haben einen schlechten Ruf. Warum eigentlich? Oft entwickeln sich die größten Enttäuschungen zu den wertvollsten Erfahrungen im Leben. Inspirationen für einen anderen Blick auf das Scheitern.

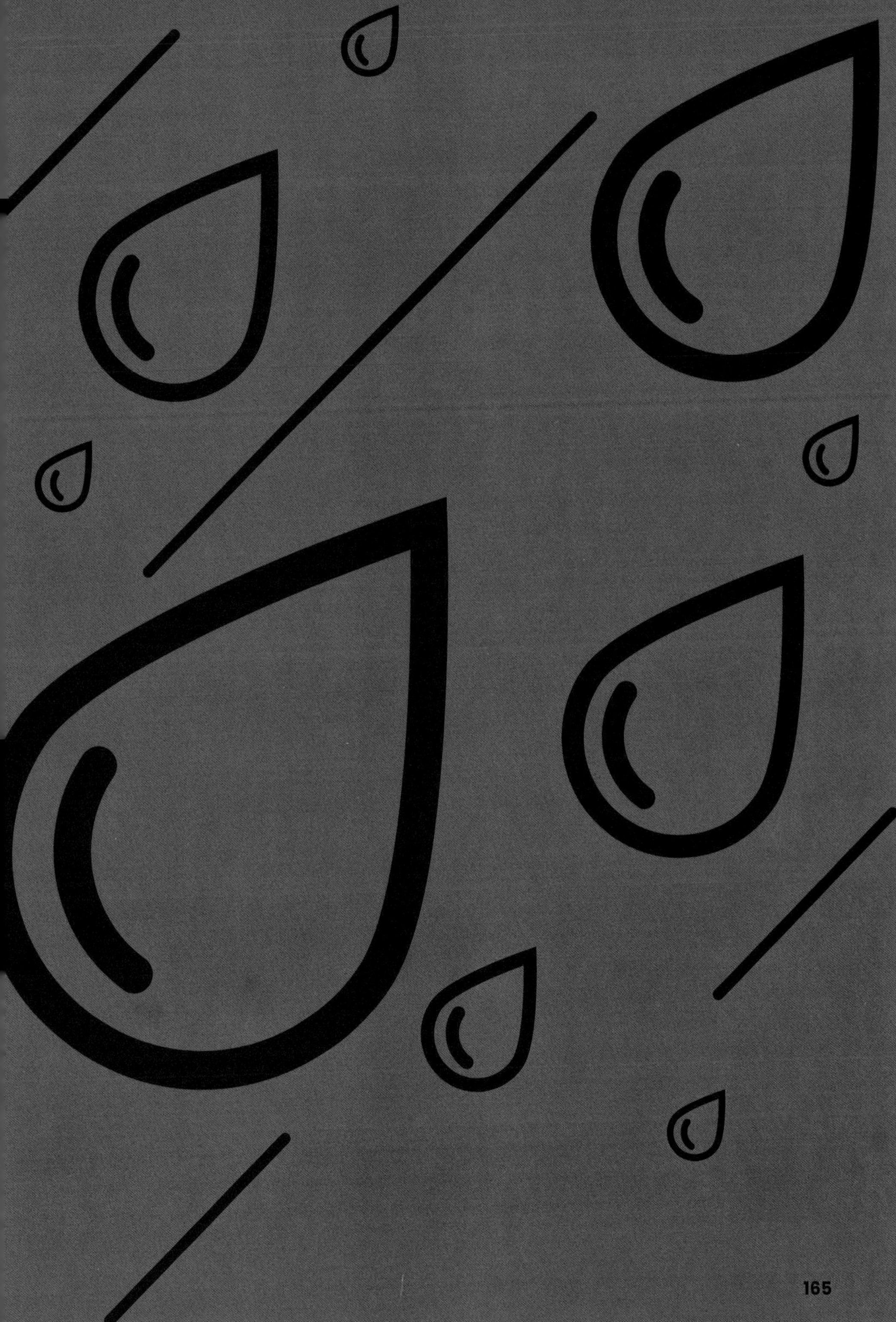

Schöne Geschichten vom Scheitern

Was haben Roger Federer und Walt Disney oder Andre Agassi und Joanne K. Rowling gemeinsam? Sie haben große Erfolge erzielt. Sie werden verehrt und bewundert, gehören in ihren Branchen zu den bedeutendsten Persönlichkeiten und genießen deshalb (ob lebend oder verstorben) jede Menge Ruhm, Ehre und Anerkennung, wo auch immer auf der Welt man mit ihnen und ihren Lebenswerken konfrontiert wird. Aber das ist nicht alles. Denn bevor sie zu gefeierten Helden, zu populären Autorinnen, Filmproduzenten und Unternehmern wurden, erlebten sie immer wieder herbe Rückschläge. Sie mussten Krisen überstehen, die teilweise so niederschmetternd waren, dass ihre späteren Errungenschaften heute in einem noch helleren Licht erstrahlen.

Walter Elias „Walt" Disney, der Erfinder von Micky Maus und Donald Duck, der mit seinem Disneyland und den vielen grandiosen Filmen und Figuren eine Traumwelt für Millionen Kinder (und Erwachsene!) erschaffen hat, arbeitete mit Anfang 20 bei einer Zeitung. Dort kündigte man ihm – mit der Begründung, dem jungen Mann fehle es an Fantasie. Disney ließ sich nicht beirren, er glaubte eisern an sein Talent, wechselte in die Werbebranche und beschäftigte sich zunehmend mehr mit Zeichentrickfilmen. Zwar musste er auf seinem Weg immer neue Rückschläge verkraften, verlor jedoch nie den Glauben daran, mit seiner Leidenschaft irgendwann einmal etwas Großes zu erschaffen. Eines Tages, so erzählt man, reiste er mit gerade einmal 40 Dollar in der Tasche nach Hollywood, um dort sein Glück zu versuchen. Es war der Beginn einer sagenhaften Karriere, in der er 26 Oscars gewann (einige davon posthum), mehr als jeder andere in der Filmbranche. Hätte er nicht schon so früh gelernt, Niederlagen zu überwinden und an ihnen zu wachsen, wäre sein Vermächtnis wohl kaum das geworden, was es heute ist.

Über **Roger Federer** ist zwar hinlänglich bekannt, dass er in seiner Jugend und auch noch als junger Erwachsener ein schlechter Verlierer war, der häufig auf dem Court die Selbstbeherrschung verlor und seine Schläger zertrümmerte. Aber nur seine engsten Weggefährten, ausgewiesene Tennisexperten und jene Fans, die sich näher mit dem Werdegang des Schweizers befasst haben, wissen, wie sehr er früher unter seinen Niederlagen litt und wie quälend seine Selbstzweifel waren. Wie steinig und von wie vielen Rückschlägen und Widerständen sein Weg gepflastert war, den er bestreiten musste, um zu jener Legende heranwachsen zu können, als die er heute auf der ganzen Welt verehrt wird.

Da waren die vielen brutalen Niederlagen in der Jugend, nach denen Federer manchmal lange weinend unter dem Schiedsrichterstuhl hockte und sich erniedrigt und gedemütigt fühlte. Da gab es, wie bei fast allen jungen Talenten, eine innere Zerrissenheit

zwischen dem Traum von einer Karriere als Profi und der immensen Opferbereitschaft, die einem dieses Ziel abverlangt. Später folgte die wohl schmerzlichste Krise in Federers Leben, als er den Unfalltod seines Trainers und Freundes Peter Carter verkraften musste, von dem Federer bis heute sagt, der Australier habe zu jenen Coaches gehört, die ihn und sein Spiel am stärksten geprägt hätten. Auch noch viele Jahre später, als er den Sprung auf die große Tour bereits geschafft und im Achtelfinale von Wimbledon Pete Sampras auf dem Centre Court entthront hatte, taumelte er mental noch eine ganze Weile zwischen verschiedenen Welten hin und her. Experten prognostizierten ihm eine baldige Dominanz mit vielen Grand-Slam-Titeln. Die Gegner fürchteten zunehmend sein unwiderstehliches Angriffsspiel, das durch seine Geschmeidigkeit und Eleganz so bewundernswert einfach aussah. Doch bis zum lang ersehnten Durchbruch musste Federer noch ganze zwei Jahre warten, viele frustrierende Pleiten ertragen und sich immer wieder mit der bohrenden Frage beschäftigen, ob er jemals das werde erreichen können, was er selbst und alle anderen von ihm erwarteten. Erst 2003 fand er die Antwort, als er seinen erlösenden ersten Wimbledon-Triumph feierte. Dieser Sieg katapultierte ihn in eine neue Dimension.

Federers Bescheidenheit, seine Höflichkeit, seine Demut und Souveränität, für die er inzwischen mehr bewundert zu werden scheint als für alle 20 Grand-Slam-Titel, sämtliche Rekorde und die anmutende Schönheit seines Spiels, waren lange Zeit nicht einmal im Ansatz zu erkennen. Sie lagen irgendwo verbuddelt unter dem Ehrgeiz und dem tonnenschweren Druck, der auf einem Leistungssportler lastet. Wahrscheinlich konnte er die starken Werte seiner Persönlichkeit nur deshalb entwickeln, weil er über viele Jahre hinweg lernen musste, Rückschläge zu verkraften, unbequeme Entscheidungen zu treffen, hinzufallen und wieder aufzustehen und seinen Selbstwert nicht über Erfolge und Misserfolge zu definieren.

Joanne K. Rowling musste andere Hürden überwinden, um eine der erfolgreichsten Schriftstellerinnen der Welt zu werden. Sie, eine Frau, die in jungen Jahren nichts so sehr fürchtete wie das Scheitern, befand sich am Tiefpunkt ihres Lebens, als ihr die Idee zur Romanfigur Harry Potter in den Sinn kam. Ihre Ehe war zerbrochen, sie war arbeitslos, alleinerziehend und so arm, dass das Geld kaum für die Miete reichte. Ihre schlimmsten Befürchtungen waren eingetreten und sie sah sich als die größte Versagerin, die sie kannte. In dieser schweren Krise erfand sie die Figur des Zauberlehrlings, lenkte sich damit von ihren Sorgen ab und ordnete ihre Gedanken neu. „Ich war plötzlich frei, denn meine schlimmsten Ängste hatten sich ja bereits bewahrheitet“, erzählte sie einmal vor Studenten der Universität Harvard. „Aber ich war noch am Leben. Ich hatte eine Tochter, die ich abgöttisch liebte, meine Schreibmaschine und eine große Idee. So wurde der Tiefpunkt zum soliden Fundament, auf dem ich mein Leben wieder aufbaute.“ Ohne ihren tiefen Fall würde es eine der erfolgreichsten Buchserien der Welt wohl nicht geben. Rowling musste später übrigens über zwei Jahre nach einem Verlag für ihr erstes Werk suchen und in dieser Zeit reihenweise Absagen hinnehmen. Sie hat sich davon nicht entmutigen lassen, im Gegenteil. Jedes Nein befeuerte ihren Ehrgeiz weiter, einen Abnehmer für ihre Geschichte zu finden. Heute ist Rowling eine der reichsten Frauen Großbritanniens. Ihre Bücher wurden in 80 Sprachen übersetzt und mehr als 500 Millionen Mal verkauft.

Die Geschichte von **Andre Agassi** erzählt längst nicht nur das Leben eines der erfolgreichsten Tennisprofis der letzten Jahrzehnte. Sie handelt von weit mehr als 60 Turniersiegen, acht Grand-Slam-Titeln und 101 Wochen an der Spitze der Weltrangliste. Agassis Karriere war wie kaum eine andere geprägt von Höhenflügen und Abstürzen. Ein gefeiertes Idol, von Millionen Fans verehrt wie ein Popstar, aber in seinem Herzen einsam, unglücklich und voller Selbstzweifel. Als Kind von seinem tyrannischen, brutalen und von Ehrgeiz zerfressenen Vater getriezt, entwickelte er eine tiefe Abneigung gegen seinen Sport. Später, als junger Erwachsener, der sogar schon in Wimbledon gewonnen hatte, schlidderte er in Depressionen hinein, nahm Drogen und während ihm Tausende Fans in den größten Stadien der Welt zujubelten, wünschte er sich manchmal nichts sehnlicher, als in die Stille der Katakomben zu flüchten. Gleichzeitig war Agassi aber auch besessen von der Vorstellung, der Beste zu sein und die großen Kämpfe gegen seine Erzrivalen wie Pete Sampras oder Boris Becker zu gewinnen. Er war innerlich zerrissen. Glücklich machten ihn die Siege nur kurzzeitig. Erst als er langsam, aber sicher Frieden mit sich und seinem Leben schließen konnte und sein privates Glück fand, änderte sich seine Einstellung und er entwickelte im Spätherbst seiner Karriere seine größte Leidenschaft für das Tennisspiel. Seine Rückschläge als Profi und seine Krisen als Mensch ebneten ihm den Weg zu einem glücklichen Familienleben, das er heute zu führen scheint. Es wird ihm gewiss wichtiger sein als jeder Triumph auf dem Platz.

Noch mehr Beispiele für ein erfolgreiches Scheitern gefällig? **Charles Darwin** wurde von seinen Lehrern und seinem Vater als ein gewöhnlicher Junge mit unterdurchschnittlicher Intelligenz angesehen. **Ludwig van Beethoven** galt unter Musikexperten einst als hoffnungsloser Fall. **Albert Einstein** lernte erst mit vier Jahren zu sprechen, später wurde er von der Schule verwiesen und als Träumer belächelt. **Henry Ford** ging angeblich fünfmal pleite, bevor er es zum Weltruhm schaffe. **Oprah Winfrey** wurde als Reporterin gefeuert und ist heute eine Ikone im amerikanischen Fernsehen. **Steve Jobs** musste seine eigene Firma verlassen, kam Jahre später zurück und machte aus Apple einen Milliardenkonzern. Und **Boris Becker** wurde als Jugendlicher bei einem Sichtungslehrgang aussortiert, weil er nicht genug überzeugt hatte. Wenige Jahre später gewann er als jüngster Spieler der Geschichte Wimbledon.

Hinter fast allen erfolgreichen Menschen, ob prominent oder nicht, steht meist auch eine Person, die Niederlagen verkraften musste. Ein Mensch, der turbulente Zeiten zu durchleben und Herausforderungen zu bewältigen hatte – und manchmal immer noch mitten in diesem Prozess steckt, obwohl es kaum einer ahnt. Eine Frau, der man erzählt hat, sie sei nicht talentiert, intelligent oder hübsch genug. Oder ein Mann, der sich anhören musste, er werde seinen großen Traum nie erreichen. Doch sie haben sich davon nicht entmutigen lassen, sondern sind beharrlich, hartnäckig, vielleicht sogar etwas stur geblieben und haben einfach immer weitergemacht – zielstrebig, entschlossen und mit großer Leidenschaft.

Es gibt so viele wunderschöne Geschichten über einst gescheiterte Champions, dass man Bücher mit ihnen füllen könnte. Wunderschön sind sie deshalb, weil sie jedem von uns Mut machen können, auch dann zuversichtlich zu bleiben, wenn wir am Boden liegen. Sie ermuntern uns, die Angst vor Niederlagen und Fehlern zu verlieren, heiter und voller Vertrauen durchs Leben zu gehen und die eigenen Fehltritte im besten Fall sogar lieben zu lernen, weil sie schließlich ein unvermeidbarer Teil des Lebens sind.

Die Impulse auf den folgenden Seiten sollen auch dir Mut machen. Sie sollen dich in schwierigen Momenten aufheitern und dich dazu inspirieren, Niederlagen nicht zu ernst zu nehmen – weder auf dem Tennisplatz noch woanders. Denn kein Misserfolg ist es wert, sich die Freude stehlen zu lassen!

Was kann der Verlierer lernen, was der Gewinner nicht lernt?

Was du aus einem Tennismatch lernst, hängt vor allem auch davon ab, wie groß deine Bereitschaft zum Lernen ist. Jede Partie kann dir wertvolle Erkenntnisse liefern. Überlege doch einmal, welche das für dich sein könnten.

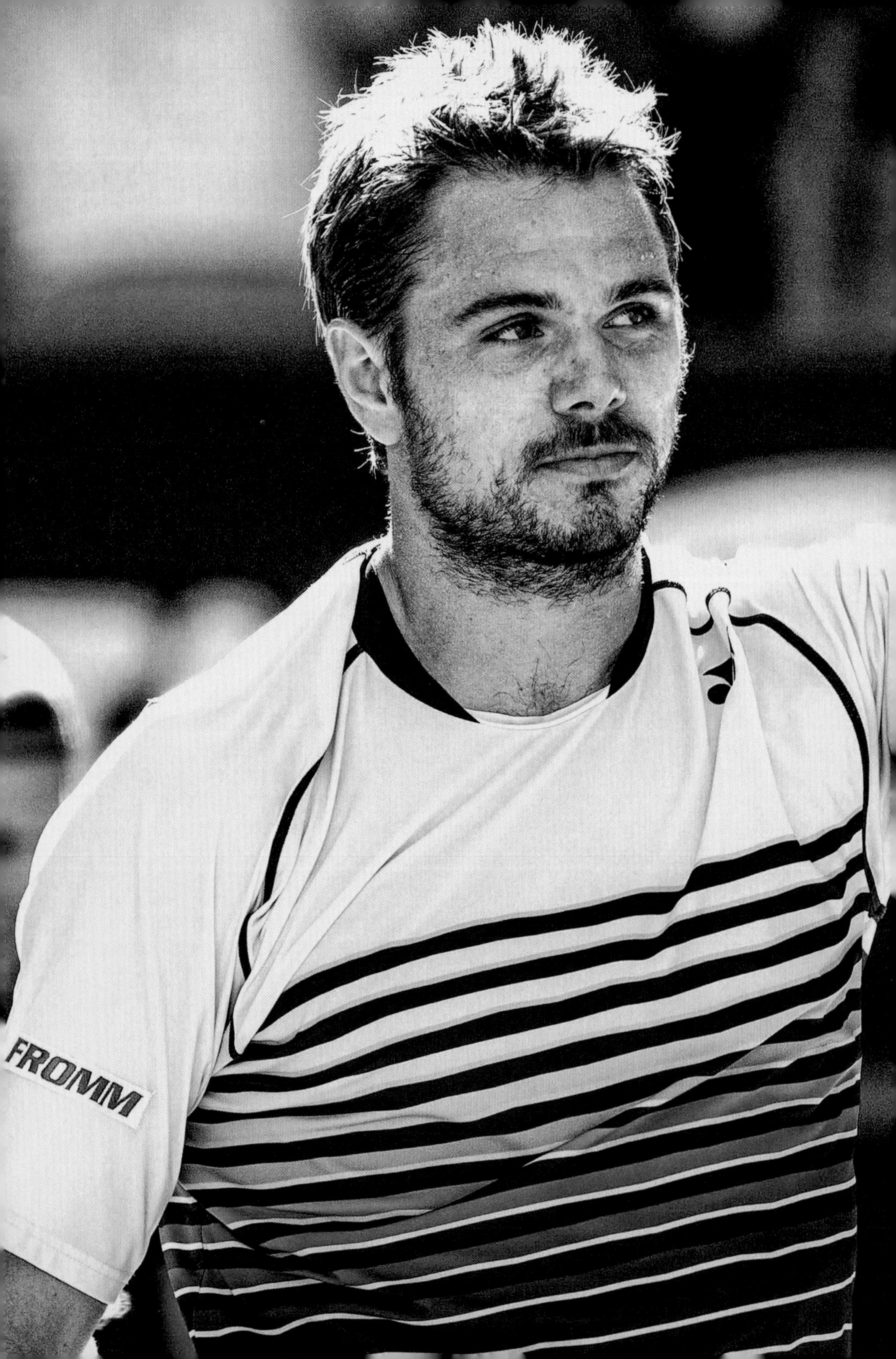
FROMM

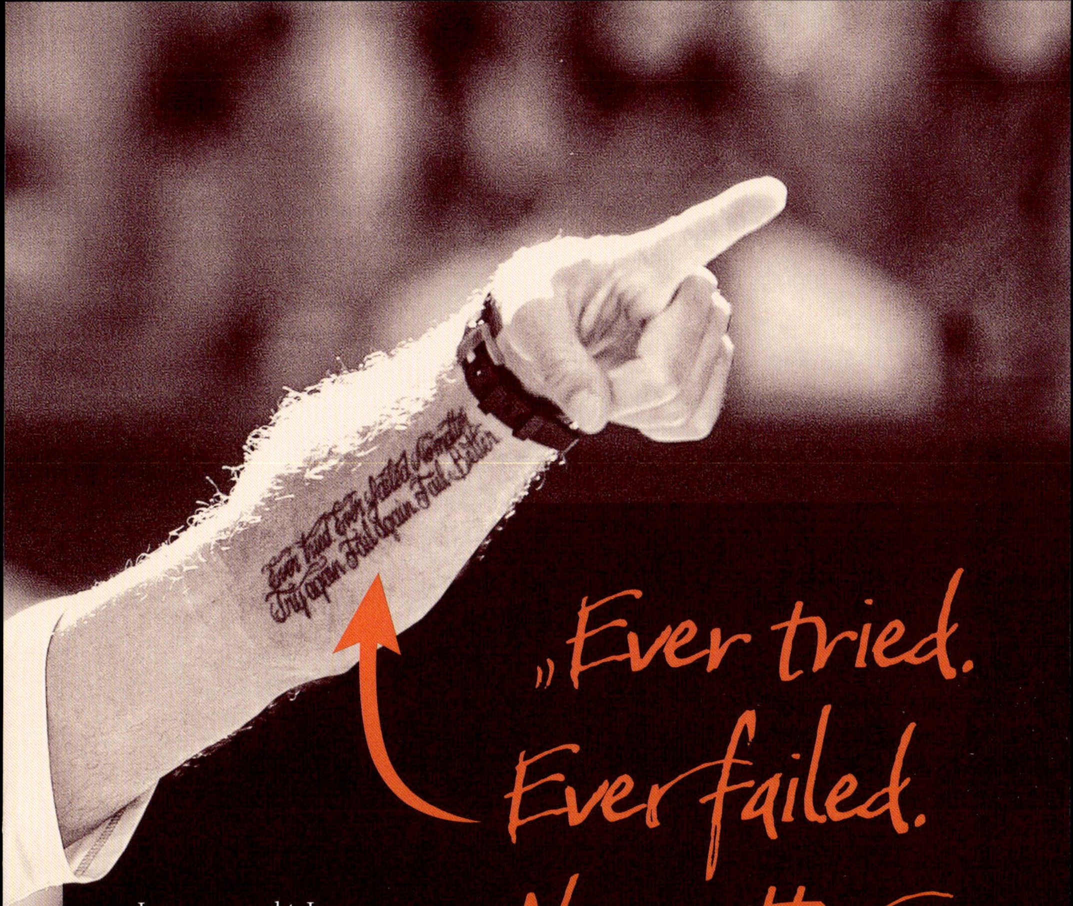

„Ever tried.
Ever failed.
No matter.
Try again.
Fail again.
Fail better."

SAMUEL BECKETT

„Immer versucht. Immer gescheitert. Egal. Wieder versuchen. Wieder scheitern. Besser scheitern." Diese Worte wurden für den dreifachen Grand-Slam-Champion Stan Wawrinka zum Lebensmotto, das er sich auf den linken Unterarm tätowieren ließ. Das Zitat ist seine Erinnerung daran, dass das Scheitern nichts ist, was es zu verdammen gilt. Sondern die Aufforderung des Lebens, weiterzumachen. Immer wieder neue Anläufe zu wagen. Das Ziel trotz fehlgeschlagener Versuche nicht aus den Augen zu verlieren, ist auch ein Beleg für den eigenen Mut.

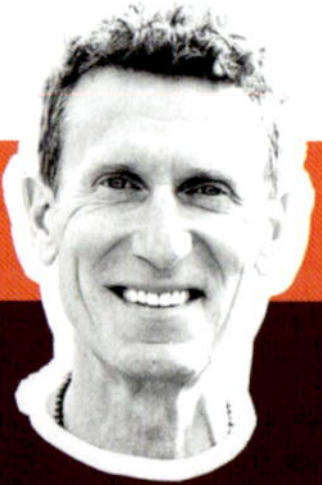

Aus meinem Tagebuch

„ICH MACH' SCHLUSS MIT TENNIS!"

Sommer 1986. Mein erstes Heimspiel in der Bundesliga für Grün-Weiss Mannheim. Ich treffe auf Tore Meinecke und ich weiß, dass er an diesem Tag ein harter Gegner sein wird. Die Tribünen am Center Court sind voll. Normalerweise ein Traumszenario für einen Tennisprofi, aber an diesem Tag erdrücken mich die riesigen Erwartungen. Ich kann sie überall in meinem Körper spüren. Als ich den Platz betrete, trage ich Kopfhörer, um mich in meiner eigenen Welt abzuschirmen. So richtig funktioniert das aber nicht. Zwischen meinen Ohren rasen die Gedanken. „Nur nicht versagen heute, bitte nicht!", denke ich. Ich bin verkrampft, eingeschüchtert von der Atmosphäre. Und genauso spiele ich. Da ist kein Feuer an diesem Tag, kein Selbstvertrauen, kein Mut. Ich bewege mich wie in Zeitlupe, habe das Gefühl, ich könnte mir von außen beim Spielen zuschauen. Am liebsten würde ich mich selbst durchschütteln und rufen: „Patrik, Junge! Wach auf!" Aber ich bin in mir selbst gefangen, wache nicht auf. Stattdessen denke ich darüber nach, einfach vom Platz zu laufen. Nichts würde ich gerade lieber tun. Nur weg hier! Ich lasse die zwei Sätze über mich ergehen wie einen Zahnarztbesuch – 2 : 6, 1 : 6.

Ich gratuliere Tore am Netz zu seinem Sieg und drücke in der Kabine meinem Coach Helmut Lüthy meine Schläger in die Hand. „Trainer, das war's!", sage ich. „Ich mach' Schluss mit Tennis. So bringt das nichts!" Helmut scheinen meine Worte nicht sonderlich zu tangieren. „Das trifft sich gut", sagt er. „Bei mir in der Firma ist ein Mitarbeiter krank. Du kannst mir dort in der nächsten Woche helfen!" Helmut belieferte damals Großhändler für Elektrozubehör mit Steckern, Adaptern und so weiter. Nichts, was mich vom Sessel reißen würde. Trotzdem sage ich zu. Meine Entscheidung steht – kein Tennis mehr!

Am Montag nach meinem innerlichen Rücktritt sitze ich um acht Uhr bei Helmut in einem fast leeren Zimmer. Ein Stuhl, ein Tisch, mehr nicht. Vor mir ein Sack mit gefühlt 10.000 Adaptern. Ich soll Tüten mit jeweils 100 Stück zusammenstellen. Acht Stunden stupide Fließbandarbeit. Am Dienstag das gleiche Spiel.
Mittwoch suche ich Helmut. „Trainer, das halte ich nicht aus. Ich muss doch wieder Tennis spielen!" Er tut überrascht. „Aber du hast mir doch vor zwei Tagen erzählt, dass es keinen Sinn mehr macht? Außerdem habe ich dein Wort, dass du mich hier unterstützt", entgegnet er. Helmut lässt sich auf keine Diskussion ein. Ich muss weitermachen, die ganze Woche.
Am Freitag nach Dienstende flehe ich ihn erneut an: „Ich will unbedingt wieder auf den Platz! Können wir Montag trainieren?" Helmut antwortet: „Du fährst jetzt erst einmal nach Hause und denkst am Wochenende darüber nach, was du wirklich willst in deinem Leben." Er lässt mich zappeln. Ich verbringe zwei unruhige Tage, bis ich ihn am Montag endlich anrufen darf. „Trainer, Tennis ist mein Leben! Das ist mir klarer als je zuvor!", erkläre ich ihm. „Ich will wieder richtig angreifen, wirklich!" Doch Helmut erlöst mich noch immer nicht. „Schön, dass du das verstanden hast, Patrik", sagt er. „Jetzt überlege ich mir noch, ob ich mit dir weiterarbeiten möchte. Ich melde mich in den nächsten Tagen bei dir." Es werden die längsten Tage meines Lebens. Am Donnerstag klingelt das Telefon. Helmut ist dran. „Alles klar, wir spielen wieder", sagt er. Endlich, die Erlösung! Es ist der Beginn einer neuen Zeit. Zwei Jahre danach besiege ich Jimmy Connors in Wimbledon und erreiche das Viertelfinale.

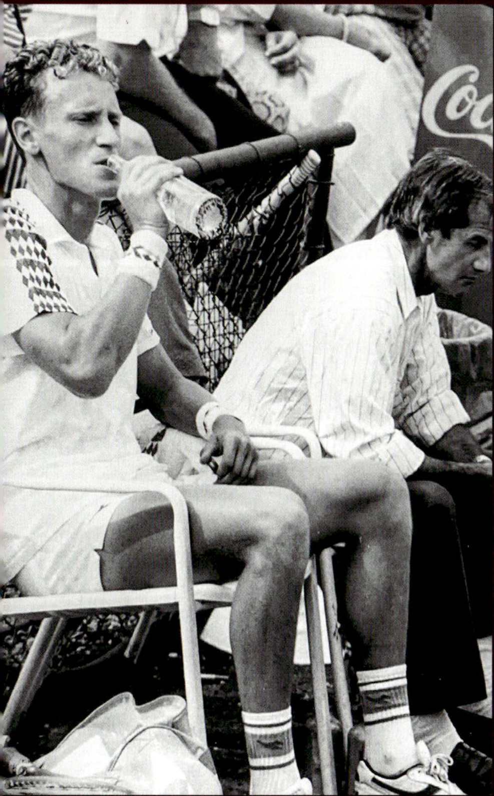

Funkstille: Meistens waren die Pausen neben meinem Coach Helmut zum Glück lebhafter als an diesem Tag.

Viele Jahre später, ich hatte meine Karriere bereits beendet, saßen Helmut und ich bei einem Abendessen zusammen. Da gestand er mir grinsend: „Damals, als du mir in der Firma geholfen hast, stand im Nebenraum bereits eine nagelneue Maschine – die hätte die vielen Säckchen, die du mühsam sortieren musstest, automatisch gepackt!" Wir lachten so lange, bis uns die Tränen übers Gesicht liefen.

WAS ICH GELERNT HABE:

Wahrscheinlich hätte ich damals nicht wirklich mit dem Tennis aufgehört. Ich steckte voller schlechter Emotionen, war wütend auf mich und die Welt. Mein Rücktritts-Gerede war die klassische Trotzaktion eines frustrierten Sportlers. Dennoch hat mir Helmut mit seiner Reaktion die Augen geöffnet. Er ließ mich eine Arbeit verrichten, von der er wusste, dass sie mich weder mit Sinn noch mit Freude erfüllen würde. Im Gegenteil: Sie war für mich pure Langeweile und wurde von Tag zu Tag mehr zu einer Quälerei. Helmut wollte, dass ich verstand, was Tennis mir bedeutet. Und genau das ist ihm gelungen. Plötzlich wurde mir klar, dass ein Leben ohne meinen Sport undenkbar wäre für mich. Bittere Niederlagen erlebte ich danach noch einige – aber sie brachten mich nicht mehr so sehr zur Verzweiflung. Ich verschwendete nach verlorenen Partien keine Gedanken mehr ans Aufhören, weil ich gelernt hatte, wie sehr ich Tennis liebte. Diese Erkenntnis motivierte mich, noch härter zu trainieren. Deshalb bin ich heute davon überzeugt, dass ich ohne diese Erfahrung viele unvergessliche Momente meiner Karriere vielleicht nicht hätte erleben dürfen.

Der Wert einer frühen Lektion

Schauplatz Tarbes, eine Kleinstadt in Südfrankreich. Hier findet seit 1983 das bedeutendste internationale Jugendturnier der Welt statt, „Les Petits As". Es ist die inoffizielle Weltmeisterschaft der 12- bis 14-Jährigen. Viele spätere Grand-Slam-Champions haben hier gewonnen: Martina Hingis, Kim Clijsters, Jelena Ostapenko, Dinara Safina, Juan Carlos Ferrero, Richard Krajicek, Michael Chang – und auch **Rafael Nadal**.

Der trifft im Januar 1999 im Viertelfinale auf einen Franzosen, der nur ein paar Tage jünger ist als er und den sie in der Heimat als „Mozart des Tennis" adeln. Sein Name: **Richard Gasquet**. Obwohl er gerade einmal zwölf Jahre alt ist, wird er bereits als kommende Nummer eins gehandelt. Sein Spiel ist aggressiv, schnörkellos und elegant, seine Rückhand eine Offenbarung. Er bewegt sich schnell, leichtfüßig und so selbstbewusst, als wolle er die Welt erobern. Viele Tennisexperten verfallen deshalb der Verlockung, in ihm einen künftigen Champion zu sehen, der eines Tages auf allen wichtigen Courts der Welt triumphieren könnte.

Auch Nadal gehört zu den Besten seines Landes. Allerdings agiert er längst noch nicht so entschlossen, so mutig und so erdrückend, wie es später als Profi der Fall sein soll. Er spielt noch recht zögerlich, vor allem mit der Vorhand fällt es ihm schwer, Druck zu erzeugen. Welch eine bizarre Beobachtung, wenn man bedenkt, wie sich seine Spielweise in den Jahren danach entwickelt hat. Auf YouTube findet man einen Video-Clip der damaligen Partie gegen Gasquet, in dem man noch etwas anderes erkennen kann: Nadal lässt sich damals kaum ein paar Sekunden Zeit zwischen den Punkten. Er prellt den Ball kein einziges Mal vor dem Aufschlag auf den Boden. Welch ein Kontrast zu seiner späteren minutiösen, fast schon obsessiven Vorbereitung auf jeden einzelnen Punkt.

Nadal und Gasquet liefern sich an diesem Tag eine packende Begegnung, die der Franzose am Ende 6 : 7, 6 : 3, 6 : 4 gewinnt. Nadals Traum vom ersten Weltmeistertitel ist zerplatzt. Eine Niederlage, deren bitterer Geschmack lange hängen bleibt.

In den 24 Jahren nach diesem ersten Duell begegneten sich Nadal und Gasquet 18-mal auf der großen Tour – Nadal hat jedes dieser Matches gewonnen (Stand: Anfang 2023). Mit seinem Powerspiel hat er seinen Gegner ein ums andere Mal geradezu zerstört. Lediglich vier Sätze konnte der Franzose gegen Nadal für sich entscheiden, fast jedes Mal war er chancenlos am Ende.

Was das mit dem ersten Treffen in Tarbes zu tun hat? Vielleicht mehr, als man im ersten Moment annehmen würde. Nadal hat in jungen Jahren eine Menge Niederlagen, Rückschläge und Phasen des Zweifelns überwinden müssen. Sein Trainer und Onkel Toni Nadal ließ keine Möglichkeit ungenutzt, seinem Schützling Demut und Bodenständigkeit zu vermitteln. Er hat früh erfahren, was es bedeutet, die Botschaften verlorener Partien zu interpretieren und

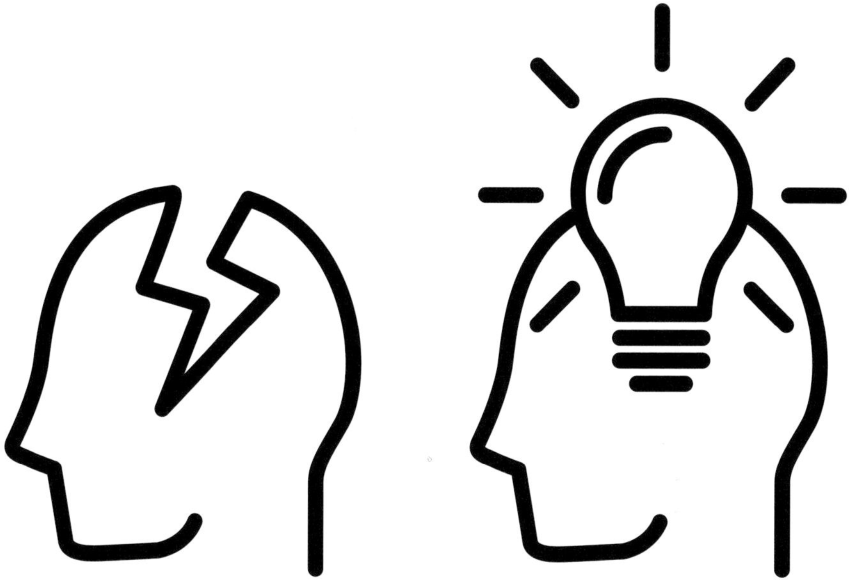

aus ihnen zu lernen. Das Match gegen Gasquet mag eine der schmerzlichsten Niederlagen gewesen sein. Gleichzeitig war sie ein Schlüsselmoment. Nadal verstand, was ihm fehlte, um seine stärksten Kontrahenten zu bezwingen – Aggressivität, Mut und Entschlossenheit. So begann er, angespornt davon, der Beste sein zu wollen und nicht noch einmal gegen Gasquet zu verlieren, an seinen Schwächen zu arbeiten und sie zu seinen größten Stärken zu entwickeln. Nadal gewann „Les Petits As" ein Jahr später. Nur fünf Jahre danach siegte er zum ersten Mal in Roland Garros.

Und Gasquet? Auch er hat sich zu einem außergewöhnlichen Spieler entwickelt und in seiner langen Karriere Beeindruckendes vollbracht: Er war die Nummer sieben der Welt, hat 15 Turniere gewonnen, dazu den Davis Cup. Aber ein Grand-Slam-Titel blieb ihm, anders als erwartet, bisher verwehrt. Dabei hatte er als Jugendlicher fast mühelos die meisten seiner Gegner dominiert. Schon als Kind war er der Coverheld des französischen Tennis-Magazins. Vermutlich spürte er deshalb schon frühzeitig den Druck und die Erwartungshaltungen der Öffentlichkeit und trug sie über all die Jahre wie in einem unsichtbaren Rucksack mit sich herum. Der französische Philosoph Charles Pépin stellt in seinem fantastischen Werk „Die Schönheit des Scheiterns – kleine Philosophie der Niederlage" (absolute Leseempfehlung!) dazu folgende Theorie auf: „Kann es sein, dass er (Gasquet, *Anm.*) während der wichtigen Lehrjahre nicht genug scheiterte? Oder dass es beim ersten Scheitern schon zu spät war? Oder dass er, weil er fast nie scheiterte, nie die Erfahrung der widerständigen Wirklichkeit gemacht hat? Jene Erfahrung, die uns zwingt, die Wirklichkeit zu hinterfragen und zu analysieren und uns über den seltsamen Stoff zu wundern, aus dem sie gemacht ist." Eines ist gewiss: Jeder möchte erfolgreich sein. Siege machen Spaß, natürlich. Vielleicht machen sie uns auch glücklich, zumindest suggerieren sie uns das kurzzeitig. Lehrreicher sind jedoch meistens unsere Niederlagen.

„Gut genug ist besser als perfekt!“

PATRIK UND FELIX

Das perfekte Spiel ist eine Illusion. Genauso wie der perfekte Körper, der perfekte Partner, das perfekte Leben. Nichts ist perfekt, bis du selbst entscheidest, dass es perfekt ist, so wie es ist. Du musst nicht perfekt sein. Das Streben nach Perfektion führt meistens ins Unglück – weil du den Ist-Zustand stets mit etwas noch Besserem vergleichst. Die Nichts-ist-gut-genug-Gedanken machen den Druck immer stärker und die Freude immer geringer. Deswegen denke daran: Auch beim Tennis ist gut genug meist besser als perfekt ...

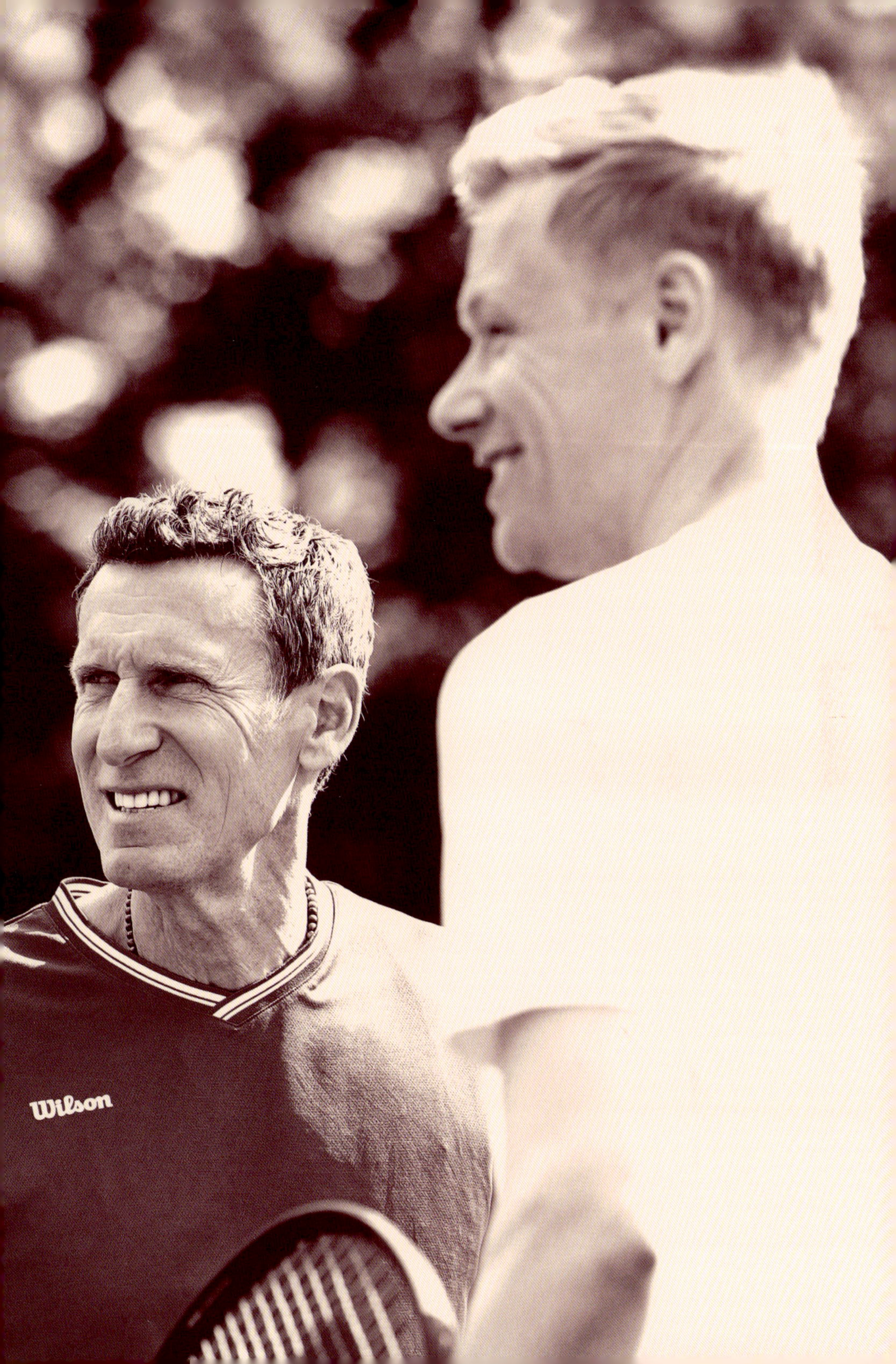
Wilson

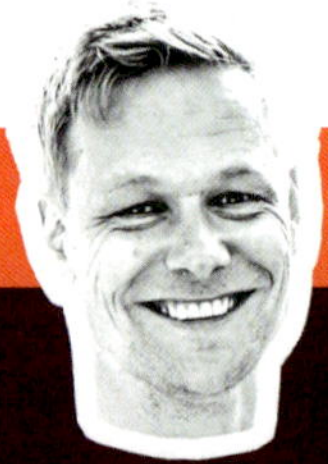

Aus meinem Tagebuch

EIN DRAMA, DAS ZU EINER GLÜCKLICHEN FÜGUNG WIRD

September 1997. Ich bin zwölf, als ich jenes Match bestreite, das ich mehr als 25 Jahre später als eine der wertvollsten Erfahrungen meiner Jugend bezeichne. Auf einer kleinen Anlage in Hamburg-Langenhorn geht es für mich gefühlt um Leben und Tod. Bei einem der wichtigsten Turniere des Jahres habe ich das Viertelfinale erreicht und mir fehlt noch ein Sieg, um mich für ein Event zu qualifizieren, bei dem nur die besten Hamburger antreten dürfen. Das Halbfinale würde reichen, um zum ersten Mal dabei zu sein – in einem Kreis, zu dem ich schon lange gehören möchte.

In der Runde zuvor habe ich meinen zwei Jahre jüngeren Angstgegner besiegt, der nach dem verlorenen ersten Satz von seinem Vater zwei Ohrfeigen kassierte. Ihr Klatschen ist bis heute ein abscheuliches Geräusch in meinen Ohren. Jetzt treffe ich auf einen Jungen, der in der Hamburger Rangliste deutlich vor mir platziert ist und gegen den ich noch nie gewonnen habe. Spielerisch sind wir zwar nahezu ebenbürtig. Dennoch würde außer meiner Mutter (und eventuell meinem Trainer, ich bin aber nicht sicher ...) niemand auch nur eine leere Balldose auf einen Sieg von mir setzen. Normalerweise verliere ich nämlich verlässlich gegen alle Gegner, die im Ranking vor mir stehen. Jeder weiß zwar, dass ich ordentlich spielen kann, aber auch dass mein Nervenkostüm dünn wie Pergamentpapier ist. So sehr ich Tennis und auch den Wettkampf liebe, so sehr fürchte ich meine Selbstzweifel – und das, was sie mit mir anstellen.

Heute soll es – nein, es muss! – endlich klappen. Den ersten Satz gewinne ich mit 7 : 5. Den zweiten verliere ich nach vergebenem Matchball im Tiebreak. Entgegen meiner eigenen Erwartungen breche ich trotzdem nicht ein, im Gegenteil. Ich bin der bessere Spieler. Vielleicht weil ich hungriger auf den Sieg und deshalb mutiger bin. So führe ich bald im dritten Durchgang (der Match-Tiebreak ist noch nicht erfunden ...) mit 5 : 3 und bin beim Stand von 30 : 30 erneut nur zwei Punkte entfernt von der großen Erlösung. Doch die Stimme in meinem Kopf wird nun immer lauter, sie entwickelt sich regelrecht zu einem Ungeheuer. Jeder Ball, der auf dem Weg zu mir ist, erscheint mir wie eine drohende Gefahr. Da ist auf einmal wieder so viel Angst, dass es doch noch schiefgehen könnte. Unsicherheit, Verkrampfung, Zweifel. Meine Arme beginnen zu zittern, meine Beine werden schwer, als hätte man mir Betonklötze unter die Schuhe zementiert. Die bittersten Niederlagen und so viele verpasste Chancen aus der Vergangenheit ziehen wie ein Film vor meinem geistigen Auge vorbei. „Bitte nicht schon wieder", flüstert es in meinem Kopf, als mein Gegner auf 4 : 5 verkürzt. Dann wird das Flüstern so laut, dass es auch für ihn auf der anderen Seite des Netzes und schließlich sogar für die Zuschauer auf der Clubhausterrasse unüberhörbar sein muss. „Jetzt, so kurz vor dem Ziel, nur nicht wieder einbrechen!", denke ich. „So nah dran warst du noch nie. Wenn das heute nichts wird, dann wirst du es nie schaffen." Rumms, der Dolchstoß. Verzweifelt versuche ich mir einzureden, dass ich stark bin. Nur glaube ich mir selbst kein einziges Wort – und habe damals leider noch keine Ahnung davon, wie ich meine Gedanken in einem Moment wie diesem in den Griff bekommen könnte.

Der letzte Akt des Dramas ist schnell erzählt: Ich gewinne kein Spiel mehr, verstecke mich nach dem Handshake minutenlang schluchzend unter meinem Wimbledon-Handtuch (das benutze ich übrigens bis heute, was für eine Qualität!). Meine Liebe zum Tennis droht kurzzeitig zu zerbrechen. In diesem Moment bin ich überzeugt, mich bis in alle Ewigkeit von diesem Sport zu subtrahieren. Es zermürbt mich, stets bloß als das Talent gesehen zu werden, das am Ende doch wieder an seinen eigenen Nerven scheitert. Nicht diese eine Niederlage schmerzt wie ein Messerstich. Nein, viel schlimmer ist die Summe der vielen verpassten Möglichkeiten, endlich zu beweisen, was ich draufhabe.

WAS ICH GELERNT HABE:

Eine Niederlage, die sich später als Geschenk erweisen sollte. Ich lief tagelang durch einen emotionalen Orkan und überlebte ihn irgendwie. Danach konnte mich erst einmal kein laues Lüftchen mehr umwerfen. Ich begann enge Matches und auch Tiebreaks zu mögen, weil ich das Gefühl hatte, nicht mehr nervös sein zu müssen – die schlimmste Erfahrung hatte ich schließlich hinter mir. Ich fühlte mich stärker, widerstandsfähiger. Die Angst vor der Angst war nicht mehr so groß. Viel wichtiger aber war: Meine bitterste Pleite öffnete mich für die Frage, was im Kopf eines Tennisspielers vor sich geht. Ich wollte mehr darüber erfahren, was mentale Stärke ist und wie ich sie trainieren kann. Mit 14 Jahren las ich zum ersten Mal das Buch *The Inner Game of Tennis*. Ich verstand bestimmt nicht alles, aber das Thema fesselte mich. Später griff ich zu immer mehr Büchern über innere Stärke und die Macht des Denkens. Je älter ich wurde, desto klarer sah ich, wie oft ich mir mit meinen Gedanken selbst im Weg stehe – nicht nur beim Tennis. Ich lernte eine Menge darüber, wie ich meinen Geist fokussieren und hilfreicher einsetzen kann. Tennis wurde auf diesem Weg zu einem Lehrer für mich. Viele Erlebnisse aus meiner Zeit als Turnierspieler betrachtete ich nun durch eine neue Brille. Ich verstand sie zunehmend als Wegweiser und konnte meinen Frieden damit schließen, dass ich einige sportliche Ziele, denen ich als Kind und Jugendlicher hinterherlief, nicht erreicht habe. Die Gedankenwelt des Menschen im Allgemeinen und meine eigene im Speziellen hat sich über die Jahre zu meinem Lebensthema entwickelt – und Tennis zur schönsten Beschäftigung, um es zu erkunden. Heute darf ich nicht nur dieses Buch schreiben, sondern auch Menschen dabei unterstützen, ihr inneres Spiel bewusster und erfolgreicher zu bestreiten. Ich habe große Pläne und noch viele Ideen, die ich Schritt für Schritt verwirklichen werde. Vielleicht wäre ich diesen Weg nie gegangen, hätte ich damals meinen Matchball verwandelt ...

Läuft es gegen oder für dich?

Alles im Leben ist eine Frage der Sichtweise. Selbst in scheinbar ausweglosen Situationen kann ein **Perspektivwechsel** so viel verändern. Natürlich löst du auf diese Weise nicht sofort jedes Problem. Aber du kannst ihnen die Schwere nehmen, wenn du weniger mit Erfahrungen haderst, die nicht änderbar sind. Beispiel: Eine Verletzung zwingt dich zu einer Pause. Du verpasst vielleicht ein Turnier, das dir besonders wichtig ist, oder du musst auf das Aufstiegsspiel mit deiner Mannschaft verzichten. Das tut weh, nicht nur körperlich. Du wirst jedoch vielleicht nie erfahren, wofür diese Auszeit gut ist. Möglicherweise bewahrt sie dich vor etwas, das noch viel schwerer wiegen würde. Oder du greifst in der ungeplanten Ruhephase zu einem Buch, das dich auf eine Idee bringt, die eines Tages dein Leben verändert. Wenn du diese Zeilen gleich zu Ende gelesen hast, dann schließe doch einmal für einen kurzen Moment deine Augen. Nimm ein paar tiefe Atemzüge und stell dir eine Situation vor, mit der du momentan haderst. Dann frage dich: **Warum könnte es hier für mich statt gegen mich laufen?**

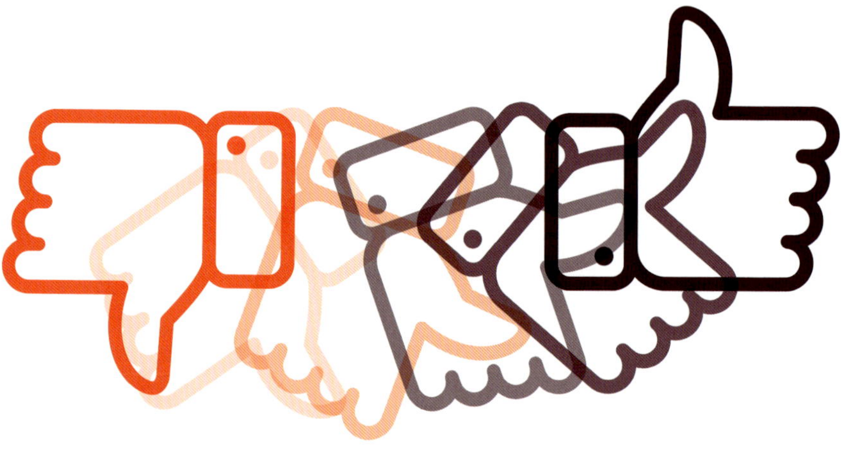

„In meiner Laufbahn habe ich mehr als 9.000 Würfe verschossen. Ich habe fast 300 Spiele verloren. 26-mal war ich derjenige, der ein Spiel gewinnen konnte, und ich habe daneben geworfen. Ich bin immer und immer wieder gescheitert. Und genau deshalb bin ich erfolgreich."

MICHAEL JORDAN

Dieses Zitat ist zwar sehr bekannt, aber wir finden trotzdem, dass es auf riesige Plakate gedruckt und an U-Bahn-Haltestellen, Hausfassaden, in Kaufhäusern, Supermärkten und Arztpraxen hängen sollte. Man sollte es in jedem Klassenzimmer und in sämtlichen Hörsälen dieser Welt an die Wände schreiben, weil vor allem Kinder, Jugendliche und junge Erwachsene immer noch viel zu oft vergessen, dass wir alle scheitern und Niederlagen ein Teil des Lebens sind.
Basketballstar Michael Jordan gilt als eine der größten Legenden des Sports. Auch er hat viele Enttäuschungen erlebt. Doch er hat sie als Motivation verstanden, noch mehr Zeit, Leidenschaft und Eifer in sich und seine Entwicklung zu investieren.

Welche Niederlagen – im Tennis oder im Leben – haben sich für dich später als glückliche Fügungen entpuppt?

Vielleicht hast du eine besondere Lehre aus einer Niederlage gezogen? Vielleicht hat sie dir für etwas Wichtiges die Augen geöffnet? Oder du hast eines Tages festgestellt, dass du ohne diese Erfahrung nicht dort angekommen wärst, wo du heute bist? Lass deine Gedanken durch die wundersame Welt der Rückschläge schweifen. Wenn es dir hilft, schreibe sie auf.

Acht Gründe …

… warum du mit Niederlagen deinen Frieden schließen solltest. Sie haben zwar ein schlechtes Image, können aber viel wertvoller sein als Siege.

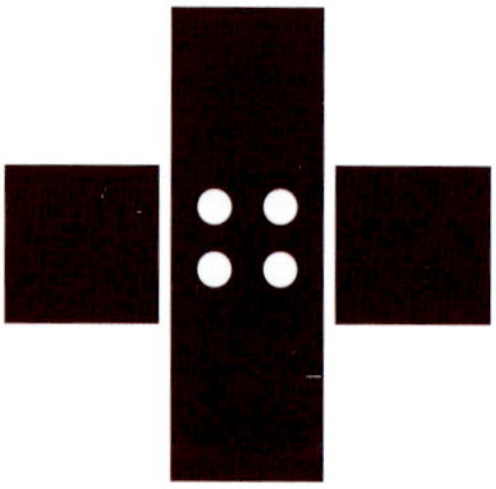

1 Sie schmerzen nur dann, wenn du es zulässt

Um ein großes Missverständnis zu vermeiden: Niederlagen – ob auf dem Tenniscourt oder wo auch immer – dürfen wehtun. Gefühle wie Frust, Enttäuschung, Ärger oder Trauer müssen ihren Raum bekommen. Die entscheidende Frage aber lautet: Wie lange verharrst du in dieser Situation? Die Vergangenheit lässt sich nicht ändern. Eine Binsenweisheit, die viel zu oft vergessen wird. Wie sehr du dich auch an einem Negativ-Erlebnis aufreibst, es kann dich nur solange verletzen, wie du ihm diese Wirkung zugestehst und daran festhältst.

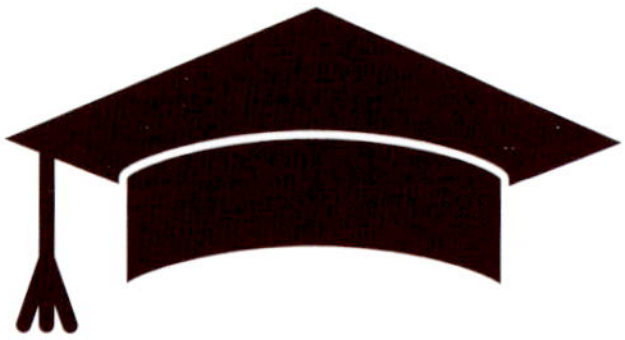

2 Sie können dir ein wichtiger Lehrer sein

Nelson Mandela hat einmal gesagt: „Ich verliere nie. Entweder ich gewinne oder ich lerne." Eine der großen Erkenntnisse für ein glückliches Leben, verpackt in zwei kurzen Sätzen. Oft verstehen wir das Leben erst beim Blick in den Rückspiegel. Das ist nicht immer einfach zu akzeptieren, weil wir nicht wissen können, wann wir den Punkt erreichen werden, an dem uns klar wird, warum auch die härtesten Erlebnisse einen Sinn hatten. Weder die schönsten Momente noch die lehrreichsten Erfahrungen lassen sich immer sofort erkennen. Manchmal braucht es Zeit, damit sie sich zeigen können. In der Regel öffnen wir uns schneller für wichtige Botschaften des Lebens, wenn wir in einer Krise stecken. Deshalb können Niederlagen so hilfreich sein. Sie zeigen uns, wie eine Sache *nicht* funktioniert, und laden uns ein, genau hinzusehen und zu reflektieren. Manchmal ist das wertvoller, als sofort den Weg zum scheinbaren Erfolg zu finden.

Mit der Bereitschaft, eine Erfahrung zu analysieren und daraus zu lernen, entwickeln sich die bittersten Pleiten zu den wichtigsten Lehrern des Lebens. Dann ist es wie bei Mandela: Das Verlieren im klassischen Sinne ist gar nicht mehr möglich – denn irgendwas gewinnst du immer!

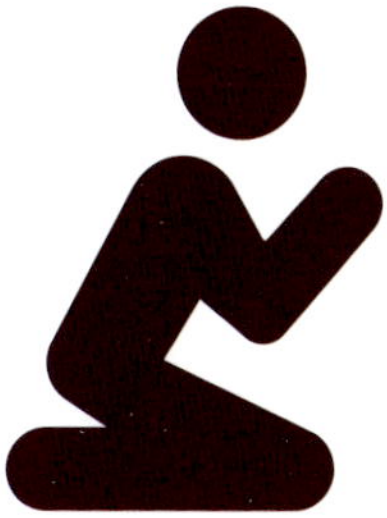

3 Sie lehren dich Demut

Eine Pleite kann dazu führen, dass man auf den Boden der Tatsachen zurückkehrt. Insbesondere dann, wenn eine Niederlage eine lange Erfolgsphase beendet. Sich unbesiegbar und unfehlbar zu fühlen, ist der Leistung in der Regel zwar zuträglich. Wenn das Selbstvertrauen jedoch Überheblichkeit und Hochmut weckt, leiden darunter oft die Vorbereitung, der Respekt vor anderen Menschen und die Bereitschaft, an seine Grenzen zu gehen. Deshalb warnen so viele Trainer ihre Sportler davor, scheinbar einfache Wettkämpfe zu leicht zu nehmen – und begrüßen manchmal sogar einen kleinen Rückschlag vor einem wichtigen Turnier, weil sie wissen, dass ihr Athlet nun gewarnt ist. Eine Niederlage zur rechten Zeit kann wachrütteln und ein Bewusstsein von Demut und Bescheidenheit schaffen. Denn kein Erfolg auf dieser Welt ist selbstverständlich.

4 Sie stellen deine Motivation auf die Probe

Während wir dieses Buch geschrieben haben, mussten wir immer wieder Rückschläge verkraften. Längst nicht alles klappte so, wie wir uns das vorgestellt hatten. Doch jedes Mal, wenn uns eine Hiobsbotschaft erreichte, die sich wie ein Stein in unseren Weg legte, entwickelten wir beide eine noch größere Motivation für dieses gemeinsame Projekt. Wir erinnerten uns dann an unser wichtigstes Ziel: So viele Tennisfreaks wie möglich sollen dieses Buch lesen – und wenn jeder nur einen Impuls daraus mitnehmen würde und dadurch mehr Freude auf oder neben dem Court erlebt, haben wir alles erreicht. Rückschläge, Niederlagen und Krisen sind also stets auch Prüfungen. Sie fragen dich: Wie sehr willst du es wirklich? Und welche Umwege bist du bereit zu gehen, um an dein Ziel zu gelangen?

5 Sie können berührender sein als jeder Sieg

Der schönste Beleg für diese These: 2021 war Novak Djokovic nur ein gewonnenes Match von der gefühlten Unsterblichkeit als Tennisspieler entfernt. Im Finale der US Open gegen Daniil Medvedev kämpfte er nicht nur um einen weiteren großen Turniersieg, sondern um den sogenannten Grand Slam – also alle vier Major-Titel in einem Jahr. Ausgerechnet in dieser Partie wurde die wichtigste Stärke des Serben – seine Fähigkeit zur Fokussierung – zu seiner größten Schwäche. Djokovic scheiterte nicht nur an seinem starken Gegner, sondern vor allem an seinen eigenen Nerven. Sein Respekt vor der historischen Chance blockierte ihn. Nach dem Match sprach er unter Tränen zum New Yorker Publikum, das ihn während der Partie angetrieben und gefeiert hatte wie noch nie zuvor: „Obwohl ich das Match heute Abend nicht gewonnen habe, ist mein Herz mit Freude erfüllt und ich bin der glücklichste Mensch auf der Welt, weil ihr mich auf dem Court habt besonders fühlen lassen. Ihr habt meine Seele berührt“, sagte er. Seine tragischste Niederlage wurde so zu einer Erfahrung, die vielleicht sogar bewegender war für ihn als es ein Triumph hätte sein können.

6 Sie zeigen dir, wie widerstandsfähig du bist

Nur wer stürzt, kann lernen, wieder aufzustehen. Wer nie am Boden liegt, dem bleibt die so wichtige Erfahrung vorenthalten, sich durch die eigene mentale Stärke von frustrierenden Erlebnissen zu erholen und an ihnen zu wachsen. Jede Enttäuschung macht dich am Ende also stärker, wenn du sie als Ansporn verstehen willst, deine eigene Widerstandsfähigkeit zu testen. Niederlagen sind auch ein Zeichen von Mut – denn scheitern kann nur, wer irgendwann einmal etwas gewagt hat.

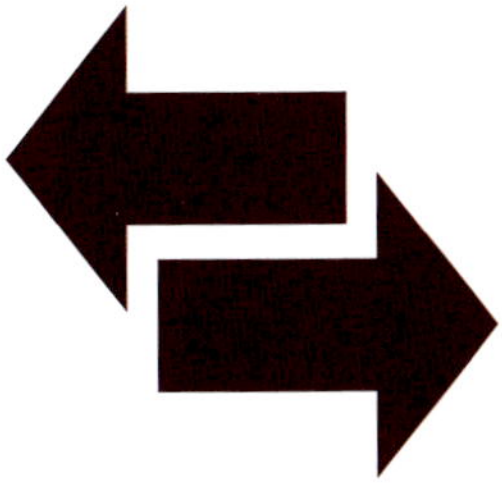

7 Sie ermöglichen Veränderungen

Wenn du auf dein Leben blickst, wann hast du die größten Veränderungen gewagt? Aus der kuscheligen Komfortzone des Erfolgs heraus? Oder dann, wenn du in einer Krise stecktest? Die wenigsten Menschen gehen den Schritt ins Unbekannte, während alles in geordneten Bahnen verläuft. Meistens bewegen sie sich erst, wenn sie in einer Sackgasse stecken – und stellen später fest, dass es eine große Kreuzung war. Krisen bilden oft das Fundament für Neuanfänge, sie liefern Impulse für Richtungsänderungen. Vielleicht animiert dich deine bitterste Niederlage auf dem Tenniscourt dazu, künftig anders zu trainieren. Vielleicht ist der Verlust deines Jobs nur die Einladung des Lebens, einen neuen Weg einzuschlagen. Vielleicht erweist sich die verpasste Profikarriere als Geschenk, weil du in einer anderen Rolle viel mehr Freude und Erfüllung finden kannst.

8 Sie stärken deinen Charakter

Natürlich macht das Gewinnen mehr Spaß als das Verlieren. Beides jedoch sind Teile des Lebens. Auch deine Fehler und Krisen formen dich zu dem einzigartigen Menschen, der du bist. Auf jedem Lebensweg wechseln sich Tränen der Freude und der Enttäuschung immer wieder ab. Letztere fordern uns dazu auf, Verantwortung zu übernehmen – und nicht mit den Gegebenheiten zu hadern, etwa mit dem Gegner, den Bällen oder dem Platz. Wer sich als Schöpfer seines Lebens und nicht als Opfer seiner Umstände betrachtet, bleibt Kapitän am Steuer des eigenen Schiffs und entdeckt mit der Zeit, dass das gelegentliche Versagen mitnichten bedeutet, ein „Versager“ zu sein. Die Stärke, die aus dieser Erkenntnis resultiert, kann nicht nur auf dem Tennisplatz zu viel mehr Freude und Lockerheit führen. Eines ist sicher: Was auch immer in deinem Leben geschieht – mit Frust, Ärger oder Verzweiflung wirst du nichts zum Besseren wandeln!

Was gibt dir Stabilität?

Denke einmal darüber nach, was dir in deinem Leben ein Gefühl von Sicherheit gibt. Welche Faktoren sind wirklich wichtig, damit du dich auch in schwierigen Zeiten gut fühlst? Was gibt dir Halt, wenn ein kräftiger Sturm über dir wütet? Schließe kurz die Augen, bevor du weiterliest, und fühle in dich hinein: Was meinst du zu brauchen, damit du Krisen und Rückschläge überstehst?

Fertig? Dann geht's weiter. Die meisten Menschen antworten in etwa so: Gesundheit, Freunde und Familie, Geld, Erfolg im Job, Urlaub zum Entspannen, Hobbys als Ausgleich zum stressigen Alltag. Diese Antworten sind alle nachvollziehbar, plausibel und keineswegs „falsch". Aber: Sie liegen außerhalb von dir selbst, was bedeutet: Du hast nur einen bedingten Einfluss darauf, ob sie dir zur Verfügung stehen oder nicht. Menschen können sich von dir distanzieren oder versterben. Geld kann man verlieren, ebenso einen erfüllenden Job. Urlaube können in global unsicheren Zeiten von einem auf den anderen Tag ausfallen. Auch Freizeitaktivitäten können aus den unterschiedlichsten Gründen für dich plötzlich nicht mehr oder nur noch eingeschränkt möglich sein – zum Beispiel wegen gesundheitlicher Probleme. Das bedeutet: Wenn wir uns darauf verlassen, dass uns äußere Faktoren stützen, geraten wir in Schieflage, falls diese Pfeiler wegbrechen.

Denke jetzt noch einmal darüber nach, was nicht von äußeren Umständen abhängt, sondern was du jederzeit in dir trägst, das dir Halt bieten und als Fundament deiner inneren Stärke fungieren kann. Worauf kannst du dich selbst in deiner größten Krise besinnen?

Greif dir Stift und Papier und schreibe eine Liste mit allen Fähigkeiten, Begabungen, Werten und Eigenschaften auf, die dir zur Verfügung stehen, was auch immer in der Außenwelt geschieht.

Wenn du fertig bist, findest du unten ein paar Vorschläge – du musst das Buch dafür nur auf den Kopf drehen. Es gibt hier wieder mal kein Richtig und kein Falsch. Unsere Gedanken sind lediglich Inspirationen für dich. Du bist möglicherweise auf ganz andere Ideen gekommen – und das ist in Ordnung. Wenn du magst, kannst du jetzt auch noch überlegen, welche dieser sogenannten inneren Ressourcen dir auch auf dem Tennisplatz hilfreich sein könnten ...

Akzeptanz, Zuversicht, Hoffnung, Beharrlichkeit, Entscheidungsfreiheit, Mitgefühl ...

Vertrauen, Mut, Geduld, Leidenschaft, Intelligenz, Atem, Empathie, Begeisterung, Kreativität, Liebe,

Falscher Stolz

Eine Geschichte darf in diesem Buch nicht fehlen. Es ist die von **Mardy Fish**. Der Amerikaner war zu seiner besten Zeit, 2011, die Nummer sieben der Welt. Ein Jahr später brach sein Leben, das für andere so aufregend und bewundernswert aussah, wie ein Kartenhaus in sich zusammen. Schon eine ganze Weile quälten ihn Depressionen und eine schwere Angststörung. Bei den US Open 2012 wurden sie so stark, dass er mitten im Turnier aussteigen musste. Sein Tiefpunkt war die Folge der jahrelangen Schattenseiten eines Profilebens. Sie zeigen, wie herausfordernd und brutal der Sport zuweilen ist und was passieren kann, wenn man sich fremde Erwartungshaltungen zu eigen macht. Wenn man lernen muss, dass es in dieser Welt keinen Platz für Schwächen geben darf, weil nichts wichtiger sein soll als der Erfolg und einzig und allein Siege und Niederlagen darüber bestimmen, ob man verehrt oder verachtet wird.

Als sich Fish in seinen Teenager-Jahren in der berühmten Saddlebrook Academy in Tampa, Florida, zum Profi schleifen ließ, lernte er von seinen Coaches, dass mentale Stärke bedeute, sich niemals schwach zu fühlen. Damals gehörte er neben Andy Roddick zu den Juwelen des amerikanischen Tennisverbandes. Die Jungs entwickelten eine tiefe Freundschaft neben und eine große Rivalität auf dem Court. 1999 lebte Fish für ein Jahr bei den Roddicks. Beide reiften eng verbunden wie zwei Brüder zu Erwachsenen. Die Erwartungen an die Sunnyboys waren unmissverständlich: Sie wurden als große Versprechen für die Zukunft gepriesen, sollten die goldene Generation um Pete Sampras, Andre Agassi, Jim Courier und Michael Chang beerben. Zu Jahrhundertspielern wollte man sie formen und mit Millionen-Deals vermarkten. Eine tonnenschwere Last. Für Fish war sie zu schwer.

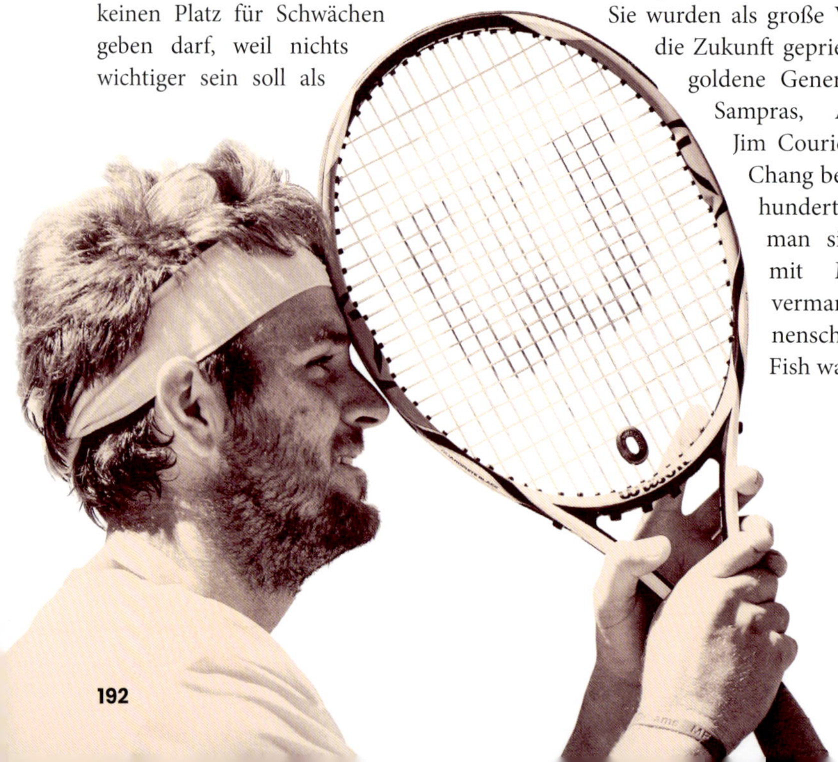

Früh musste er gegen die Dämonen in seinem Kopf kämpfen, er erlebte immer wieder Panikattacken mit Todesängsten und entwickelte schwere Herzrhythmusstörungen. Fish unterzog sich einer Operation, die seine Symptome zunächst linderte. Doch das Gedankenkarussell drehte sich weiter und immer schneller. „Ich kannte niemanden mit psychischen Problemen. Keiner konnte verstehen, was ich durchmachte", erzählte er viele Jahre später in der Netflix-Dokumentation *Untold: Breaking Point*. „Ich hatte jahrelang gelernt, keine Schwächen zu zeigen. Darauf war ich stolz."

Nach Jahren der ausbleibenden großen Erfolge und im Schatten von Roddick, der schon 2003 die US Open gewann und die Nummer eins der Welt wurde, wollte Fish 2011 endlich der Welt beweisen, dass auch er mehr kann als Mittelmaß. In der Saisonvorbereitung bolzte der Amerikaner Kondition wie niemals zuvor in seinem Leben. Die Fitness sollte so etwas wie seine Lebensversicherung auf dem Court werden. Er veränderte seine Ernährung radikal, reduzierte sein Gewicht in zwei Monaten von 92 auf 78 Kilo. „Ich tat alles, um endlich perfekt zu sein", sagte er. Am Ende seines erfolgreichsten Jahres qualifizierte er sich zum ersten und einzigen Mal für das Saisonfinale der besten Acht, die inoffizielle Weltmeisterschaft auf der ATP Tour.

Im Jahr nach dem Höhenflug folgte der Absturz – mit vielen frühen Niederlagen und dem dramatischen Ende in Flushing Meadows. Fish plagten immer stärkere Angstzustände. Zunächst nur abseits des Platzes („Auf dem Court fühlte ich mich sicher"), dann auch während der Matches. Die Gedanken kontrollierten ihn, nicht umgekehrt. Im Achtelfinale von New York sollte es zum Duell gegen Roger Federer kommen. Auf dem Weg zur Anlage sagte seine Frau Stacey zu ihm: „Du musst nicht spielen …" Fish cancelte die Partie, brach unter Tränen zusammen. Es war (vorerst) das Ende seiner Tenniskarriere – und der Beginn einer Höllentour. Monatelang verließ er das Haus nicht, schluckte Medikamente, versuchte zu meditieren und hatte doch schreckliche Gedanken.

Der Weg zurück in die Normalität war lang und hart. Fish versuchte es hier und da noch mal auf der Tour, doch für das große Comeback spielte der Kopf nicht mit. 2015 beendete er bei den US Open seine Karriere. Fünf Jahre später wurde er Kapitän des US-Davis-Cup-Teams – ein Ritterschlag. Mit der Zeit bekam er seine Psyche zwar besser in den Griff, doch Schwankungen blieben.

Es gibt viele Beispiele gefeierter Sporthelden, die unter psychischen Erkrankungen litten, weil Druck, Erwartungen und der mediale Hype zu groß waren – Fußballprofi Sebastian Deisler oder Skisprungstar Sven Hannawald etwa. Sie alle mussten viel Mut aufbringen, um ihre Geschichte der Öffentlichkeit zu erzählen. Vielleicht steckt darin die wichtigste Botschaft für dich, für uns, für die Welt: **Stark ist, wer zu seinen Schwächen steht.** Wer sich menschlich gibt. Offen und ehrlich mit seiner Verletzlichkeit umgeht. Sich helfen lässt, wenn es nötig ist, und sich dafür nicht schämt. Und sich von niemandem einreden lässt, Erfolg sei der wichtigste Gradmesser im Leben.

Ein paar weitere Gedanken dazu liest du auf der nächsten Seite …

Es geht im Leben nicht ums Ankommen

Wie oft jagst du Zielen hinterher, nur um etwas zu erreichen, von dem du glaubst, dass es dich glücklich machen wird? Man kann es gar nicht oft genug wiederholen: Es geht im Leben nicht darum, irgendwo anzukommen. Wichtig ist, auf das Gefühl zu achten, das auf dem Weg zu einem Ziel entsteht. Die Erfahrungen, die du auf der Strecke machst, prägen dich mehr als der kurze Moment des Triumphs. Wer wirst du auf deinem Weg? Zu welchem Menschen entwickelst du dich? Zu welcher Sportlerin oder welchem Sportler? Zu welcher Tennisspielerin oder welchem Tennisspieler? Je besser du dich selbst kennst, desto besser werden deine Entscheidungen, die du triffst – beim Tennis und im Leben.

Schluss mit dem Vergleichen

Oft sehen wir nur die Erfolge anderer Menschen, mit denen wir uns vergleichen. Das Blitzlichtgewitter, das wir uns aus zweifelhaften Motiven auch so sehr wünschen. Wie es jedoch hinter der Fassade der vielen scheinbar beneidenswerten Superstars aussieht, darüber denken nur wenige nach. Wie es ihnen wirklich geht, welche Ängste, Sorgen und Nöte sie quälen, die sie gekonnt zu verbergen wissen. Die dunklen Seiten bleiben meistens unsichtbar. Was entsteht, ist ein Bild, das mit der Realität wenig zu tun hat. Also höre auf, dich an anderen zu orientieren. Du hast genug eigene Stärken. Wenn du dich vergleichen willst, dann höchstens mit dir selbst vor einem, zwei oder drei Jahren.

Nichts ist wichtiger als deine Freude

Was zählt wirklich im Leben? Auf keinen Fall die Pokale in deiner Vitrine, auch nicht das Geld auf deinem Konto, Einladungen zu VIP-Partys oder die Anzahl deiner Instagram-Follower. Dein Ego suggeriert dir zwar ständig, dass es all diese Dinge braucht, um glücklich zu sein. Am Ende aber ist das, was wirklich von Bedeutung ist, etwas ganz anderes: Wie viel Freude hast du in deinem Leben (also auch auf dem Tennisplatz)? Hörst du auf dein Herz? Und bist du dankbar für das, was du bereits hast?

Du bist schon genug

Dein Wert als Mensch hängt niemals von deinen Erfolgen ab. Kein Sieg, keine Ranglistenposition, kein Kontostand und auch kein Titel auf deiner Visitenkarte machen dich zu einem besseren Menschen. Du musst niemandem etwas beweisen. Wirklich zu bewundern ist nicht, wer nach gesellschaftlichen Maßstäben erfolgreich ist, sondern wer authentisch und frei lebt, seinen eigenen Weg geht, sein Leben lebt – und zwar unabhängig davon, ob andere damit einverstanden sind oder nicht. Ist das nicht der größte Erfolg, den wir alle erreichen können? Das Leben ist weder ein Wettrennen noch ein Kräftemessen. Es ist ein Spiel zum Lernen, Genießen und Wachsen.

Öfter mal menschlich sein

Wir finden, dass wir uns alle noch viel öfter daran erinnern sollten, Menschlichkeit als einen Leitwert zu betrachten. Ja, erst recht im Sport oder im Business, wo Härte und Disziplin noch häufig als wichtigste Werte gepredigt werden – das zeigt der Fall von Mardy Fish in aller Deutlichkeit. Empathie und Mitgefühl schließen großartige Leistungen niemals aus. Im Gegenteil: Nur wenn wir uns gegenseitig auf Augenhöhe begegnen, sind wir auch in der Lage, uns so zu unterstützen, dass wir alle auf unser gesamtes Potenzial zurückgreifen können. Was es dafür braucht? Das Vertrauen in die Intuition, die immer weiß, was richtig ist. Mitgefühl für andere und sich selbst. Und den Mut, zu Fehlern und Schwächen zu stehen.

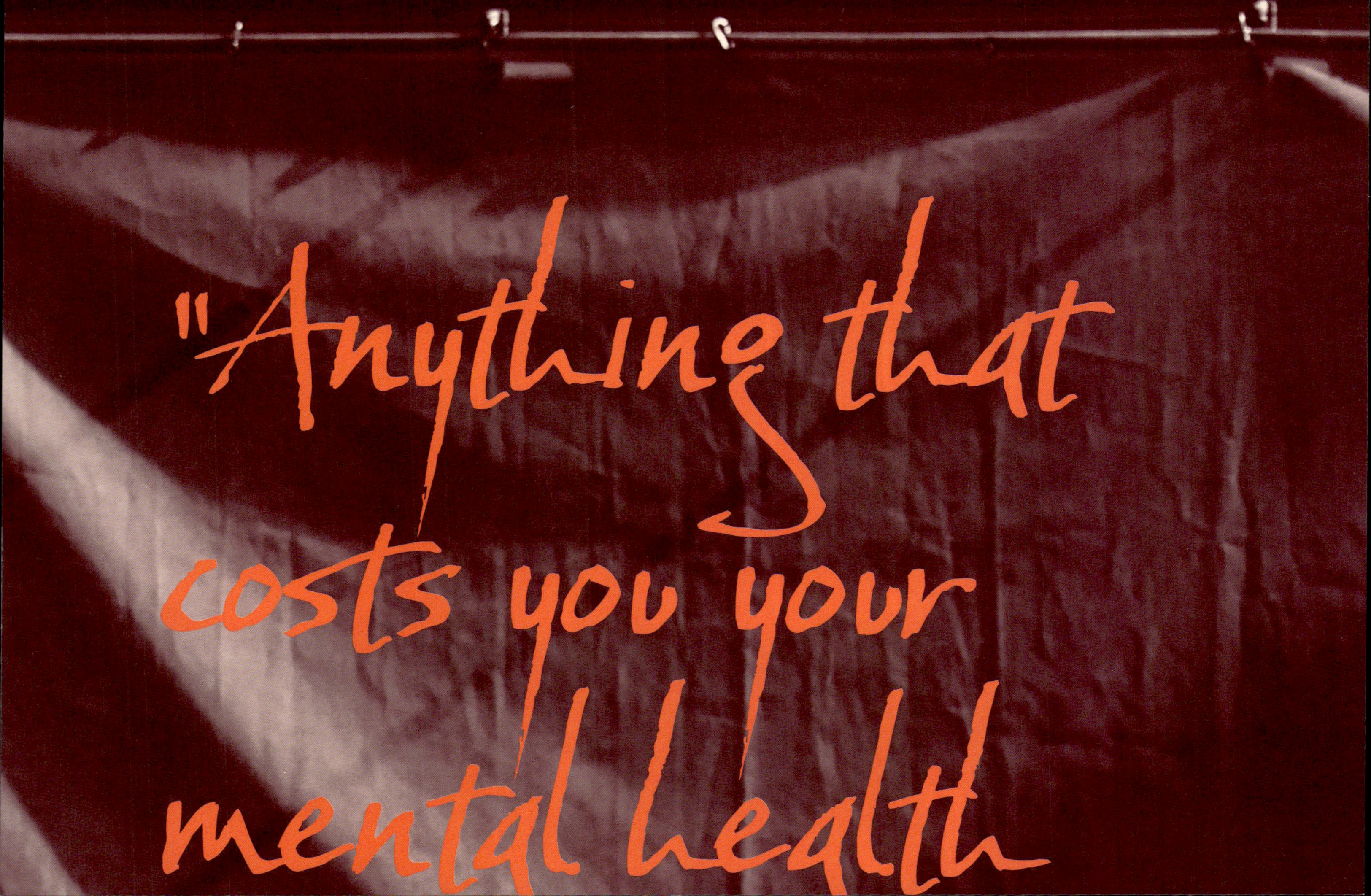
"Anything that
costs you your
mental health

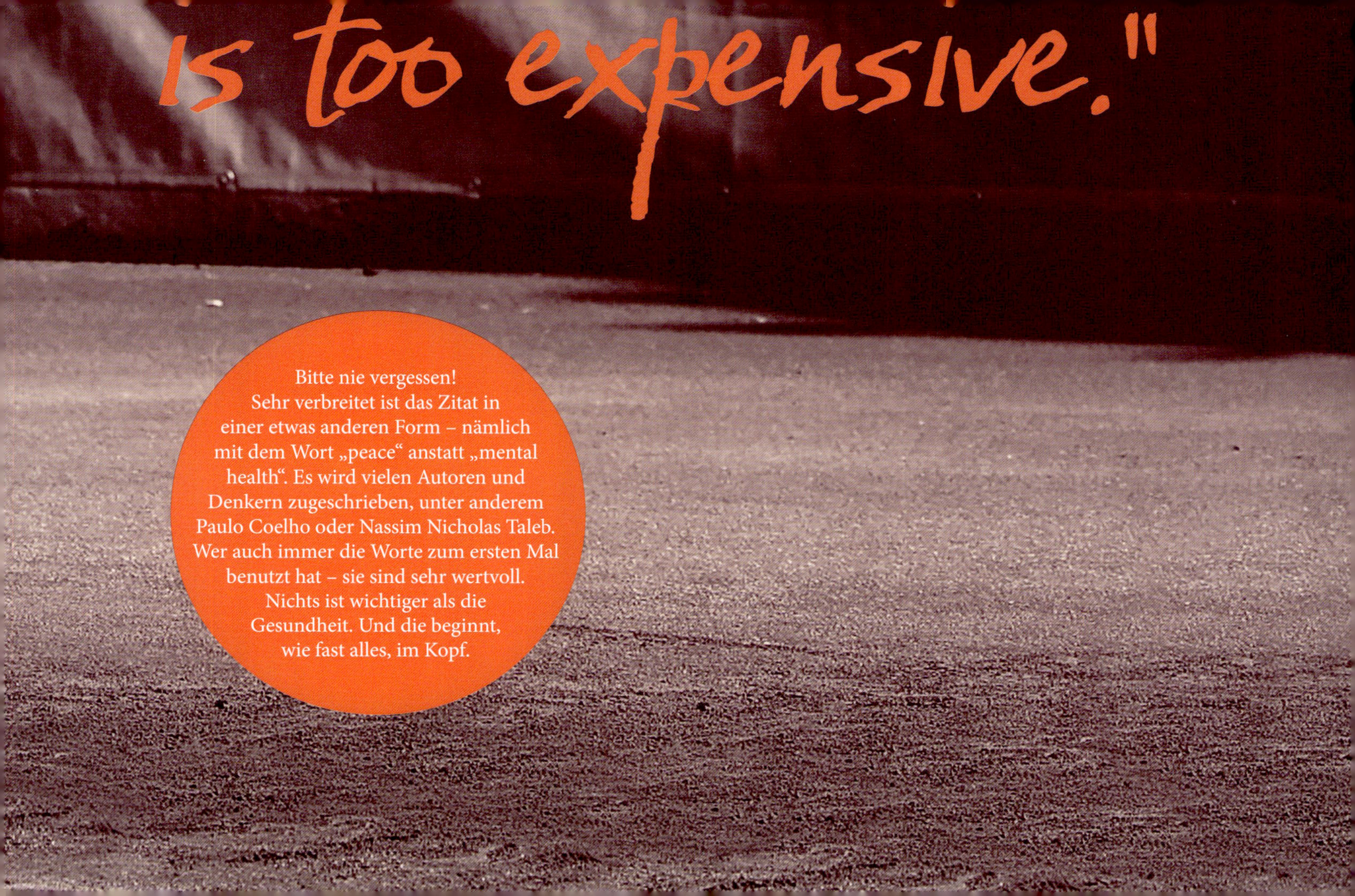
is too expensive."
Bitte nie vergessen!
Sehr verbreitet ist das Zitat in einer etwas anderen Form – nämlich mit dem Wort „peace“ anstatt „mental health“. Es wird vielen Autoren und Denkern zugeschrieben, unter anderem Paulo Coelho oder Nassim Nicholas Taleb. Wer auch immer die Worte zum ersten Mal benutzt hat – sie sind sehr wertvoll.
Nichts ist wichtiger als die Gesundheit. Und die beginnt, wie fast alles, im Kopf.

Kind, erzähl mir von deinen Fehlern

Kennst du **Sara Blakely**? Die amerikanische Unternehmerin hat die Unterwäschefirma Spanx gegründet und gilt als Selfmade-Milliardärin. Was das mit Tennis zu tun hat? Auf den ersten Blick nichts, denn ob Blakely gern mal ein paar Bälle schlägt, wissen wir nicht. Allerdings hat sie früh in ihrem Leben gelernt zu scheitern – und zwar auf eine so beeindruckende Weise, dass auch wir in der Tenniswelt uns davon inspirieren lassen können. Als Blakely ein Kind war, ermunterte ihr Vater sie regelmäßig dazu, ihm von ihren Fehlern, Niederlagen und Missgeschicken zu berichten. Ganz gespannt lauschte er ihren Erzählungen darüber, was wieder einmal schiefgegangen war in ihrem Leben. Seine Tochter sollte so früh wie möglich lernen, dass es überhaupt keine Schande ist, wenn Dinge nicht funktionieren – solange sie sich ihren Mut bewahrt und einen Rückschlag lediglich als Aufforderung des Lebens versteht, es noch einmal zu versuchen.

Mit diesem Mindset brachte es Blakely später in die Forbes-Rangliste der 100 bedeutendsten Frauen der Welt. Vielleicht sollten auch wir Sportlerinnen und Sportler öfter über unsere vielen Pleiten plaudern, frei und ungezwungen über Druck, Selbstzweifel und Versagensängste sprechen – kennt schließlich eh jeder. Vielleicht sollten Eltern und Trainer gerade Kids auf dem Tenniscourt dazu ermuntern, ihre Geschichten vom Scheitern zu teilen, offen und ohne jede Scham. Denn so könnte man mit der Zeit Niederlagen (auf und neben dem Court) als selbstverständlichen Teil des Lebens betrachten und von ihnen lernen. Sie als Ansporn interpretieren, es beim nächsten Mal besser zu machen. Einen anderen Weg zu gehen. Sich intensiver vorzubereiten. Noch mehr zu geben. Und zu akzeptieren, dass es trotzdem immer mal wieder schiefgehen kann.

Ein anderes wunderbares Beispiel für eine wertschätzende Perspektive auf Fehler und das Scheitern ist dieses: Der indische Manager **Ratan Tata**, CEO der Tata-Gruppe, hatte einst eine geniale Idee. Er führte in seinem Unternehmen den „Best-Failure-Award" ein, prämierte also einmal im Jahr die besten gescheiterten Ideen. So ermutigte er seine Teams dazu, immer wieder neue Projekte zu wagen – und nicht aus Angst vor dem Scheitern die eigene Kreativität zu unterdrücken. Er wusste, dass auch die cleversten Menschen oft viele Anläufe benötigen, um eines Tages ihr volles Potenzial zur Entfaltung zu bringen.

Wow! Stell dir vor, diesen Ansatz würde man in die Tenniswelt übertragen: Bei jedem Amateur-Turnier gäbe es künftig neben dem Siegerpokal auch einen Preis für eine Person, die nicht gewonnen hat, aber mit unermüdlichem Einsatz, Spielfreude und Mut begeistern konnte. Wie viel mehr Leidenschaft würden wir dann wohl auf den Courts beobachten …

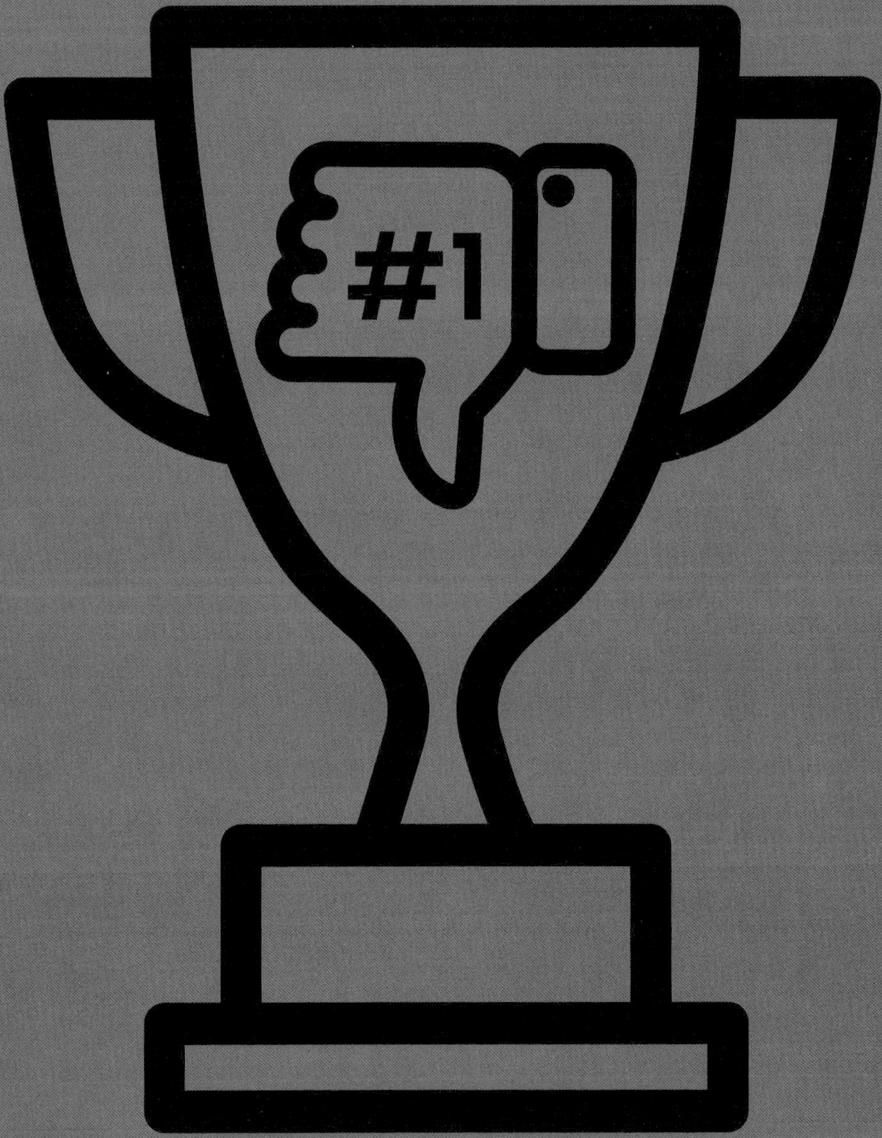
#1

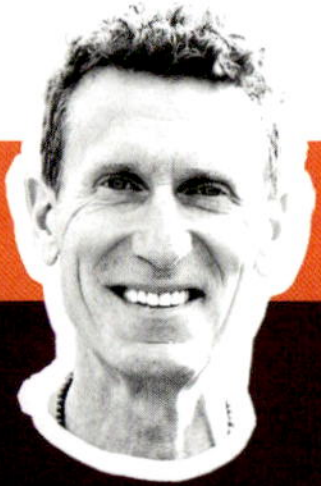

Aus meinem Tagebuch

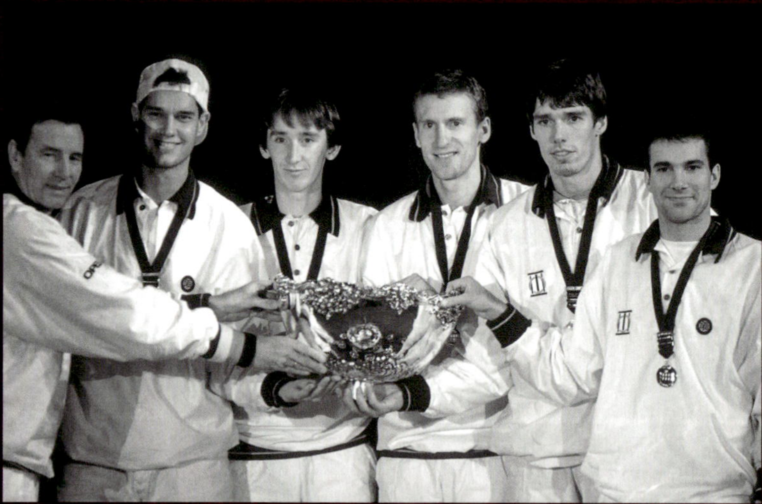

Siegerteam: Mit Kapitän Niki Pilic, Marc-Kevin Goellner, Bernd Karbacher, Michael Stich und Carl-Uwe Steeb (v.l.).

UND DANN?

Dezember 1993, Düsseldorf. Davis-Cup-Finale gegen Australien. Für mich ist es nach 1988 und 1989 zwar schon das dritte Endspiel mit der deutschen Mannschaft, diesmal allerdings ist vieles anders. Von der ersten Runde bis zum Halbfinale habe ich alle Doppel an der Seite von Michael (Stich, *Anm.*) gespielt und wir haben keines verloren. Wir haben Russland, Tschechien und Schweden besiegt – und trotzdem (oder gerade deshalb?) bin ich am Abend vor unserer Partie so nervös wie noch nie. Es steht 1 : 1 nach den Einzeln, Michael hat zum Auftakt am Freitag in fünf Sätzen gegen Jason Stoltenberg gewonnen, er ist in der Form seines Lebens. Vor ein paar Wochen triumphierte er bei den ATP Finals in der Frankfurter Festhalle im Finale gegen Pete Sampras – unglaublich! Jetzt platzt er als Weltmeister fast vor Selbstvertrauen. Ein so starker Leader tut unserem Team verdammt gut. Marc (Goellner, *Anm.*) hat das zweite Einzel trotz 2 : 0-Satzführung gegen Richard Fromberg verloren, 7 : 9 im fünften Durchgang, ein bitteres Ende. Sonst wären wir fast schon am Ziel der Träume. Nun liegt es also wieder einmal in unseren Händen, den richtungsweisenden Punkt am Samstag zu holen. Das Problem: Wir treffen auf eines der besten Doppel der Welt, Todd Woodbridge und Mark Woodforde. Die „Woodies" haben im letzten Jahr die Australian Open und in diesem Jahr Wimbledon gewonnen, dazu zig weitere Titel. Gefühlt hauen sie gerade alle weg, die sich ihnen in den Weg stellen.

Am Abend vor dem Match sitze ich allein in meinem Hotelzimmer. Der Gedanke an unsere übermächtigen Gegner und daran, dass ich

neben Michael und vor 13.000 Zuschauern aufschlagen werde, macht mir Angst. Wenn einer auf dem Platz versagen wird, dann wohl ich, schießt es mir durch den Kopf. Mir fällt nichts Besseres ein, als meinen Coach Helmut Lüthy anzurufen, der auch in Düsseldorf ist und der mir schon so oft Mut gemacht hat. „Trainer, du musst kommen. Mir geht's nicht gut", spreche ich mit leiser Stimme ins Telefon. Es dauert keine zehn Minuten, bis er an meiner Tür klopft. „Was ist los, Langer?!", fragt er, als ich ihm öffne. Ich erzähle ihm von meiner Angst, am nächsten Tag der schlechteste Spieler auf dem Court zu sein. „Überleg mal, da steht Michael auf dem Platz, auf der anderen Seite das vielleicht beste Doppel der Welt – und ich! Wie soll ich auf dem Level mithalten?!"
Helmut ist tiefenentspannt wie immer. „Wenn du morgen schlecht spielst, was passiert dann?", fragt er mich. „Na ja, dann werden wir wahrscheinlich verlieren", antworte ich. Er schaut mich an, zuckt mit den Schultern und sagt: „Und dann?" Nun blicke ich fragend zurück. Ich verstehe nicht, wie er die Sache so locker sehen kann. „Dann kann es gut sein, dass wir das ganze Ding hier gegen Australien verlieren! Kein Sieg, kein Pokal, Ende!", echauffiere ich mich. Wieder verzieht Helmut keine Miene. „Und dann?", fragt er. „Dann habe ich es fürs ganze Team vermasselt!", platzt es aus mir heraus. „Und dann?", fragt Helmut erneut. „Dann fühle ich mich schlecht!", sage ich etwas verunsichert. „Und dann?"
Helmut lässt nicht locker, bis mir irgendwann keine Antwort mehr einfällt. Er blickt mir tief in die Augen, packt mich an den Schultern und sagt: „Nun pass mal auf, Junge! Wir haben jahrelang auf so einen Tag hingearbeitet. Du schaltest jetzt deinen Kopf aus und spielst morgen das Match deines Lebens! Ich habe keinen Zweifel daran, dass dir das gelingen wird!" Dann fügt er an: „Geh morgen raus und gib dein Bestes – mehr kannst du nicht tun. Und wann immer du nervös sein solltest, kannst du zu mir schauen. Ich werde auf der Tribüne sitzen und für dich da sein. Ich weiß, dass du es kannst, und ich glaube an dich!"
Der Ausgang ist bekannt. Michael und ich spielten eines unserer besten Doppel überhaupt, wir besiegten die „Woodies" in vier Sätzen, und am Tag darauf machte Michael im ersten Einzel gegen Fromberg alles klar. Der dritte Davis-Cup-Sieg. Ein Moment für die Ewigkeit – und für mich der wichtigste Erfolg meiner Karriere.

WAS ICH GELERNT HABE:

Ich bekomme noch heute Gänsehaut, wenn ich an diesen Abend mit Helmut denke. Sein Glaube an mich hat Kräfte in mir freigesetzt, die mich damals selbst überraschten. Vor allem hat sein unerschütterliches Vertrauen in meine Stärke mir ein Gefühl der inneren Ruhe vermittelt. Er hat mir mit seinen Worten die Angst vor dem Versagen genommen – weil er mir gezeigt hat, dass ich bereits genug bin. Ich habe durch seine bohrenden Fragen verstanden, dass selbst mein schlimmstes Szenario, nämlich eine Niederlage, die ich zu verantworten gehabt hätte, kein Weltuntergang gewesen wäre. Eine schlechte Leistung auf dem Platz hätte nichts an meinem Wert als Mensch geändert. Ich wäre der gleiche Patrik geblieben, der ich immer war und immer sein werde. Genauso wenig hat mich der Triumph zu einem besseren Menschen gemacht. Damals habe ich verstanden: Erfolge können zwar kurzzeitig glücklich machen und das Ego befriedigen. Wenn du aber weißt, dass kein noch so großer Sieg dich zu einem wichtigeren Menschen macht, dann hat auch keine Niederlage die Macht, an deinem Selbstwert zu kratzen.

Die Fünf-Minuten-Weisheit

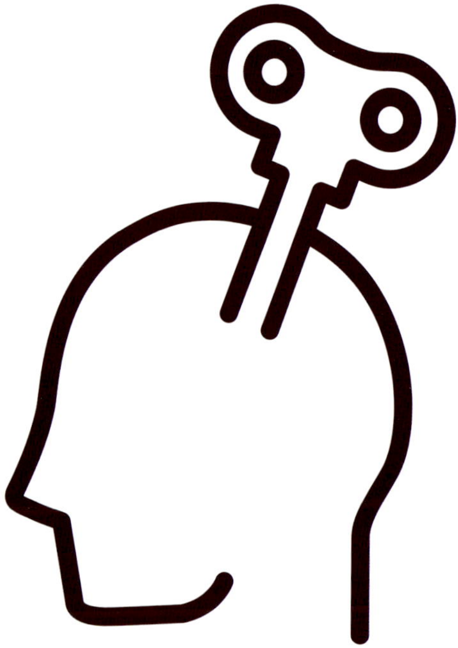

Es ist einige Jahre her, da hat **Roger Federer** wieder einmal bemerkenswerte Worte gesprochen. Damals, im Sommer 2012, hatte er gerade das Endspiel der Olympischen Spiele in London, auf dem Centre Court von Wimbledon, gegen Andy Murray verloren. Eine der bittersten Niederlagen seiner Karriere, weil Federers großer Traum von der Goldmedaille im Einzel zerplatzt war wie eine Seifenblase. Wahrscheinlich ahnte er bereits, dass er dieser historischen Chance nie wieder so nah kommen würde.

Für einen Jahrhundertsportler, der so viele Rekorde aufgestellt und fast alle Trophäen gewonnen hat, die für einen Tennisprofi von Bedeutung sind, muss sich das eine fehlende Puzzleteil anfühlen wie der schwarze Fleck auf einem weißen Hemd.

Als sich die Journalisten nach der Gefühlslage des Schweizers erkundigten, antwortete er weise wie Buddha. Er gab zu Protokoll, dass er sich über diese Niederlage sowohl fünf Monate als auch fünf Minuten ärgern könne – und er sich für die fünf Minuten entschieden habe.

Was du von einem der erfolgreichsten Sportler auf unserem Globus für dein Leben und deinen Umgang mit Niederlagen lernen kannst? **Alles ist eine Entscheidung!** Auch deine Gedanken und deine Reaktionen auf verlorene Matches, Hindernisse und Lebenskrisen. Du hast in jedem Moment deines Lebens die Freiheit zu wählen, wie du denken und handeln willst. Dazu gehört auch das so wertvolle Werkzeug der Akzeptanz. Du kannst es einfach nutzen und im nächsten Augenblick alles loslassen, was dich belastet und dir nicht guttut. Federer hat damals erkannt, dass er seine Endspiel-Niederlage nicht wird ungeschehen machen können und dass ein langes Hadern viel weitreichendere Folgen haben könnte als nur den verpassten Olympiasieg. Die Partie gegen Murray war unwiderruflich verloren, das Ergebnis lag inzwischen außerhalb seiner Macht. Das Einzige, was er noch beeinflussen konnte, war sein Umgang mit dieser Situation. Sich lange über Niederlagen zu ärgern ist wie das Festhalten an der Vergangenheit – du schadest dir damit nur selbst.

Die Macht der Akzeptanz

Welches Problem könntest du durch die Entscheidung zur Akzeptanz auflösen? Vielleicht fällt dir eine Situation mit Tennisbezug ein – vielleicht auch ohne. Erinnere dich daran, dass dir das Werkzeug der Akzeptanz jederzeit zur Verfügung steht. Es befindet sich immer nur eine Entscheidung entfernt. Was würde sich also verändern, würdest du die Wahl treffen, dich nur noch fünf Minuten über eine Sache zu ärgern, weil du festgestellt hast, dass dich etwas belastet, was außerhalb deines Einflussbereichs liegt? Je mehr du dich mit der Macht der Akzeptanz befasst, desto öfter wirst du spüren, dass sie ein Schlüssel zum inneren Frieden ist.

Wie wirst du heute in einem Jahr über diese Niederlage denken?

Welches Frusterlebnis auch immer dich gerade bedrückt. Überlege einmal: Welche Rolle wird es heute in einem Monat oder gar in einem Jahr noch spielen? Das letzte Match war nur ein kurzes Kapitel deines Lebens, aber längst nicht deine gesamte Story!

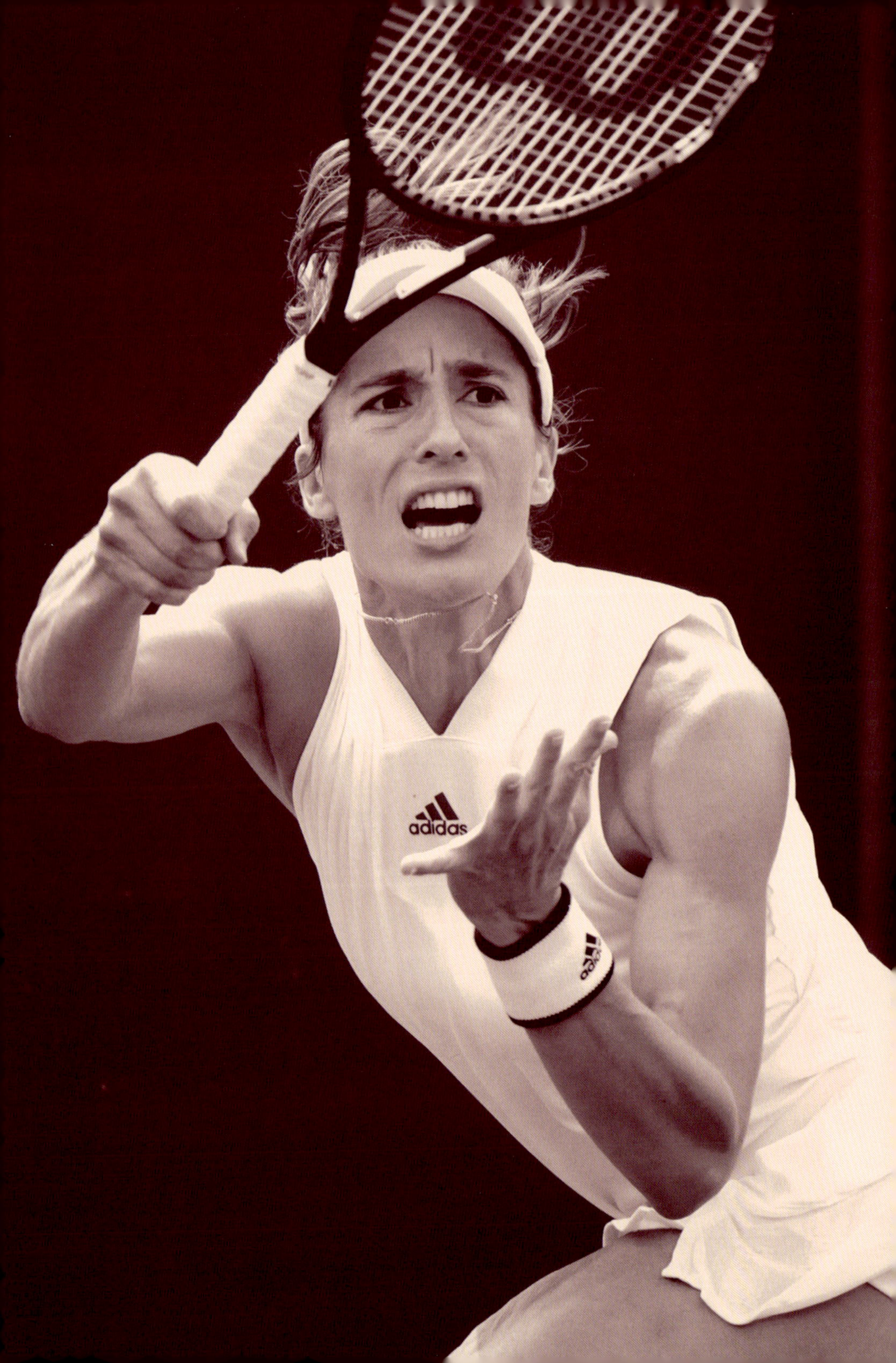
adidas

„Wenn du das Ego-Ding etwas ablegst, minimieren sich auch die Ängste. Wenn früher meine Resultate nicht gut waren, hatte ich immer Angst, dass ich wieder verliere. Das hat sich gesteigert, ein Teufelskreis. Seit ich Tennis um des Tennis willen spiele und nicht mehr so aufs Ergebnis fokussiert bin, kommen die Ergebnisse paradoxerweise von alleine."

ANDREA PETKOVIC

KAPITEL 5

TENNIS & LEBEN

Über die schönen Parallelen vom Tennis zum Rest des Lebens und was du auf dem Court über dich selbst lernen kannst. Geschichten, die nicht nur auf dem Platz spielen.

Champions im Leben

Wahrscheinlich träumen wir insgeheim alle ab und zu von einem Leben als Champion. Aber Moment, was ist ein Champion überhaupt? Für uns hat der Begriff nichts mit der üblichen Definition zu tun. Wir finden, wahre Champions sind Menschen, die jeden Tag dankbar sind und auch aus schwierigen Situationen das Beste machen. Für die das Glück nicht von äußeren Umständen abhängt. Die sich von niemandem beirren lassen und entschlossen ihre Träume verfolgen. Die ihre Stärken kennen und an sich glauben. Eine Autorin zum Beispiel, die ihr Buch schreibt, obwohl sie nicht weiß, ob es jemals einen Leser erreichen wird. Die aber so begeistert ist von ihrer Geschichte, dass sie diese selbst dann teilen würde, wenn sie wüsste, dass nur eine einzige fremde Person das fertige Werk in den Händen halten wird. Ein Tänzer, der sich so zur Musik bewegt, wie er sich bewegen will – ohne sich dabei lächerlich zu fühlen. Eine Läuferin, die stolz als Letzte die Ziellinie beim Marathon überquert. Oder ein Tennisspieler, für den es ein Geschenk ist, Bälle zu schlagen. Der bei allem Ehrgeiz über seine Fehler schmunzeln und den Platz auch dann mit einem Lächeln verlassen kann, wenn er nicht den letzten Punkt gewonnen hat.

Wir finden, Champions leben den Augenblick, wissentlich, dass die Vergangenheit nicht änderbar und die Zukunft bloß eine Illusion ist. Sie sind mutig und sagen nein, wenn sie nein meinen. Sie verbannen Menschen aus ihrem Leben, die ihnen nicht guttun und suchen sich ein Umfeld, das sie bestärkt. Champions verlassen hin und wieder die ausgetretenen Pfade und erkunden lieber Wege, die noch niemand zuvor gegangen ist – vielleicht gibt es dort etwas Spannendes zu entdecken? Auch wenn das Leben nicht immer einfach ist, nehmen sie es mit Leichtigkeit. Auch Champions sind hin und wieder enttäuscht, traurig, wütend oder verzweifelt – aber sie lassen sich nicht von der Angst leiten. Wenn sie fallen, dann stehen sie wieder auf und gehen weiter. Champions sind ehrlich – zu anderen und zu sich selbst. Sie bleiben verletzlich, weil sie gelernt haben, dass nichts schmerzhafter ist, als Mauern ums Herz zu errichten.

Champions leben ihre Träume und verschieben sie nicht auf morgen, weil sie wissen, dass sie nicht wissen, was morgen ist. Deshalb treffen sie klare Entscheidungen, auch solche, die unbequem sind. Dabei vertrauen sie ihrem Bauchgefühl jenseits aller rationalen Argumente. Sie hinterfragen vorherrschende Glaubenssätze und gesellschaftliche Normen und lassen sich in kein Denkkorsett zwängen. Sie sind mutig und probieren eine neue Strategie aus, sobald sie feststellen, dass etwas nicht funktioniert. Warum sollten sie warten?

Wir finden, dass Champions auch Menschen sind, die sich gut fühlen, wenn sie dazu beitragen können, dass es anderen ebenfalls gut geht und sie Momente der Freude erleben. Die ihre Mitmenschen mit ihrer eigenen Lebensfreude anstecken – pathologische Optimisten, die mindestens bis zum Beweis des Gegenteils an das Gute

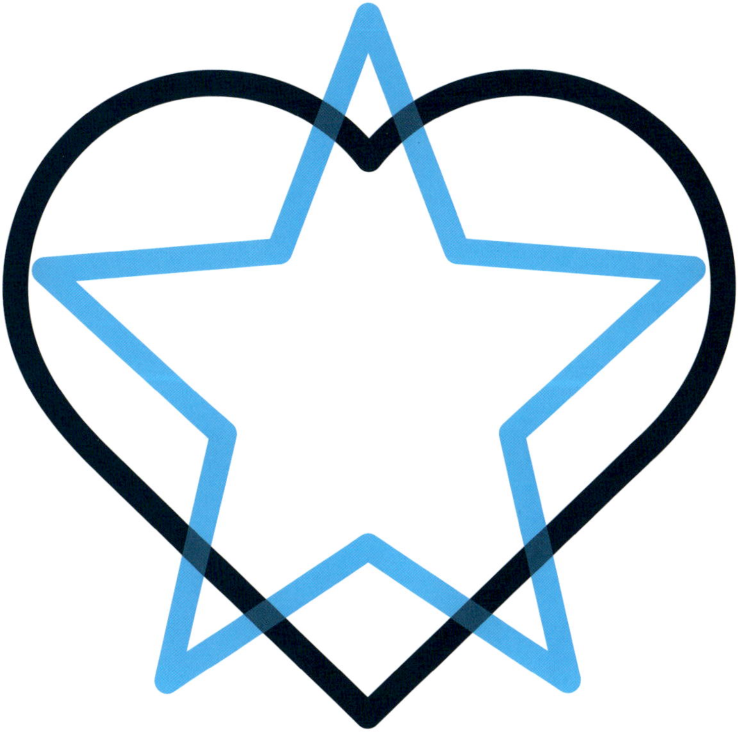

glauben. Die Hoffnung verbreiten, schon deshalb, weil sie das Leben lieben. In einem Satz: Wahre Champions haben den Frieden in ihren Herzen gefunden – unabhängig davon, wie viele Pokale im Wohnzimmerschrank stehen.

Wir alle können Champions sein. Jeder von uns. Sobald wir uns dazu entscheiden, so zu leben wie ein Champion. Beim Tennis müssen wir dafür noch nicht einmal Siege feiern. Auch deshalb ist dieser Sport so wunderbar, weil er uns so viele Möglichkeiten für die persönliche Entwicklung bietet. Tennis kann uns lehren, wie man gewinnt, ohne ein Match oder gar ein Turnier zu gewinnen. Und oft kann es sein, dass man dadurch dann doch häufiger gewinnt. Ist das nicht großartig?!

Die Geschichten auf den kommenden Seiten spielen nicht nur auf dem Court. Du wirst auf Reflexionen stoßen, die dich vielleicht zunächst überraschen, dich aber im besten Fall (noch) näher zu dir selbst führen können. Und du wirst Impulse finden, die Tennis und das Leben verbinden. Vergiss bitte nicht, zwischendurch immer mal wieder durch das Buch zu blättern. Bestimmt erinnerst du dich an die Botschaft vom Anfang: Dieses Buch muss man nicht chronologisch von der ersten bis zur letzten Seite lesen. Am Ende greift alles ineinander ...

Wer bist du?

Eine ganz besondere Übung, die du immer wiederholen kannst – und die sich jedes Mal anders für dich anfühlen wird. Nimm dir dein Handy, starte deine Kamera im Selfie-Modus, drücke auf den Bildschirm, um die Aufnahme zu beginnen und dann fang an zu sprechen. Noch einmal: WER BIST DU? Es geht nicht darum, deinen Lebenslauf zu erzählen. Du bist weder die Position, die auf deiner Visitenkarte steht, noch bist du die Rollen, die du in diesem Leben spielst – Mutter, Vater, Trainerin, Tennisprofi ... Du bist nicht deine Siege, du bist aber auch nicht deine Niederlagen. Blende all das aus, was du normalerweise gewohnt bist, in einer klassischen Vorstellungsrunde über dich zu erzählen. Fühle in dich hinein und finde heraus, was *dich* wirklich ausmacht. Wer bist du? Alternativ kannst du dir die Frage natürlich auch schriftlich beantworten. Wir empfehlen dir aber, die Video-Variante in jedem Fall auszuprobieren.

„Es ist kein Zufall, denke ich, dass im Tennis die Sprache des Lebens gebraucht wird: Vorteil, Service, Fehler, Break, Liebe. Die grundsätzlichen Elemente im Tennis entsprechen denen des täglichen Lebens, denn jedes Match ist ein Leben in Miniaturausgabe. Selbst die Struktur des Tennis, die Art, wie die einzelnen Teile ineinanderpassen wie bei einer russischen Schachtelpuppe, spiegelt die Struktur unseres Alltags wider. Aus Punkten werden Sätze, werden Matches, werden Turniere, und alles ist so eng miteinander verbunden, dass jeder Punkt zu einem Wendepunkt werden kann. Es erinnert mich daran, wie Sekunden zu Minuten, Minuten zu Stunden werden und wie jede Stunde unsere beste sein kann. Oder die finsterste. Die Entscheidung liegt bei uns."

ANDRE AGASSI

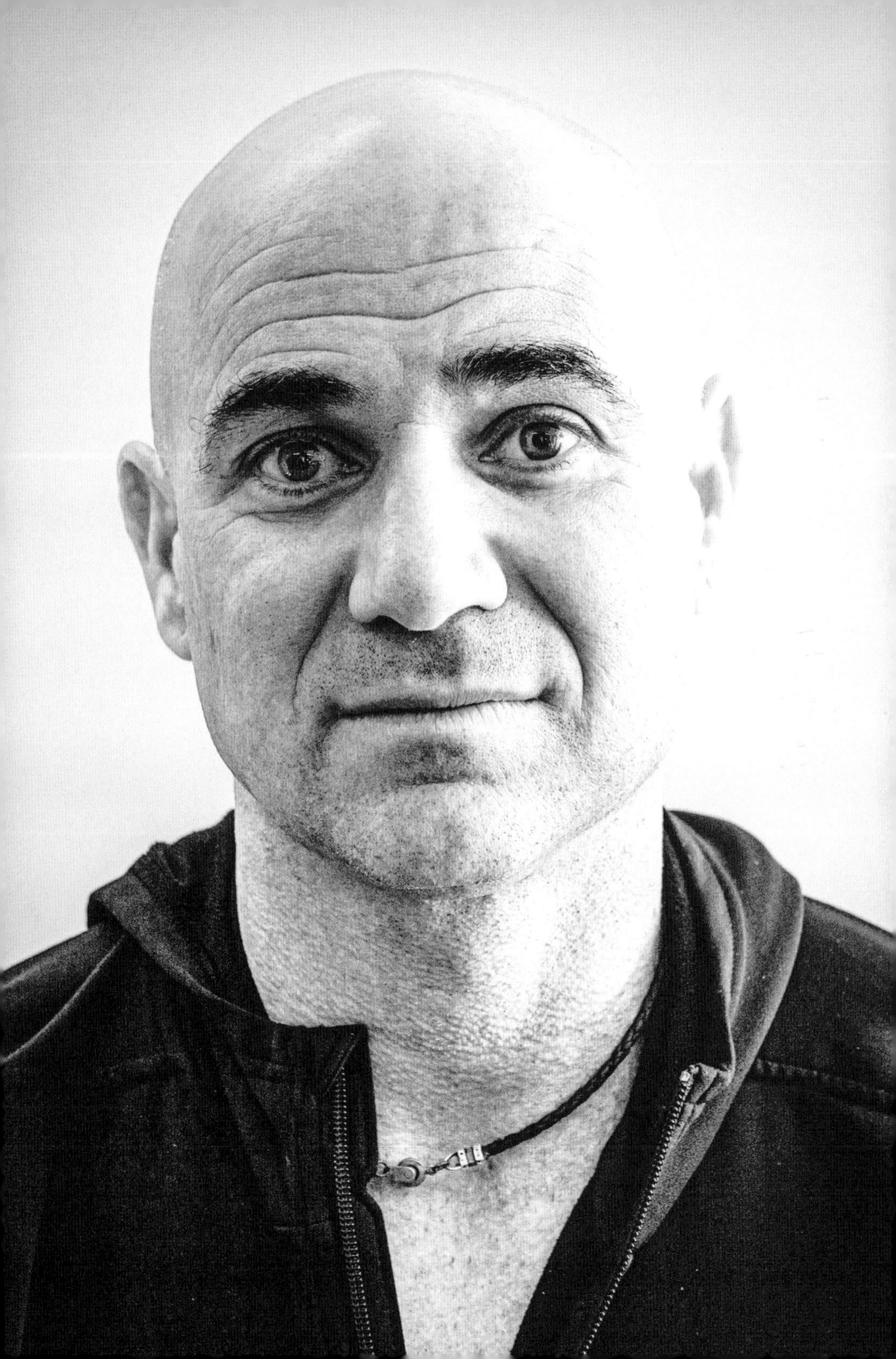

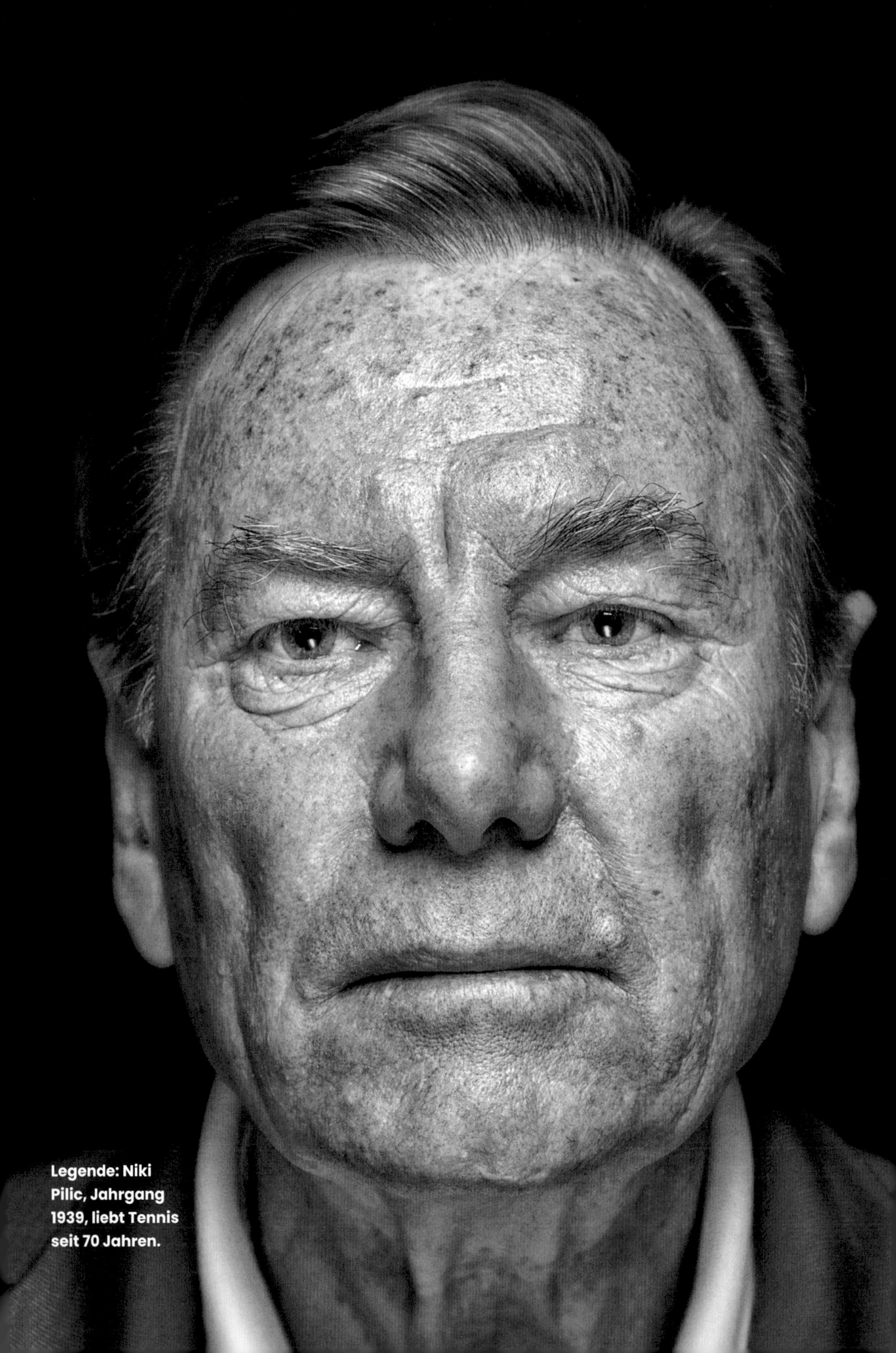

Legende: Niki Pilic, Jahrgang 1939, liebt Tennis seit 70 Jahren.

„Tennis ist mein Leben!"

ERLEBNISSE VON NIKI PILIC, PROTOKOLL FELIX GREWE

Als ich gefragt wurde, ob ich für dieses Buch von meinem Tennisleben erzählen möchte, habe ich nicht gezögert. Natürlich! Ich kenne Patrik schon so lange und ich schätze ihn als einen ehrlichen, treuen Freund, einen fairen Sportsmann, der bei allen drei deutschen Davis-Cup-Siegen zur Mannschaft gehörte. Für mich als Kapitän war er ein angenehmer Spieler, ich konnte mich immer auf seine Loyalität verlassen. Patrik war da, wenn wir ihn brauchten. Ohne Allüren, ohne großes Ego. Ein Teamplayer durch und durch. Er stand natürlich nicht so sehr im Rampenlicht wie Boris (Becker, *Anm.*) oder Michael (Stich, *Anm.*), sie waren die Leader. Aber Patriks Rolle darf nicht unterschätzt werden. Er war ein Spieler, den sich auch heute jedes Team nur wünschen kann, den aber nicht jedes Team hat. Im Doppel war er eine Macht, wie ein Fels stand er am Netz. Vor allem mit Michael hat er ein geniales Duo gebildet. Um das wichtige Doppel, das oft die Weichen in Richtung Sieg oder Niederlage gestellt hat, musste ich mich nie sorgen. Die beiden haben die stärksten Paarungen bezwungen und kein einziges Match zusammen verloren. Ich erinnere mich gut an das Endspiel 1993 gegen Australien, als sie Todd Woodbridge und Mark Woodforde aus der Halle fegten, eines der erfolgreichsten Doppel der Geschichte. Dieser Sieg ebnete uns den Weg zum dritten Titel und ich glaube, es war eines der besten Matches, die Patrik im Davis Cup gespielt hat.

Felix kenne ich auch schon seit vielen Jahren. Als Jugendlicher hat er seine Ferien in meiner Akademie in Oberschleißheim bei München verbracht. Nun hat er mich in Opatija besucht und mich gefragt, was mir Tennis bedeutet. Ich habe geantwortet, dass dieser Sport mein Leben ist. Seit mehr als 70 Jahren stehe ich fast jeden Tag auf dem Platz und habe keine Vorstellung, wie mein Leben verlaufen wäre, hätte ich nicht als 13-jähriger Junge immer wieder ein paar Münzen aus der Kasse in der Metzgerei meiner Mutter gestohlen, um mir von dem Geld einen elf Jahre alten Holzschläger aus Italien zu kaufen. Für eine richtige Besaitung reichte meine Beute nicht mehr, also fuhr ich zum Hafen von Split und suchte dort nach einer Angelschnur, die ich aufziehen konnte. Das Material interessierte mich nicht. Ich wollte Tennis spielen. Eigentlich kam ich vom Fußball. Ich war bei Hajduk Split aktiv und ziemlich talentiert. Aber der Sport war brutal, mein Körper musste eine Menge einstecken. Was mich aber am meisten störte: Mein Erfolg war abhängig von meinen Mitspielern, das passte nicht zu mir. Mein Lebensmotto entsprach schon immer dem großen Song von Frank Sinatra: „I did it my way ..."

Eines Tages kaufte mein Vater mir ein Fahrrad, wir mussten umziehen und meine Schule war nun nicht mehr zu Fuß erreichbar. In meiner neuen Klasse lernte ich einen Jungen kennen, der Tennis spielte. Nur: Er hatte gar keine Lust! Er sagte zu mir: „Gib du mir dein Fahrrad und im Gegenzug darfst du für mich Tennis spielen!“ Ich fand das einen fairen Deal. Nun konnte ich endlich regelmäßig Bälle schlagen. Ich war gut, gewann schnell die ersten Matches – obwohl ich nie Training hatte. Es gab nur einen Trainer bei uns im Ort und der verließ Kroatien früh in Richtung Australien. Auch ohne Hilfe erreichte ich nach drei Jahren mein erstes wichtiges Finale in Subotica, Serbien. Dort haben sie mir den Sieg geklaut! Subotica liegt an der Grenze zu Ungarn, da hatte ich es als Kroate schwer. Es kamen viele Zuschauer, die gegen mich waren. Sie haben gepfiffen und sich unsportlich verhalten. Die Niederlage war schmerzhaft, weil ich das Preisgeld für den Sieg dringend gebraucht hätte.

Es war eine andere Zeit. Nicht einfach. Und trotzdem schön. Wenn ich heute die Tour anschaue, ist kaum etwas mit damals vergleichbar. Ich erinnere mich an Roland Garros 1961, meine ersten French Open. Mit dem Zug reiste ich von Split bis nach Paris, 36 Stunden dauerte die Fahrt. Aber mir wäre damals keine Strecke zu weit gewesen. Mein Hotel lag 45 Minuten von der Tennisanlage entfernt – aber nicht mit einem komfortablen Shuttle, sondern mit der U-Bahn! Zum Glück bereitete mir meine Frau jeden Tag genügend Salami-Käse-Brote zu, die ich auf dem Weg verzehren konnte. Wenn es regnete, dann hockten wir mit 120 Menschen in einer Umkleidekabine, Komfort kannten wir nicht. Ich war damals mit gerade einmal zwei Schlägern unterwegs – und das bei einem Grand-Slam-Turnier! Am Ende verlor ich im Achtelfinale gegen Nicola Pietrangeli. Erst zwölf Jahre später erreichte ich das Endspiel, wo ich Ilie Nastase unterlag.

Ich war auch später, als Davis-Cup-Coach, immer noch ein ziemlich ordentlicher Spieler. Viele wissen, dass ich auch als 45-Jähriger im Training gegen fast alle Jungs aus dem Team gewonnen habe. Übrigens auch gegen Goran Ivanisevic, als er Ende 2000 bei mir in München trainierte. Er hatte damals 20 Kilo zu viel auf seinen Rippen, drei Wochen keinen Ball geschlagen und steckte in einer sportlichen Krise. Wir spielten Sätze bis elf Punkte, allerdings ohne Aufschlag, muss ich gestehen. Obwohl ich damals schon 61 war, bezwang ich Goran im dritten Durchgang mit 17 : 15. Danach sagte er: „Wenn ich gegen einen alten Mann wie dich verliere, dann muss ich aufhören.“ Zum Glück machte er weiter. Ich besorgte ihm eine Wildcard für ein Challenger-Turnier in Heilbronn und ließ ihn einige Wochen bei mir trainieren. Er lernte Novak kennen (Djokovic, *Anm.*), der bei mir in München wohnte, um Profi zu werden. Ihr erstes gemeinsames Training werde ich nie vergessen. Januar 2001, Novak war 14. Für ihn war es ein großer Moment. Und er hat gespielt wie eine Maschine. 23 Minuten Vollgas und kein einziger Ball landete

Starkes Trio:
Pilic mit seinem
Erfolgs-Doppel
Stich/Kühnen –
hier 1994 in Graz
gegen Österreich.

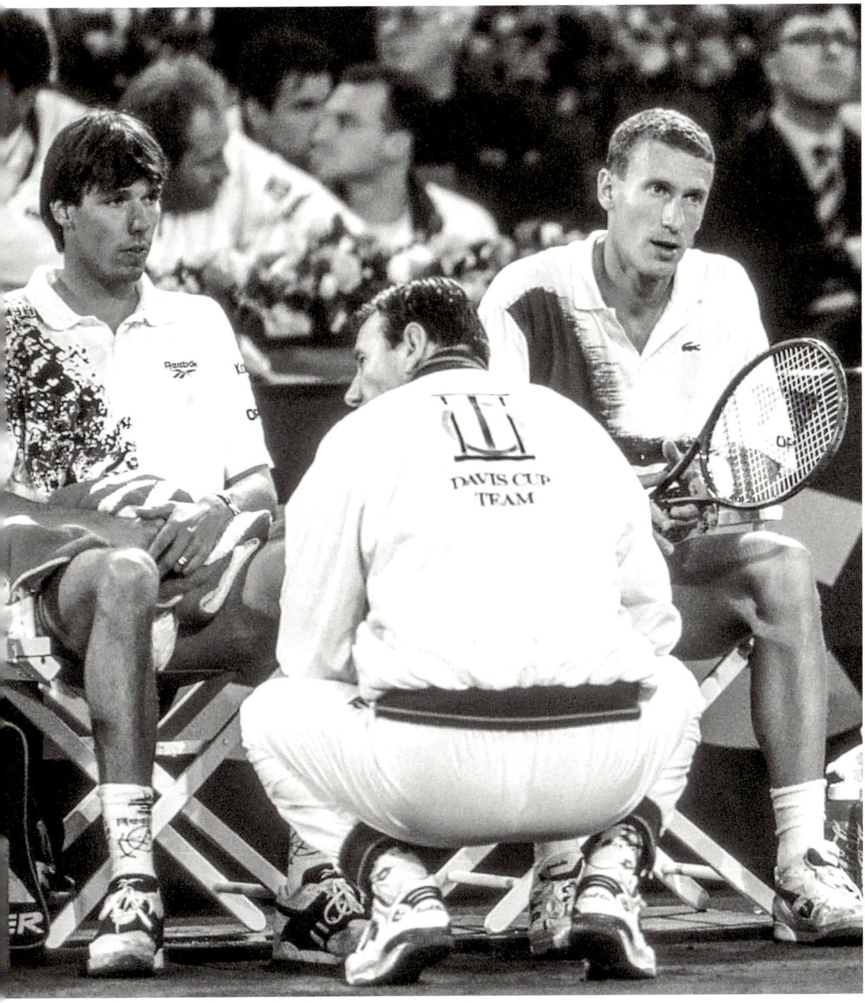

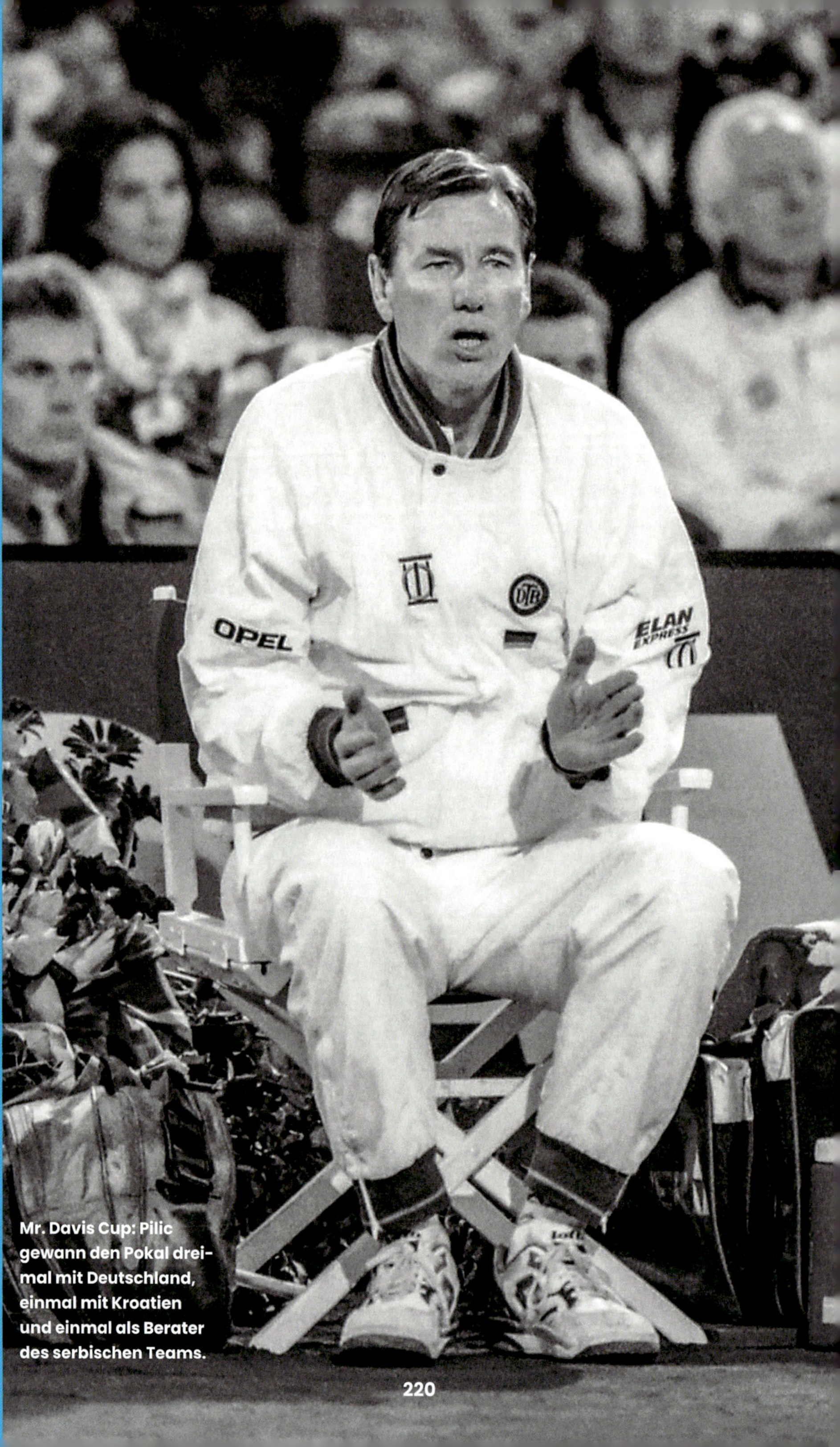

Mr. Davis Cup: Pilic gewann den Pokal dreimal mit Deutschland, einmal mit Kroatien und einmal als Berater des serbischen Teams.

im Netz! Seine Einstellung war schon damals außergewöhnlich. Er kam vor jeder Trainingseinheit 15 Minuten früher auf den Platz, um sich aufzuwärmen. Er sagte: „Ich will meine Karriere nicht gefährden." Ach so: Goran gewann übrigens ein paar Monate später Wimbledon ...

Viele fragen mich immer wieder: „Niki, wie hast du das damals so gut hinbekommen, mit Boris und Michael richtig umzugehen, mit diesen besonderen Charakteren?" Ich antworte dann, dass ich zum einen Spaß an dieser großen Aufgabe hatte, was eine wichtige Voraussetzung ist, und ich zum anderen schon immer ein unmenschlich begabter Lügner war. Wie ich Boris und Michael zur Goldmedaille bei Olympia 1992 in Barcelona geführt habe, erzähle ich noch heute gern. Beide haben damals kaum miteinander gesprochen. Um sie ein wenig zusammenzuschweißen, ließ ich meiner Fantasie freien Lauf. Boris sagte ich, wie sehr Michael von seinem Return schwärmte. Er blickte mich völlig verdutzt an und sagte nur ein Wort: „Komisch ..." Michael wiederum erzählte ich, Boris würde ihn für seinen Aufschlag bewundern. Beides stimmte nicht. Aber der Zweck heiligte die Mittel. Wir holten Gold und ich denke, die Jungs waren am Ende froh darüber.

Mein größtes Talent, glaube ich, besteht darin, die Talente anderer zu entdecken und sie zu fördern. Bis heute arbeite ich mit jungen Spielern zusammen – eine Aufgabe, die mir sehr viel Freude macht. Tennis ist ein so fantastischer Sport! Der Court ist ein Ort, an dem man vieles vergessen und einfach abschalten kann. Es ist aber nicht so, dass Tennis mein einziger Lebensinhalt wäre. Ich mag Kultur, lese viel, weiß eine Menge über Geschichte und interessiere mich für Politik. Bei den US Open war ich früher einer der wenigen Profis, die nicht bloß mit einer Hose und einer Jacke anreisten. Ich brauchte vernünftige Kleidung, weil ich nach dem Turnier zum Beispiel die Metropolitan Opera besuchte, das machte außer mir kaum jemand. Was ich sagen will: Es gibt mehr als Tennis für mich. Und doch ist Tennis mein Leben. Dieser Sport hat mich mehr als sieben Jahrzehnte geprägt. Dafür bin ich jeden Tag dankbar.

Was ich Ihnen mit auf den Weg geben kann: Um es weit zu bringen und viele Matches zu gewinnen, braucht es viele verschiedene Fähigkeiten: Kopf und Charakter machen mindestens 20 Prozent aus, dazu kommen Koordination, Motorik, Reflexe, Siegeswille, Disziplin, Konzentrationsfähigkeit, Kondition, moralische Kraft, Antizipation, Fokussierung, Cleverness und so weiter. Am wichtigsten aber ist die Freude. **Also, genießen Sie das Spiel, ich tu' es auch!**

Was du beim Tennis fürs Leben lernen kannst

Geduld

In (fast) jeder Lebenssituation kann uns Geduld zu innerer Ruhe verhelfen. Ein geduldigeres Tennisspiel reduziert meistens die Fehlerquote. Wer im Alltag Geduld praktiziert, verringert in der Regel inneren und äußeren Stress. Geduld hängt eng mit Vertrauen zusammen – etwa darauf vertrauen zu können, im passenden Moment richtig zu handeln. Auf dem Tennisplatz kannst du Geduld üben, indem du den Ball so lange wie möglich im Spiel hältst – selbst wenn du normalerweise bereits attackieren würdest. Wie lange kannst du auf den Fehler deiner Gegnerin warten? Wie geht es dir dabei? Wann beginnst du, unruhig zu werden? Was lernst du dabei über dich? Nicht falsch verstehen: Du sollst natürlich nicht ein für alle Mal dein offensives Spiel einstellen. Aber du könntest das Tennisspiel von Zeit zu Zeit dafür nutzen, um zu entdecken, was Geduld bewirken kann. Probiere es doch mal aus …

Akzeptanz

Man kann es gar nicht oft genug wiederholen: Akzeptanz ist der direkteste Weg zur Zufriedenheit. Das bedeutet natürlich nicht, alles über sich ergehen zu lassen oder widerstandslos hinzunehmen. Sondern eine passende Haltung zu jeder Situation zu entwickeln, die sich nicht ändern lässt. Dafür ist es wichtig, sich immer wieder aufs Neue zu fragen: Was kann ich in dieser Situation beeinflussen und was nicht? Energie für etwas zu verwenden, das außerhalb des eigenen Wirkungsfeldes liegt, ist Verschwendung. Tennis ist eine wunderbare Schule, um sich in Akzeptanz zu üben. Denn in der Regel verlieren wir im Minutentakt Punkte, die wir lieber gewinnen würden. Wie du Akzeptanz trainieren kannst? Indem du dich im richtigen Moment an sie erinnerst – und indem du lernst zu erkennen, worauf du Einfluss hast (z. B. auf den nächsten Punkt) und worauf nicht (z. B. auf den vergangenen Punkt).

Unabhängigkeit

Tennis kann dich unterstützen, deinen eigenen Weg zu gehen – und dich von den Meinungen anderer Menschen unabhängiger zu machen. Du wirst in deinem Leben immer wieder auf Personen treffen, die dir ihre Sicht auf die Dinge überstülpen wollen. In welchem Alter auch immer du dich befindest, wirst du mal mehr oder mal weniger mit gesellschaftlichen Erwartungen konfrontiert sein, die an deinem Selbstvertrauen nagen können wie ein Marder an den Schläuchen unter einer Motorhaube. Wer sich frei macht von den Bewertungen anderer Menschen, wer nein sagen kann und gleichzeitig zu sich selbst ja sagt, lebt meist unbeschwerter und glücklicher. Beim Tennis kannst du viele dieser Erfahrungen sammeln – indem du dein Spiel spielst, zu deinen Entscheidungen stehst und dir immer wieder vor Augen führst, dass nur du die Verantwortung für dein Handeln übernehmen kannst. Blättere bitte einmal auf Seite 230 und lies dir das Zitat von Angelique Kerber durch …

Aufmerksamkeit

Erst durch unsere Bewertungen versehen wir ein Erlebnis mit einem negativen (manchmal auch positiven) Stempel. Der verschlagene Schmetterball ist zunächst nur ein Fehler – bis wir ihn zu einer Peinlichkeit erklären, die nicht hätte passieren dürfen. Dadurch entstehen Gefühle wie Scham oder Minderwertigkeit. Menschen urteilen ständig, über sich selbst und andere, über Ergebnisse und Erlebnisse. Häufig merken wir gar nicht, wie sich in unserem Kopf permanent Schubladen öffnen und schließen. Wir können das Urteilen nicht abschalten. Aber: Wir können es reduzieren und unseren Beurteilungen weniger Bedeutung geben, indem wir es öfter bemerken. Die beste Voraussetzung dafür ist Konzentration. Je fokussierter du bist, desto weniger Zeit bleibt dir zum Nachdenken. Den verschlagenen Smash registrierst du zwar und ärgerst dich auch kurz. Dann aber kehrst du zurück in den Zustand der konzentrierten Aufmerksamkeit. Der Sport kann so eine viel wichtigere Bedeutung für dein Leben bekommen als ein normales Hobby, wenn du ihn nutzt, um Fähigkeiten wie deine Aufmerksamkeit zu verbessern. Profitieren wirst du davon auch abseits des Tennisplatzes.

Widerstandsfähigkeit

Eine Erkenntnis, die du nie vergessen solltest: Wenn du an dich und deine Fähigkeiten glaubst, wenn du immer weitermachst und dich auch von den größten Hindernissen nicht stoppen lässt, dann ist (fast) alles möglich im Leben. Wo könntest du diese Erfahrung besser machen als auf dem Tennisplatz? Je öfter du erlebst, dass es sich lohnt durchzuhalten, mutig zu spielen und in jedem Ballwechsel dein Bestmögliches zu geben, umso stärker wird sich deine allgemeine Widerstandsfähigkeit entwickeln. Rückschläge im Leben werden dich weniger aus der Balance bringen, wenn du beim Tennis gelernt hast, mit ihnen umzugehen. Ist das nicht ein wunderschöner Grund, die nächste Niederlage aus einer ganz neuen Perspektive zu betrachten?

Freude

Der Rückhand-Winner die Linie entlang. Der butterweiche Stopp, der kurz hinterm Netz landet und fast in der roten Asche liegenbleibt. Das Ass beim Breakball gegen dich. Der freche Passierball kurz cross, bei dem du schon im Treffpunkt spürst, dass er genial ist – es gibt so viele kleine Momente der Freude auf dem Court. Situationen, die wir feiern, egal, was der Spielstand über den Rest des Matches erzählt. Geht's im Leben nicht genau darum? Kleine Glücksmomente zu sammeln, einen nach dem anderen, und sich jedes Mal wieder mit kindlicher Begeisterung zu erfreuen, was auch immer woanders gerade schiefgehen mag. Dein gesamtes Leben ist eine Frage der Perspektive. Du entscheidest, aus welchem Blickwinkel du es betrachtest und welche Aufmerksamkeit du deiner Freude schenkst. Es gibt jeden Tag genügend Gründe, sich zu freuen. Finde sie und fang doch beim Tennis an …

Verantwortung

Wenn du Einzel spielst, liegt dein Spiel in deinen Händen. Anders etwa als beim Fußball, wo ein Spieler immer auch Verantwortung für das gesamte Team trägt, bist du beim Tennis, wenn du nicht gerade im Doppel antrittst, für dich allein verantwortlich. Manche Spieler setzt dieser Gedanke unter Druck, andere motiviert er zu Höchstleistungen. Je mehr du dir selbst und deinen Fähigkeiten vertraust, je weniger du deinen Selbstwert über gewonnene und verlorene Matches definierst, desto einfacher wird es dir fallen, das Gefühl der Selbstverantwortung zu genießen – auch im Leben.

Mut

Gibt es einen Zusammenhang zwischen deinem Mut beim Tennisspielen und in anderen Bereichen deines Lebens? Vielleicht nicht immer, aber bestimmt manchmal. Oft sind Spieler mit einer offensiven Spielweise, die ein Match aktiv gestalten, Winner erzielen wollen und dafür Fehler in Kauf nehmen, auch in anderen Bereichen eher bereit, Risiken einzugehen. Umgekehrt gilt häufig: Wer überwiegend zögerlich und ängstlich spielt, wenig wagt, lieber abwartet und hofft, der oder die andere möge den Ball verschlagen, mag dazu manchmal auch im Leben neigen. Die Ängstlichen sehen auch beim Tennis in allen Chancen eine Gefahr – die Mutigen in allen Gefahren eine Chance. Wie schätzt du dein Mut-Level beim Tennis ein? Stellst du Parallelen zum Rest des Lebens fest?

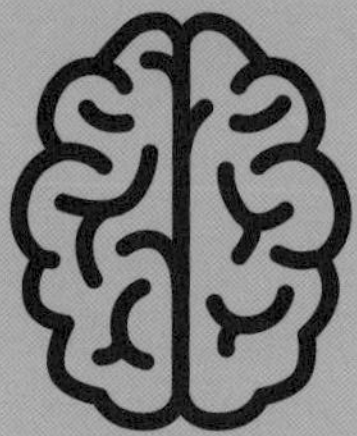

Vertrauen

Eine Königsdisziplin – im Leben und beim Tennis. Vertrauen ist das Gegenteil von Angst. Es bedeutet nicht, Hoffnung zu haben, dass alles gut wird, sondern die tiefe Gewissheit zu spüren, über alle Fähigkeiten zu verfügen, die gerade wichtig sind. Jederzeit handlungsfähig zu sein. Situationen selbst verändern zu können. Eine enge Verbindung zur Intuition zu haben, die den Weg kennt. Wie du das Gefühl von Vertrauen beim Tennis entdecken kannst? Versuch's mal, indem du Stoppbälle trainierst. Wie kurz kannst du den Ball hinter das Netz spielen? Finde heraus, wie wenig Tempo und Kraft du aufwenden musst, damit der Ball so kurz wie möglich wird. Stell dir dafür eine Skala von eins bis zehn vor: Eins bedeutet minimale Kraft, zehn wäre volle Power. Wie weit kannst du dich auf dieser Skala nach unten arbeiten, damit der Ball immer noch auf der anderen Seite des Netzes landet? Kannst du deinem Ballgefühl vertrauen?

Fairness

Kannst du anderen Menschen ihren Erfolg gönnen? Dich aus tiefstem Herzen freuen, wenn eine Kollegin befördert wird, obwohl du auch auf die Position geschielt hast? Kannst du es akzeptieren, wenn du im Punktspiel nicht auf dem Platz stehst, weil ein anderer besser in Form ist? Wer im Sport Werte wie Gerechtigkeit, Anstand und Aufrichtigkeit verinnerlicht, hat es meist leichter, auch fernab aller Wettkämpfe nach ihnen zu leben. Wünschen wir uns nicht alle eine ehrliche und faire Welt?

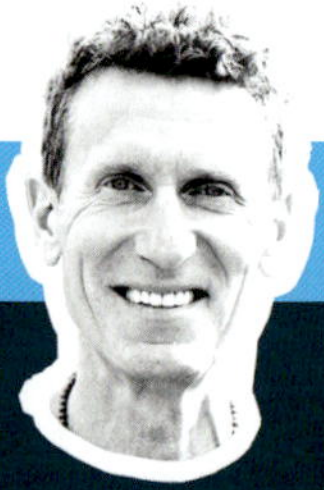

Aus meinem Tagebuch

EINE REISE NACH ORLANDO – DIE TÜR ZU EINEM NEUEN LEBEN

Das Jahr 2010. Ich stehe an einem Scheideweg in meinem Leben. Angebahnt hat sich dieser allerdings schon einige Jahre zuvor. Die lange Version der Geschichte könnte ein ganzes Kapitel füllen, die Kurzform geht so:
Ein Bandscheibenvorfall im Sommer 1994 bringt meine bis dato ziemlich heile Welt zum ersten Mal stärker ins Wanken. Es ist der Anfang vom Ende meiner Karriere als Profi. Eine Wahrheit, die zu akzeptieren mir lange Zeit sehr schwerfällt. 1996, in meinem letzten Jahr auf der Tour, als ich kaum noch Matches spielen kann und mich mental wie ein angeschlagener Boxer in der neunten Runde fühle, passiert dann das, was rückblickend die größte Krise meines Lebens einläutet und mich – um im Bilde zu bleiben – erst einmal niederstreckt: Trennung von meiner damaligen Frau und meinem zweijährigen Sohn. Der emotionale Tiefpunkt, der mich durch den gleichzeitigen Abschied vom Profitennis mit doppelter Wucht trifft.

Heute weiß ich, dass ich diese schwierige Phase durchleben musste, um mich Schritt für Schritt zu dem Menschen entwickeln zu können, der ich geworden bin. Damals allerdings fühlte ich mich ausgebrannt und vollkommen leer. Ein Gefühl, das mich über Jahre begleiten sollte und das sukzessive dazu führte, dass ich mich emotional von allem entkoppelte, das mich hätte verletzen können. Mehr und mehr ließ ich mich von Ängsten leiten, längst war ich nicht mehr der selbstbewusste Patrik, der mutige Entscheidungen traf und sein Leben so lebte, wie er einst Tennis spielte – leidenschaftlich und kompromisslos. Stattdessen war ich gefangen in meinem Kopf und geleitet von Angst und der Furcht davor, noch einmal einen ähnlichen Schmerz empfinden zu müssen wie nach der Trennung von meiner Familie.

Als ich Ende der 90er-Jahre zum Deutschen Tennis Bund kam und zunächst den Job des B-Kader-Trainers und später den des Davis-Cup-Kapitäns übernahm, erschien mir die Aufgabe wie ein Strohhalm, an dem ich mich festhalten konnte. Da war endlich wieder eine sinnstiftende Herausforderung. Ich konnte meinen Fokus voll und ganz auf die Spieler richten und damit weg von meinen eigenen privaten Sorgen. Tief in mir sah es längst nicht so geordnet aus, wie ich es mir selbst manchmal einredete und wie es wahrscheinlich nach außen hin schien, sobald ich den Court betrat. Ich war ein Mann, der seine innere Stärke irgendwo auf dem Weg verloren hatte, der möglichst nirgendwo anecken wollte und vor allem einem Grundsatz folgte: keine neuen emotionalen Verletzungen zu riskieren.
In dieser Phase lernte ich 2005 meine heutige Frau kennen. Meine selbst errichteten und „beschützenden" Mauern mussten fallen. Ihre Vision von einer gemeinsamen Zukunft schloss alles ein, worauf ich mich nie wieder einlassen wollte. Zu heiraten und eine Familie zu gründen war für mich zugleich das größte Risiko, wieder verletzt zu werden. Ich steckte fest – in meinen Gedanken an die Zukunft und der Frage: Wie soll es weitergehen?

Nun also das Jahr 2010. Ein Freund erzählt mir von **Tony Robbins**, von dem ich bis dato noch nie etwas gehört habe. Der Amerikaner ist einer der bekanntesten Life-Coaches der Welt und als ich sehe, dass er neben zig Tausenden von anderen Menschen auch Serena Williams und Andre Agassi geholfen hat, treffe ich endlich wieder eine mutige Entscheidung: Ich buche einen Flug nach Orlando und melde mich für ein viertägiges Robbins-Seminar an – zusammen mit einigen Tausend anderen Menschen. Eine Reise ins Unbekannte. Der Titel: „Unleash the power within!“, übersetzt also: **„Entfessele deine innere Kraft!“**

Die vier Tage sind kaum in Worte zu fassen, denn die Intensität und die Höchstgeschwindigkeit, in der man Antworten finden muss auf die grundlegendsten Fragen seines Daseins, ist mit nichts vergleichbar, was ich bisher erlebt habe. Wer bin ich? Wie ticke ich? Was will ich? Wovor habe ich Angst? Was hält mich fest? Was sind meine wichtigsten Werte und Prioritäten? Fragen, mit denen ich mich zuvor nie befasst habe. Die Antworten stellen mein Leben auf den Kopf. Es entsteht eine neue Klarheit, die mich bis heute leitet.

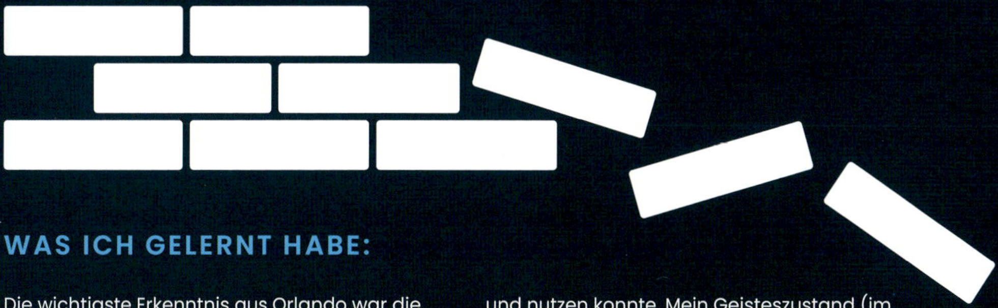

WAS ICH GELERNT HABE:

Die wichtigste Erkenntnis aus Orlando war die, dass ich mich jahrelang mit meiner Angst vor emotionalen Verletzungen selbst blockiert hatte. Ich habe realisiert, dass die Mauern, die mich zwar zu schützen schienen, gleichzeitig auch ein Gefängnis waren. Ein Gefängnis, das mich daran hinderte, die wichtigsten und schönsten Seiten des Lebens genießen zu können und die Freiheit und Kraft wahrzunehmen, dass ich mein Leben so gestalten kann, wie ich es für richtig halte. Vor meiner Krise war ich ein Mensch, der voller Zuversicht und Vertrauen in die Zukunft geschaut hatte, der bereit war, Risiken einzugehen und der Entscheidungen treffen konnte, ohne Angst davor zu haben, etwas zu verlieren. Daran habe ich mich in Orlando wieder erinnert. Sowohl privat als auch beruflich bewirkte diese neugewonnene Kraft eine Menge.
Außerdem hat mir Robbins aufgezeigt, wovon ich unbewusst mein ganzes Leben profitierte, was ich aber nie als Werkzeug wahrnehmen und nutzen konnte. Mein Geisteszustand (im Englischen spricht man vom „State“) ist von drei Faktoren abhängig – von meinem **Fokus**, meiner **Sprache** und meiner **Physis**. Sie formen meine Identität, die meine Entscheidungen im Leben prägt und die wiederum oft verantwortlich dafür sind, wie ich mich fühle.
Mir ist klar geworden: Ich kann zwar meine Gefühle nicht aktiv beeinflussen, aber ich kann meinen „State“ bewusst verändern, um mich anders zu fühlen. Was ich intuitiv schon immer wusste, wurde so zur Gewissheit: Tennis ist für mich eines der effektivsten Mittel, um meinen Geisteszustand, und damit auch mein Wohlbefinden, zu verbessern. Für mich ist das noch ein Grund mehr, regelmäßig Bälle zu schlagen. Diese Erkenntnis und das Bewusstsein über die Bedeutung meines „States“ spiegelt sich seitdem in all meinen Entscheidungen wider und ist gleichzeitig eine der wertvollsten Lektionen, die ich bisher in meinem Leben lernen durfte.

Spiel so, als wär's das letzte Mal

Es mag sich belastend anhören, aber es entspricht nun mal der Wahrheit: Alles im Leben wirst du eines Tages zum letzten Mal tun. Du wirst dir irgendwann einmal zum letzten Mal die Zähne putzen. Vorher hast du vielleicht deine letzte Pizza gegessen. Du wirst zum letzten Mal Auto fahren. Spazieren gehen. Telefonieren. Fernsehen. Alltägliche Dinge halt. Du wirst ein letztes Mal im Büro sitzen. Du wirst ein letztes Gespräch mit deinem Chef führen – wie viel vom Leben auch immer zu diesem Zeitpunkt noch vor dir liegen mag. Und irgendwann, so traurig es klingt, wirst du auch ein letztes Mal Tennis spielen.

Meistens wissen wir nicht, wann wir eine Sache zum letzten Mal machen. Überlege aber einmal, mit welcher inneren Haltung du den Tennisplatz betreten würdest, wenn du doch wüsstest, dass es gewiss das letzte Mal sein wird? Nehmen wir einmal an, dein Abschied vom Tennis hätte keine dramatischen Gründe, sondern wäre bloß deshalb unausweichlich, weil der Club in deinem Heimatdorf schließen muss und keine anderen Plätze in der Umgebung für dich erreichbar sind.

Glaubst du nicht auch, dass du dann viel weniger an deinen Fähigkeiten zweifeln würdest? Wahrscheinlich würdest du der kritischen Stimme in deinem Kopf nicht so viel Gehör schenken, weil dir ihre Meinung plötzlich gar nicht mehr so wichtig wäre. Nach einfachen Fehlern würdest du dich bestimmt nicht mehr ärgern, schämen, auch nicht beschimpfen – denn das Ergebnis wäre für dich zweitrangig. Ist ja schließlich eh das letzte Mal. Deshalb würdest du vermutlich auch weniger ängstlich und angespannt über den Court schleichen.

Würdest du das Spiel stattdessen nicht viel mehr genießen als je zuvor? Bestimmt würdest du (Wehmut hin oder her) alles daransetzen, jede Sekunde auf dem Court bewusst zu erleben – und die Zeit nicht genervt an dir vorbeiziehen zu lassen, nur weil du die Kugel nicht so triffst, wie du es gern tätest. Beim letzten Mal würde es dir vermutlich viel leichter fallen, ohne Verkrampfung durchzuschwingen. Du würdest dich an diesem herrlich satten Gefühl erfreuen, wenn der Ball (manchmal) genau auf die Mitte deiner Besaitung trifft. Du würdest den Sound des Treffpunkts lauter hören als sonst, dich auf jeden Augenblick fokussieren. Oder glaubst du, dass du Gedanken an etwas verschwenden würdest, was für das Spiel unbedeutend ist? Viel wahrscheinlicher ist doch, dass du noch einmal alles hineinlegen würdest in dieses eine letzte Spiel, völlig gleichgültig, ob du ein Match bestreitest oder nur Bälle schlägst. Du würdest jedem Ball nachjagen, auch den scheinbar unerreichbaren. Da wären zwar sicher Melancholie und Traurigkeit in deinem Herzen, weil Abschiede nun mal schmerzhaft sind – aber gerade deshalb würde dir deine Liebe zum Tennis bewusster werden als jemals zuvor.

Am Ende der Session würdest du vermutlich ausgepumpt vom Platz schlurfen. Vielleicht würdest du sogar behaupten, dass dies die beste Einheit deines Lebens war und du noch nie mit so viel Leidenschaft gespielt hast wie heute. Deshalb würdest du dich glücklich fühlen, im Reinen mit dir und der Welt. Beim Gedanken daran, dass es nun vorbei ist mit diesem Sport, hättest du vielleicht Tränen in den Augen. Ganz bestimmt aber würdest du dich fragen: Warum, verdammt noch mal, erst jetzt so?! Warum habe ich mit dieser Einstellung nicht schon viel früher gespielt?

Wir sollten uns öfter daran erinnern, dass wir alles irgendwann einmal zum letzten Mal tun werden. Aber nicht um permanent voller Schwere an das Ende zu denken, sondern um mutiger und neugieriger zu leben, und um dankbarer und demütiger zu sein für das, was da ist. Denn meist wissen wir nicht, wann wir etwas zum letzten Mal tun dürfen. Dein Abschied vom Tennisplatz liegt hoffentlich noch gaaaaaanz weit in der Zukunft. Du könntest allerdings schon heute so spielen, als wär's dein letztes Mal ...

Musst du oder darfst du?

Ist dir schon einmal aufgefallen, wie oft wir das Wort „müssen" verwenden? Wir sagen zum Beispiel: „Ich muss jetzt los, weil ich gleich Training habe." Oder: „Ich muss heute Abend noch zum Sport." Oder: „Ich muss jetzt einkaufen gehen, weil der Kühlschrank leer ist." Achte einmal in deinem Alltag darauf, wie oft du selbst und auch andere so sprechen. Wie wäre es, wenn du „müssen" künftig öfter durch „dürfen" ersetzen würdest? Wie fühlen sich die Sätze dann für dich an? Und wie verändert dieses Gefühl deine Perspektive auf das, was du tust?

„Ich bin meinen Weg gegangen, unabhängig davon, ob die Menschen um mich herum an mich glaubten oder nicht. Das ist auch das, was ich anderen als Botschaft mitgeben möchte: den eigenen Weg zu gehen, so steinig er auch werden kann, an sich zu glauben, an das Bauchgefühl, an die persönliche Intuition. Denn: Jeder hat seine eigene Geschichte, jeder muss sich darauf fokussieren, was ihm guttut. All dies zu wissen hat mir am Ende geholfen, jedes Mal nach einem Dämpfer zurückzukommen und dadurch auch die großen Erfolge zu genießen."

ANGELIQUE KERBER

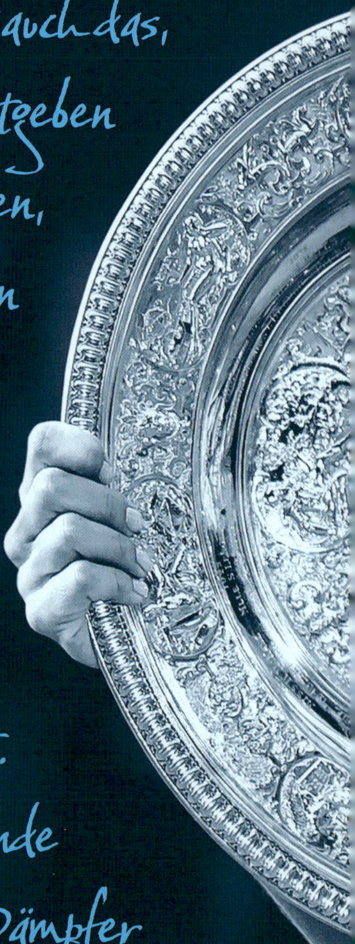

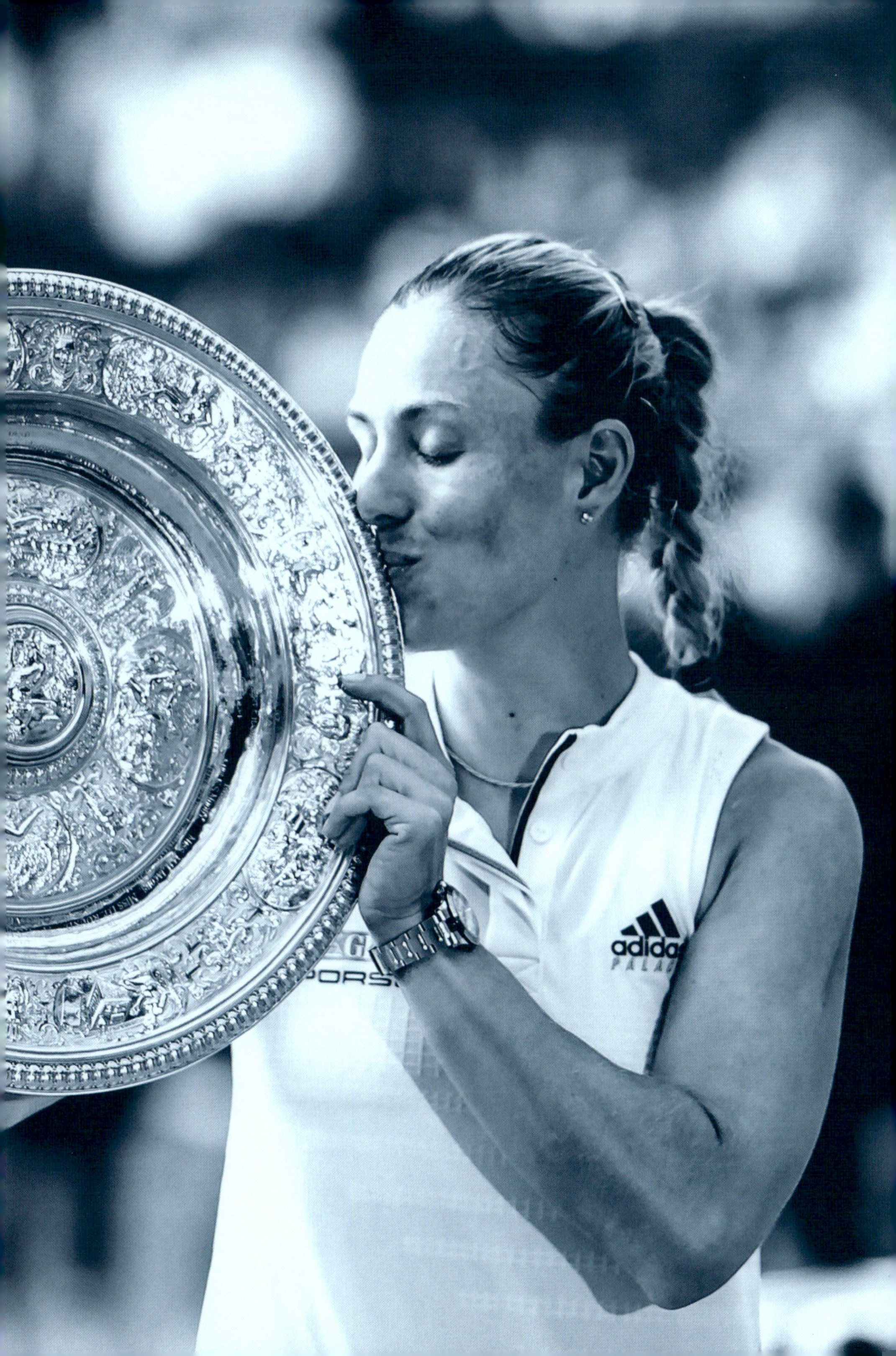

Geheimnis fürs Glück

Vielleicht fällt es dir in Zeiten globaler Unsicherheiten manchmal auch schwer, beschwingt durch das Leben zu tanzen. Mit Gelassenheit, Vertrauen und Optimismus auf eine wankende Welt zu blicken – auf Kriege, wirtschaftliche Krisen, die Klimabedrohung und die eigenen Sorgen und Nöte.

Den einen Hebel, mit dem sich die vielen Bedrohungen, die uns belasten können, von jetzt auf gleich ausschalten ließen, gibt es nicht. Was jedoch existiert, ist ein wertvolles Werkzeug, um in schwierigen Phasen den Blick trotzdem auf das Schöne zu richten, das ohne Zweifel immer existiert. Dieses Werkzeug ist eine kleine Frage mit großer Wirkung. Du kannst sie dir in jedem Moment deines Lebens stellen, wo auch immer du dich gerade befindest – natürlich auch beim Tennis. Die Frage lautet: **Wofür bist du heute dankbar?**

Philosophen und Großeltern raten schon seit Urzeiten dazu, Dankbarkeit zu kultivieren und zu praktizieren – sie sehen das Leben oft durch eine andere Brille. Inzwischen schließen sich auch immer mehr Wissenschaftler dieser Empfehlung an. Denn Dankbarkeit hat Einfluss auf die psychische und physische Gesundheit eines Menschen, das belegen Studien. Sie steigert das allgemeine Wohlbefinden und die Leistungsfähigkeit, gleichzeitig reduziert sie Stress, Schlafstörungen und Depressionen. Die USC Marshall School of Business in Los Angeles fand heraus, dass Dankbarkeit sogar Entzündungswerte im Blut reduziert, Schmerzsymptome lindert, das Immunsystem verbessert und den Blutdruck und die Gefahr eines Herzinfarkts senkt.

Ist das nicht verrückt? Wir können alle ohne großen Aufwand viel gesünder leben – indem wir uns dankbarer fühlen und dieser Dankbarkeit mehr Ausdruck verleihen. Der Nebeneffekt: Wir machen so die Welt zu einem besseren Ort. Stell dir vor, jeder Mensch würde sich täglich nur ein paar Minuten Zeit nehmen, um sich die vielen scheinbar selbstverständlichen Wunder des Lebens vor Augen zu führen, die gar nicht selbstverständlich sind. Wie viel entspannter, friedlicher und freundlicher könnte unser Zusammenleben dann sein?
Beim Tennis können wir den Anfang machen. Findest du nicht auch, dass allein die Tatsache, diesen Sport überhaupt ausüben zu können, schon ein so großes Privileg ist, das jeden Tag mit Dankbarkeit gewürdigt werden sollte?
Um keine Missverständnisse aufkommen zu lassen: Dankbar auf dem Court zu stehen bedeutet nicht, den Siegeswillen zu verlieren oder nach einer Niederlage nicht auch mal enttäuscht in der Ecke sitzen zu dürfen – Frust wird schließlich immer ein Teil des Lebens sein. Aber: Wenn du dich regelmäßig an die vielen Gründe erinnerst, warum du in jedem Augenblick dankbar sein kannst, findest du schneller zurück in die Spur. Die Bedeutung einer Niederlage verliert an Kraft. Oft fällt dadurch der Druck ab, der es uns so schwer machen kann, das Spiel zu genießen. Dankbarkeit ist ein Geheimnis fürs Glück – wir müssen uns nur daran erinnern ...

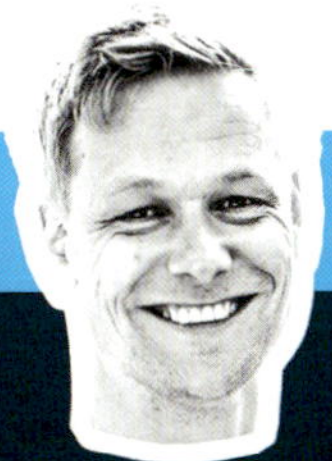

Aus meinem Tagebuch

MEIN TÄGLICHES RITUAL

Ende August 2020. In unserem Wohnzimmer steht neuerdings ein kleines Gefäß aus Glas. Ein Geschenk meiner Freundin zu meinem Geburtstag. Dazu schreibt sie mir: „Dies ist eine Dankbarkeitsbox. Notiere jeden Tag drei Dinge, für die du heute dankbar bist, auf einem Zettel und wirf ihn in die Box. Mit der Zeit entsteht eine Sammlung von Glücksmomenten." So einfach und so herrlich, denke ich! Zwar beschäftige ich mich schon lange mit diesem Thema und betrachte mein Leben zweifelsohne als ein Geschenk – aber ich habe daraus noch nie ein Ritual gemacht.
Von nun an kritzeln wir also beide jeden Abend einige Gedanken, die uns mit dem Gefühl von **Dankbarkeit** erfüllen, auf bunte Zettelchen und werfen sie zusammengefaltet in die Glasbox. Manchmal ist es die kurze Nachricht eines Freundes, die mich abends noch einmal erfreut. Ein Spaziergang durch den Wald. Ein Workout, das nur möglich war, weil mein Körper einwandfrei funktioniert. Ein Besuch beim Arzt, der mir bestätigt, dass alles okay ist. Oder eine Stunde auf dem Tennisplatz. Es gibt so viele Gründe, dankbar zu sein, stelle ich fest. Je mehr ich nach ihnen Ausschau halte, desto mehr fallen mir ein. Eine schöne Erkenntnis.

Inzwischen praktiziere ich diese Übung meistens gedanklich beim Einschlafen. So schalte ich mein Kopfkino aus und grübele auf dem Weg in den Schlaf weniger über meinen Alltag. Am Morgen scanne ich gern meinen Körper einmal von oben bis unten ab und stelle dankbar fest, dass er noch immer funktionstüchtig ist. Das Atmen klappt wie von selbst, die Beine lassen sich bewegen, die Hände können immer noch greifen, die Augen sehen und die Ohren hören. Nicht jedem geht es so gut wie mir. Die Wirkung von Dankbarkeit wird oft als Banalität abgetan. Was sie wirklich leisten kann, erfahre ich, wenn ich mich mit ihr befasse. Es ist der einfachste Weg, um meine Lebensqualität von einem auf den anderen Moment zu verbessern. Viktor Frankl, ein 1997 verstorbener Neurologe und Psychiater, soll einmal gesagt haben: „Was der Mensch wirklich will, ist nicht das Glücklichsein an sich, sondern einen Grund zum Glücklichsein." Ich finde: Der beste Grund ist das Leben selbst.

WAS ICH GELERNT HABE:

Routinen sorgen für Beständigkeit – und die ist eine Voraussetzung für Veränderungen. Je länger ich mein Dankbarkeitsritual praktiziere, desto einfacher fällt es mir, Gründe zu finden, und desto mehr stelle ich fest, wie reich mein Leben an wunderschönen Momenten ist. Besonders dann, wenn ich geneigt bin zu glauben, dass sich die Welt gegen mich verschworen hat. Mein Fokus bestimmt meine Realität. Das, worauf ich meine Aufmerksamkeit richte, verstärkt sich. Ob ich mehr auf das Gute oder mehr auf das Schlechte schaue, ist meine Entscheidung. Ich stelle immer häufiger fest, dass Dankbarkeit eine Allzweckwaffe gegen Angst, Frust, Ärger, Traurigkeit und viele andere negative Emotionen ist. Wenn ich Dankbarkeit für mein Leben empfinde, kann ich unmöglich im gleichen Moment Angst vor der Zukunft haben. Nicht falsch verstehen: Den Fokus auf die Dankbarkeit zu legen, bedeutet natürlich nicht, die Probleme in der Welt zu missachten oder zu leugnen. Allerdings: Es liegt in meiner Verantwortung, mich oft genug von ihnen abzugrenzen, um meine mentale Gesundheit und mein Wohlbefinden zu verteidigen. Dafür ist das Kultivieren von Dankbarkeit für mich der einfachste und beste Weg.

Wofür bist du heute dankbar?

Du kannst dich gar nicht oft genug mit dieser Frage befassen. Je mehr Dankbarkeit du für dein einzigartiges Leben empfindest, desto mehr Vertrauen und innere Ruhe können mit der Zeit in dir entstehen – und desto weniger Platz bleibt für Furcht, Misstrauen und Selbstzweifel. Wie wäre es, wenn du künftig vor jedem Betreten des Platzes kurz innehältst und überlegst, wofür du gerade Dankbarkeit empfindest? Probiere doch mal aus, was sich verändert, wenn du daraus ein Ritual entwickelst. Helfen kann dir dabei übrigens eine kurze BREAK-TIME – schau doch noch einmal auf Seite 36.

„Wir haben zwei Leben.

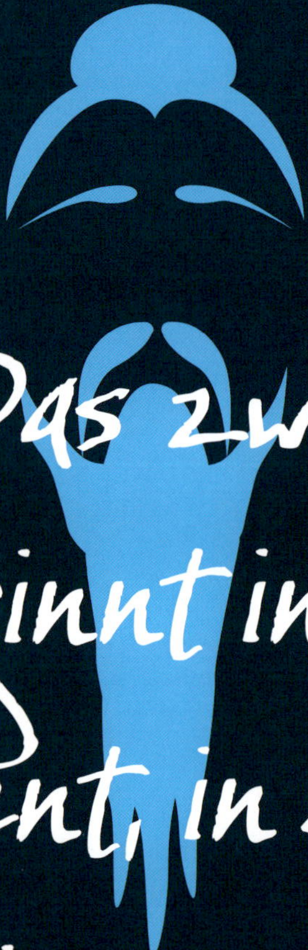

Das zweite beginnt in dem Moment, in dem wir realisieren, dass wir nur eins haben."

KONFUZIUS

Die zwei Wölfe in deinem Herzen

Es gibt eine Parabel, die von zwei Wölfen im Herzen eines Menschen erzählt. Die Geschichte lehrt uns, achtsam durch das Leben zu gehen, unsere Gedanken bewusst auszuwählen und immer wieder neu zu entscheiden, durch welche Brille wir blicken wollen – das ist auch beim Tennis hilfreich. Es existieren verschiedene Versionen dieser Geschichte. Unsere geht so:

Ein Großvater sitzt mit seinem Enkel in einem Wald am Lagerfeuer. Die beiden haben es sich gemütlich gemacht, als es langsam dunkel wird. Das Feuer knackt, und während sie immer dichter an die Flammen rücken, um sich von ihnen wärmen zu lassen, sprechen sie über das Leben. Der Großvater sagt: „Weißt du, mein Junge, du hast noch fast dein ganzes Leben vor dir. Es ist ein großes Geschenk und eine spannende Reise, aber nicht immer einfach. Du wirst viele Situationen erleben, in denen du dich fragst, was richtig ist für dich. Soll ich dir die Parabel der zwei Wölfe im Herzen erzählen? Sie kann dir ein innerer Kompass in schwierigen Momenten sein." Da der Junge die Geschichten seines Großvaters schon immer liebte, sagt er: „Oh ja! Bitte erzähle sie mir!"

„Manchmal fühlt es sich im Leben an, als ob im Herzen zwei Wölfe gegeneinander kämpfen würden", beginnt der Großvater zu erzählen. „Der eine ist der Wolf der Ängste, des Misstrauens und der Zweifel. Er bringt Leid, Wut, Schmerz und manchmal lässt er dich nachts schlecht schlafen. Der andere ist der Wolf der Freude und der Liebe. Er bringt dir angenehme Träume in der Nacht, schenkt dir Vertrauen, Mut, Zuversicht und innere Ruhe. Beide Wölfe werden sich immer wieder in deinem Leben umkreisen und bekämpfen, bis einer der beiden den Kampf verliert und zu Boden geht."

Großvater und Enkel blicken in die Dunkelheit. Nach einigen Sekunden des Schweigens fragt der Junge: „Großvater, welcher Wolf ist stärker?" Der Mann antwortet lächelnd: „Das, mein Junge, liegt in deiner Macht. Der Wolf, den du mehr fütterst, wird öfter gewinnen. Deshalb sei achtsam mit deinen Gedanken. Lerne beide Wölfe kennen – und wähle immer wieder bewusst, welchen Wolf du nähren möchtest."

Hast du Lust, deine beiden Wölfe besser kennenzulernen? Dann blättere jetzt um ...

Wenn du magst, nutze das Lesezeichen links oben und lies die Parabel noch einmal, bevor du das nächste Mal einen Tennisplatz betrittst. Erinnere dich beim Spielen an deine beiden Wölfe, vor allem wenn du dich in einer schwierigen Phase befindest und mit dir, deinem Spiel und den Umständen haderst. Entscheide dann bewusst, welchen Wolf du nun füttern möchtest. Kleiner Tipp: Der Wolf der Liebe ernährt sich besonders gern von ruhiger Atmung, fokussierter Aufmerksamkeit, einer freundlichen Ansprache und vielen kleinen Häppchen, die du in diesem Buch entdecken kannst. Denk dran: Liebe ist die größte Kraft …

Wann nimmst du einen Kampf der zwei Wölfe wahr?

Welchen Wolf fütterst du mehr?

Wie fühlt es sich an, wenn du deinen Wolf der Liebe nährst?

Von der Titanic in die Hall of Fame

Warum du niemals aufhören solltest, an das Unmögliche zu glauben

Kennst du Richard Norris Williams? Falls ja, dann lies die folgenden Zeilen bitte trotzdem, denn sie sind zu schön, um sie zu überblättern. Der in der Schweiz geborene Amerikaner wurde für eine jener Geschichten berühmt, die man am besten allen Menschen erzählen sollte, die aufgehört haben, an das scheinbar Unmögliche im Leben zu glauben. Die vergessen haben, Wunder für möglich zu halten, ihrer Intuition zu vertrauen und ihr unbeirrt zu folgen. Sie steckt voller Hoffnung, Leidenschaft und Liebe zum Tennis und geht so:

1911 wird Richard Schweizer Meister im Tennis, da ist er gerade 20 Jahre alt und gilt als große Hoffnung für die Zukunft. Ein Jahr später verlässt er das Land. Er will in Harvard studieren und in der Heimat seiner Eltern weiter an seinem Spiel feilen. Im Frühjahr geht er an Bord der Titanic, checkt mit seinem Vater Charles in der ersten Klasse des Kreuzfahrtschiffs ein. Am 14. April essen beide mit dem Kapitän Edward John Smith zu Abend. Ein paar Stunden später, da liegen sie bereits in ihren Betten, rammt das Schiff einen Eisberg im Nordatlantik. Die größte Katastrophe in der Geschichte der Kreuzfahrt nimmt ihren berühmten Lauf. Vater Charles wird von einem Trümmerteil erschlagen, doch der Sohn überlebt einen fast aussichtslosen Kampf im eiskalten Wasser. Er wird von der RMS Carpathia gerettet, ein anderes Schiff, das erst Stunden, nachdem die Titanic zu sinken begann, eintrifft. Doch Richard kann seine Beine nicht mehr spüren. Der Schiffsarzt rät ihm zur Amputation, die Schäden durch die Erfrierungen seien irreparabel und lebensgefährlich. Richard lehnt ab, weil er den Glauben an ein Wunder nicht aufgeben will.

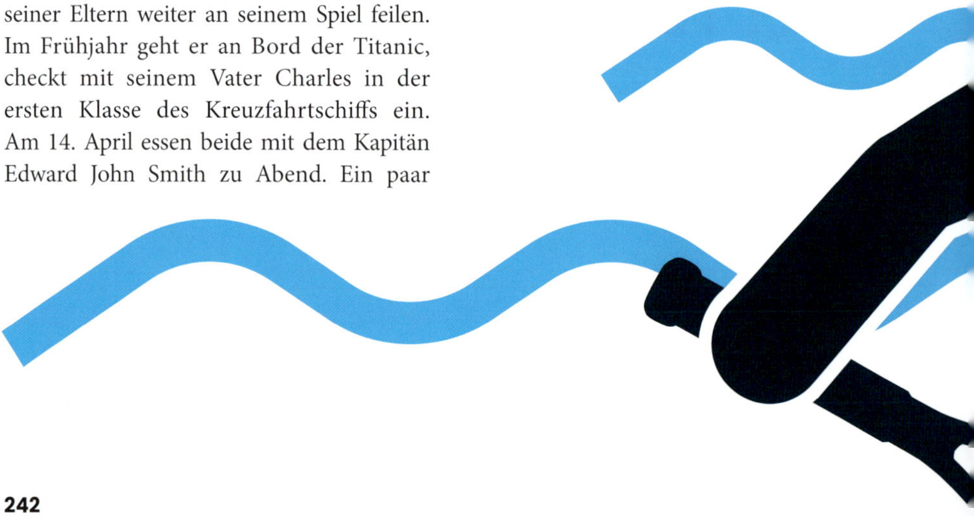

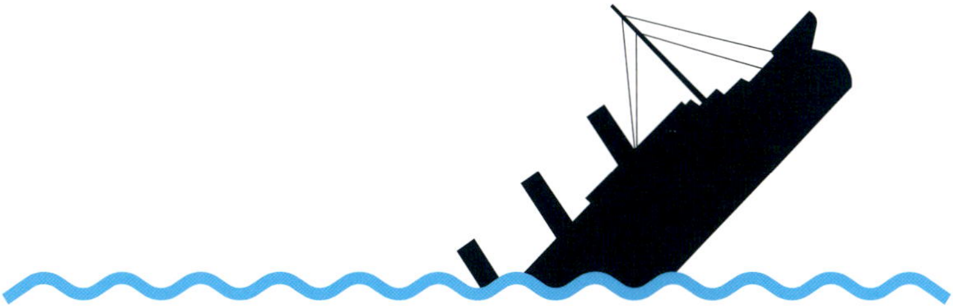

Angetrieben von seinem unbändigen Willen und auch von seiner Liebe zum Tennis, beginnt er, seine Beine zu wärmen, um die Durchblutung anzuregen. Nach wenigen Tagen passiert das, was die Ärzte später als ein Wunder der Medizin bezeichnen: Sein Zustand verbessert sich tatsächlich!
Drei Monate später startet Richard bei einem Turnier in Boston. Dort trifft er auf Karl Howell Behr, Wimbledon-Finalist im Doppel 1907. Das Verrückte: Auch Behr war an Bord der Titanic! Beide hatten sich kurz vor dem Unglück kennengelernt, was den Ausgang dieser Partie, den Sieg von Behr, völlig unbedeutend werden lässt. In den Jahren danach reift Richard zu einem Champion. 1914 und 1916 triumphiert er bei den US Open, damals hießen sie noch US Championships, weil sie eben noch keine offenen Meisterschaften waren und nur Amerikaner zur Teilnahme berechtigt waren. Richard zieht als Soldat in den Ersten Weltkrieg, überlebt auch diese brutale Zeit, wird 1920 Wimbledonsieger im Doppel und vier Jahre später an der Seite von Hazel Wightman Olympiasieger im Mixed. 1957 wird er in die Hall of Fame aufgenommen, den exklusiven Kreis der erfolgreichsten Spielerinnen und Spieler der Geschichte, die ihren Sport in besonderer Weise geprägt haben. Eine beeindruckende Laufbahn für einen Mann, der 45 Jahre zuvor nur deshalb seine beiden Beine retten konnte, weil das Undenkbare für ihn doch denkbar war.

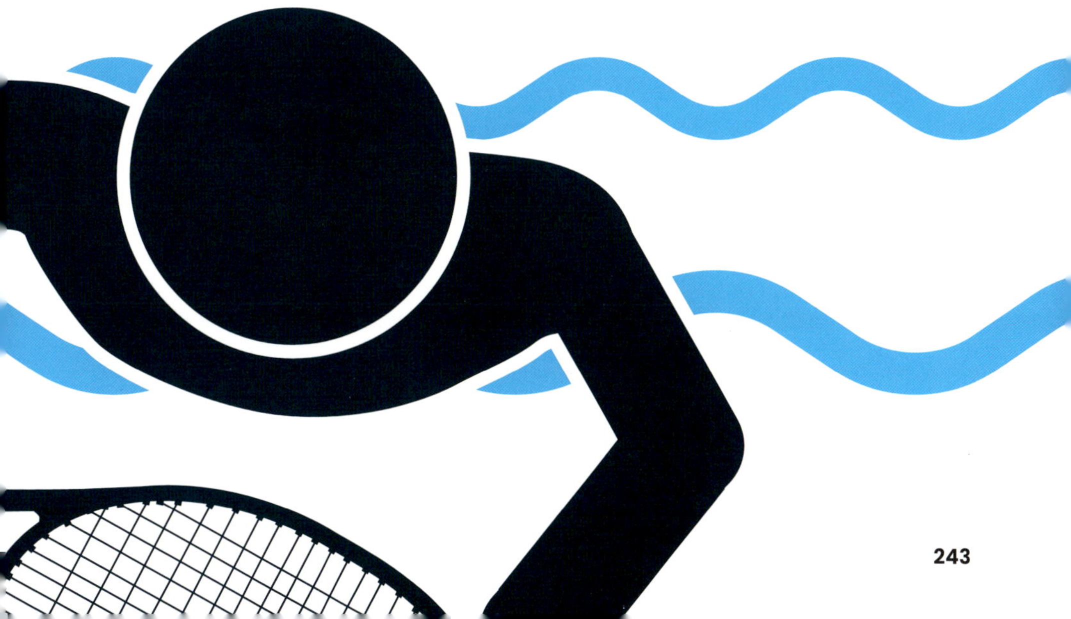

„Eigentlich sind alle Tage wundervoll. Bis auf die, die nicht ganz so wundervoll sind. Aber die sind auch wundervoll."

BENJAMIN BLÜMCHEN

Sind nicht auch alle Momente auf dem Tennisplatz wundervoll? Selbst jene, die sich im ersten Augenblick gar nicht wundervoll anfühlen? Findest du wirklich, Tagesform und Ergebnisse sollten darüber entscheiden, ob du dich wohlfühlst oder nicht? Oder kann die Tatsache, dass du überhaupt in der Lage bist, Bälle zu schlagen, bereits ausreichen, damit du dich pudelwohl fühlst? Am Ende ist es eine Entscheidung, einen Moment wundervoll finden zu wollen – und schon wird es zumindest einfacher ...

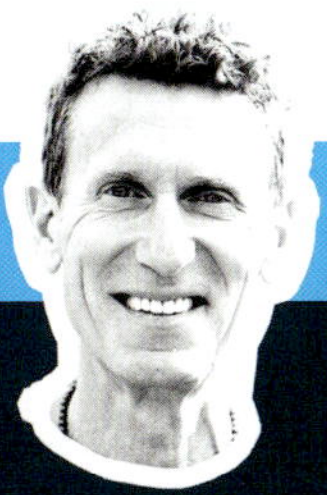

Aus meinem Tagebuch

RAUS AUS DER KOMFORTZONE

Irgendwann im Jahr 1978. Ich bin zwölf Jahre alt, denke noch keine Sekunde daran, eines Tages Tennisprofi werden zu wollen, und bin doch nicht zufrieden mit meiner Entwicklung. Ich will mehr, härter trainieren und schneller besser werden. In diesem Jahr bin ich bereits saarländischer Vizemeister geworden – nur knapp am Titel vorbeigeschrammt. Ich führte 4 : 1 im dritten Satz, dann war der Tank plötzlich leer. Mein Gegner war ein gewisser Frank Weyland, ein Jahr jünger als ich, aber keineswegs schlechter. Wir lagen uns nach dem Match weinend in den Armen – es war der Beginn einer wunderbaren Freundschaft, die noch heute etwas Besonderes ist und mir viel bedeutet.

Nun sitze ich mit meinem Vater im Auto auf dem Weg zu einem neuen Coach. Er heißt **Robert Rheinberger**, ist Australier und trainiert im TC Blau-Weiß Saarbrücken. Er soll ein besonders ehrgeiziger Kerl sein, so wie die meisten „Aussies", die ihr Training mit knallharten Drills aufbauen. Genau das, was ich brauche. Ich fühle mich gewappnet für die Herausforderung und bin bereit, an meine Grenzen zu gehen. Zumindest glaube ich das – bis die Erfahrung mich etwas anderes lehrt. Mein erstes Training mit Robert wird zum schlimmsten Trainingserlebnis meiner Jugend. Er scheucht mich so lange über den Court, bis ich kaum noch geradeaus gehen kann. Immer wieder ruft er: „Come on, Patrik, come on!" Ich glaube, die Worte hallen bis heute durch die Wälder von Saarbrücken. Ich beiße im wahrsten Sinne des Wortes meine Zähne zusammen, um irgendwie durchzuhalten. Nur nicht aufhören, die Blöße will ich mir nicht geben. Nach dem Training laufe ich zu meinem Vater, ich lasse mich in sein Auto fallen und beginne zu schluchzen. „Da will ich nie wieder hin", sage ich heulend. Es ist nicht so, dass ich vorher nicht auch intensiv trainiert hätte. Aber Roberts Pensum war eine andere Welt für mich.
Es vergehen ein paar Wochen und ich stehe doch wieder bei ihm auf dem Platz – mein Wille hat über meine Angst gesiegt. Mit der Zeit gewöhne ich mich an seine Schleifer-Methoden. Es ist der Beginn einer prägenden Zusammenarbeit, an die ich heute gern und in großer Dankbarkeit zurückdenke.

WAS ICH GELERNT HABE:

Die wichtigsten Erfahrungen lauern meistens jenseits der Komfortzone. Ich habe damals meine Angst vor Robert überwunden, weil ich intuitiv wusste, dass er mich und mein Spiel weiterbringen wird. Die Zusammenarbeit mit ihm hat mich rückblickend mit der nötigen Härte für den Leistungssport ausgestattet. Ohne dieses Rüstzeug hätte ich womöglich einige schwierige Phasen auf dem Weg ins Profigeschäft nicht überstanden – und später bestimmt weniger Erfolge gefeiert. Wenn ich heute vor einer großen Herausforderung stehe und ein Teil von mir am liebsten weglaufen würde, denke ich zurück an das Erlebnis mit Robert. Es hat mich gelehrt, Widerständen zu trotzen.

Die alte Dame und das Mädchen

Eine alte Dame sitzt auf einer Parkbank, als ein junges Mädchen vorbeikommt, mit traurigem Blick, den Kopf gesenkt. Die alte Dame fragt sie, warum sie so traurig schaue, schließlich sei das Leben doch so schön, sogar die Sonne lache am Himmel. Das Mädchen blickt die Frau an, dann sagt es: „Alles läuft schief in meinem Leben! Nichts von dem, was ich so gern möchte, funktioniert. Egal, wie sehr ich mich anstrenge – am Ende bin ich immer die Verliererin." Nach einer kurzen Pause fügt das Mädchen leise hinzu: „Manchmal möchte ich einfach aufgeben, denn so macht das alles keinen Spaß." Die alte Dame lächelt sanft und entgegnet ihr: „Setz dich zu mir, mein Kind. Und dann spitze deine Ohren, denn jetzt erzähle ich dir meine Geschichte vom Leben."

Dann beginnt sie zu sprechen: „Als ich noch ein Teenager war, etwa so alt wie du jetzt, ließen sich meine Eltern scheiden. Damals zerbrach zum ersten Mal meine heile Welt. Doch es war nur der erste von vielen weiteren, noch viel schlimmeren Schicksalsschlägen. Als ich 30 war, starb meine Tochter, sie war noch ein Kind. Durch die Trauer verloren mein Mann und ich unsere Verbindung zueinander. Ein paar Jahre später verließ er mich für eine andere und plötzlich war ich ganz allein. Ich suchte Trost im Alkohol, wollte meinen Kummer ertränken. Dadurch verlor ich meinen Job und landete auf der Straße. Ich hatte keine Wohnung mehr, kein Geld und kaum etwas anzuziehen. Ich war so tief gefallen, dass ich keinen Sinn mehr in meinem Leben sah." Die alte Dame atmet tief durch. „Das ist nun 50 Jahre her. Und ich lebe immer noch – heute sogar wieder glücklich!" Sie strahlt und ihre tiefen Falten betonen ihre warmen Augen.

Das Mädchen schaut die Dame interessiert an. Es fragt: „Was ist dann passiert? Wie haben Sie es geschafft, wieder auf die Beine zu kommen?" Die Dame antwortet: „Eines Nachts, als ich nicht schlafen konnte, blickte ich in den finsteren Himmel. Ich beobachtete die Sterne, die mich schon immer fasziniert hatten, und lauschte den Geräuschen der Nacht. Durch die unendliche Weite, in die ich blickte, begriff ich, wie klein ich selbst bin und welch ein Geschenk es ist, hier zu sein. Ich verstand, dass wir Menschen nicht auf der Welt sind, um uns unserem Schicksal zu fügen und uns in unserem Leid zu suhlen. Sondern dass wir hier sind, um Herausforderungen zu lösen. Jeder Mensch hat andere Aufgaben zu bewältigen. Je schwieriger sie sind, desto größer ist die Kraft desjenigen, der ihnen gegenübersteht." Sie schaut dem Mädchen tief in die Augen. „In diesem Moment schwor ich mir, von nun an wie eine Löwin zu kämpfen. Jeden Tag mein Bestes zu geben, um mir Schritt für Schritt ein schöneres Leben aufzubauen."

Das Mädchen lauscht aufmerksam. „So einfach war das?", wundert es sich. „Haben Sie danach nie wieder ans Aufgeben gedacht?"

Nun lacht die alte Dame laut. „Oh doch, mein Kind, das habe ich. Jeden einzelnen Tag habe ich ans Aufgeben gedacht. Manchmal ist das sogar heute noch so, denn schwierige Phasen gibt es immer wieder, das Leben verläuft nie gradlinig. Aber soll ich dir verraten, wie ich es schaffe, trotzdem immer weiterzumachen?“ „Unbedingt!“, ruft das Mädchen, es ist nun ganz aufgeregt, das Geheimnis für den Erfolg der alten Dame zu erfahren. „Hör gut zu“, beginnt die alte Dame, „denn was jetzt kommt, kann auch dein Leben verändern.“ Dann spricht sie: „Jeden Morgen nach dem Aufwachen, wenn mir der neue Tag wieder einmal wie ein unbezwingbarer Berg erscheint, spreche ich diese Worte ein paar Mal hintereinander laut zu mir selbst: Heute gibst du nicht auf! Frühestens morgen, aber auf keinen Fall heute!“

Glaubst du an Wunder?

1 : 400.000.000.000.000

Noch einmal in Worten: eins zu vierhundert Billionen. So winzig war angeblich die Wahrscheinlichkeit für dich, als der einzigartige Mensch auf die Welt zu kommen, der du bist – also in der genetischen Konstellation, die dich auszeichnet und zu einem Unikat macht. Mit deinen Fähigkeiten, deinen Begabungen, deinen Besonderheiten, deinem Aussehen, deinen Eigenschaften. Wissenschaftler sollen diese Zahl errechnet haben. Sie beruht auf den Gesetzmäßigkeiten der Fortpflanzung und darauf, dass neben deinen Eltern zuvor bereits deine Großeltern, Urgroßeltern usw. zu einem Paar werden mussten, damit du, so wie du bist, entstehen konntest. Es kursieren allerdings auch Behauptungen, nach denen die Wahrscheinlichkeit eines jeden Lebens sogar noch geringer sei – nämlich bei eins zu vierhundert Trilliarden. Das wären noch ein paar Nullen mehr. Aber mal ehrlich, kommt's darauf noch an? Fest steht: Es war weit unwahrscheinlicher, dich als Gast auf diesem Planeten begrüßen zu dürfen, als einen Sechser im Lotto mit der richtigen Superzahl zu erzielen. Die Chancen auf den Jackpot nämlich stehen bei 1 : 140 Millionen und sind damit vergleichsweise hoch.

Bedenke nun, welch ein fantastisches Leben du führen darfst – was auch immer sich an Schwierigkeiten und Herausforderungen auftun mag. Du lebst in einem der reichsten und schönsten Länder der Welt. Wenn du dieses Buch liest, ist die Wahrscheinlichkeit hoch, dass du auch Tennis spielen kannst. Deine Möglichkeiten zur Entfaltung sind fast grenzenlos. Ist das nicht wundervoll?

Wenn du selbst also bereits ein Wunder bist, und anders kann man es nicht bezeichnen, fällt es dir dann nicht gleich viel leichter, an andere Wunder zu glauben und vielleicht auch auf dem Tennisplatz mehr Wunder für möglich zu halten?

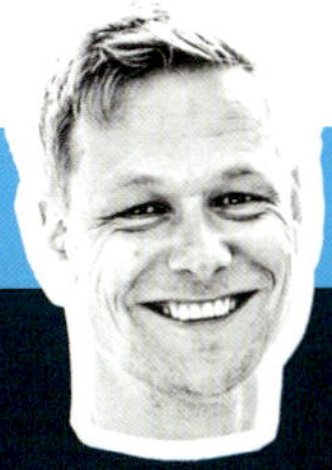

Aus meinem Tagebuch

TENNIS – MEIN SPIEGEL DES LEBENS

Januar 2023. Während die letzten Seiten dieses Buches entstehen, denke ich viel an die Anfänge. Daran, wie meine ersten Tennisbälle quer durch den Garten meiner Großmutter flogen und wie viele glückliche Momente ich diesem Sport seitdem zu verdanken habe. Ich konnte soeben geradeaus laufen, da hatte Omi mich bereits mit ihrer Begeisterung für diesen Sport infiziert. Nichts zog mich so an wie ihr viel zu schwerer schwarzer Pro-Kennex-Schläger, der immer im Flur an der Garderobe lag. Dank ihrer großmütterlichen Gutmütigkeit durfte ich mit diesem Teil so ziemlich alles anstellen, was ich wollte.
Sie war es auch, mit der ich ein paar Jahre später zum ersten Mal ein Match im Fernsehen anschaute, Wimbledon 1991. Ich erinnere mich, dass RTL übertrug und Ulli Potofski moderierte. Sie fand ihn knorke, mokierte sich aber köstlich über seinen Wuschelkopf. Wir saßen im Fernsehzimmer (ja, gab es wirklich!) vor der kleinen Flimmerkiste, jeder mit einem Schälchen Vanille-Eis in der Hand, und wenn meines leer war, stiefelte sie unaufgefordert nach unten in die Küche und brachte mir einen Nachschlag. Erinnerungen, die mir heute unendlich kostbar erscheinen.
Michael Stich gewann in jenem Jahr den Titel im All England Club und sein größter Triumph wurde nicht nur zu einer Initialzündung für seine erfolgreiche Karriere, sondern irgendwie ebnete er ein bisschen auch meinen Weg.
Ein paar Wochen später bekam ich die ersten Trainerstunden, der Sport entwickelte sich zum Nabel meiner Welt. Dass ausgerechnet Michael nun das Vorwort zu diesem Buch geschrieben hat, ist für mich eine der Synchronizitäten des Lebens, von denen sich so viele wunderbare finden lassen, wenn man nur genau hinschaut.

Als Kind lernte ich Weltranglisten im tennis MAGAZIN auswendig. Ich konnte nicht nur sämtliche Spieler der Top 50 in der richtigen Reihenfolge aufzählen, sondern kannte auch die genauen Punktzahlen und die Anzahl der gespielten Turniere. Ergebnisse hatte ich über Jahre verinnerlicht. Wie fast jeder tennisverrückte Junge träumte auch ich davon, irgendwann meinen eigenen Namen in dieser Liste zu finden. Aber nicht weil ich dann reich und berühmt sein würde, sondern weil ich jeden Tag das tun könnte, was ich liebe, dachte ich – Tennis spielen. Der Glaube an die Grenzenlosigkeit dominierte da noch in meinem Kopf, Zweifel spielten kaum eine Rolle. Es brauchte aber nur ein paar krachende Niederlagen, um diesen kühnen Traum erst in Frage zu stellen und ihn dann schnell zu begraben. Heute weiß ich, dass es ein Selbstschutz war. Meine Angst vor dem Gefühl des Scheiterns war zu groß, meine innere Widerstandsfähigkeit zu gering.

Für mich war ein anderer Weg vorgesehen. Je älter ich wurde, desto mehr entwickelte sich Tennis zu einem Türöffner in meine Innenwelt. Ich habe mich auf dem Tennisplatz zum ersten Mal mit **inneren Dialogen** beschäftigt und festgestellt, dass es nicht nur eines meiner Lebensthemen ist, sondern für alle Menschen ein Schlüssel zu einem glücklichen Leben sein kann. Wenn meine Vorhand früher dreimal in Folge in die Netzmaschen sauste, stempelte ich meine Tagesform schnell als miserabel ab und weitete mein zuweilen vernichtendes Selbsturteil gern auch auf andere Bereiche meines Lebens aus. Mein Umgang mit mir auf dem Platz war von wenig Warmherzigkeit und noch weniger Verständnis für meine Fehler und Schwächen geprägt.

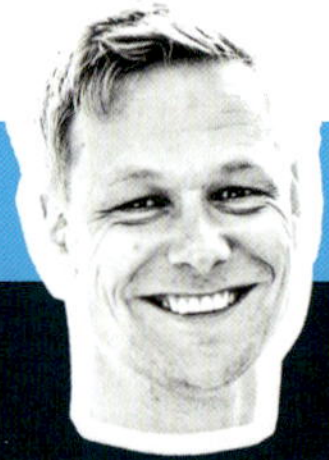

Aus meinem Tagebuch

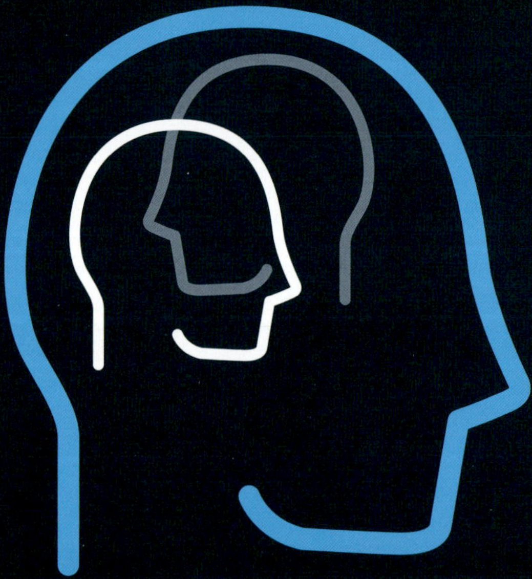

Eines Tages stieß ich auf Timothy Gallweys *The Inner Game of Tennis* und war fasziniert von seiner Frage, wer bei Selbstgesprächen mit wem spricht. Wer ist Absender und wer ist Empfänger der Botschaften? Ich erfuhr, dass man zur Vereinfachung der komplexen menschlichen Psyche ein **Selbst 1** und ein **Selbst 2** unterscheiden kann. Mein Selbst 1, das beurteilende Ego, bewertet, kommandiert und vergleicht, es zweifelt und schürt meine Ängste, kann aber auch für positive Gefühle und eine innere Befriedigung sorgen. Mein Selbst 2 kommt ohne wertende Beurteilung aus. Es ist das, was man als natürliches Bewusstsein bezeichnen kann und das all meine menschlichen Anlagen bündelt, die es mir zum Beispiel einst ermöglichten, das Laufen oder Sprechen zu lernen. Und koordinativ anspruchsvolle Bewegungen mit einem Tennisschläger auszuführen. Den Grund für die oft zermürbenden inneren Dialoge erklärte mir Gallwey in seinem Buch (und später auch in vielen Workshops) so: Selbst 1 zweifelt an den Begabungen von Selbst 2 und will deshalb die Kontrolle behalten. Ich stellte fest, dass es längst nicht nur beim Tennis so ist.

Ohne meine Liebe zum Tennissport und einige fürchterliche Pleiten, die mir meine seelische Verwundbarkeit früh offenbart haben, hätte ich wohl erst viel später verstanden, dass sich meine **Stimmen im Kopf** niemals auf Befehl zum Schweigen bringen lassen. Sie sind und bleiben stets ein Teil von mir. Bekämpfe ich sie, werden sie lauter. Der beste Umgang mit ihnen, das ist bis heute für mich eine der wichtigsten Lehren des Lebens, geht so: wahrnehmen, akzeptieren und ihnen ein Lächeln schenken. Dann werden sie leiser. Warum lernt man das eigentlich nicht in der Schule?
Durch meine Tenniswelt durfte ich in jungen Jahren erfahren, womit sich andere oft erst

beschäftigen, wenn sie sich mit einem Burnout zum Schweigen in ein Kloster zurückziehen: wie wichtig es ist, im **Hier und Jetzt** zu leben. Das größte Leid kreiere ich selbst durch meine Gedanken, die in die Zukunft schweifen (zum nächsten Punkt) oder über Vergangenes grübeln (den Doppelfehler beim Satzball). Das ist zwar höchstens kurzzeitig vermeidbar, bemerke ich es jedoch, kann ich sie zurück auf den Augenblick lenken. An der Vergangenheit festzuhalten ist ähnlich, wie an einem Mückenstich zu kratzen – je mehr man kratzt, desto schlimmer juckt er. Mit zunehmender Lebenserfahrung, werden die Anwendungsbereiche für diese Erkenntnis herausfordernder. Ich ahne inzwischen, dass sie mich wohl ein Leben lang begleiten und stets mit Fort- und Rückschritten verbunden sein könnten.

Auf dem Tennisplatz stelle ich immer wieder aufs Neue fest, was es heißt, mir und meinen Stärken zu **vertrauen**. An manchen Tagen entdecke ich, welche Power entsteht, wenn ich mich unbesiegbar fühle. Dann habe ich die größte Chance, den Flow zu erleben – für mich das schönste Gefühl überhaupt. Wie im Rausch, angetrieben von einer inneren Kraft, die Bälle in der gegnerischen Hälfte zu versenken, die plötzlich so groß wirkt wie ein Fußballfeld. Alles ist möglich, wenn ich das beglückende Gefühl der Verbundenheit mit dem Moment spüre und ich zumindest kurzzeitig mit dem Nachdenken aufhöre.

Wesentlich häufiger als das Gefühl des Flows habe ich allerdings erleben müssen, was passieren kann, wenn mein Glaube an mich selbst plötzlich zu bröckeln beginnt und mein Spiel wie eine trockene Sandburg in sich zusammenfällt. Zwischen stabilem Fundament und akuter Einsturzgefahr liegen manchmal nur wenige Sekunden.

Natürlich lerne ich beim Tennis immer wieder, dass es zu jedem Zeitpunkt, so aussichtslos eine Situation erscheinen mag, Grund zur **Hoffnung** gibt. Wie man sich durchbeißt und Widerständen trotzt, Verantwortung für die eigenen Entscheidungen übernimmt und lernt, der Intuition zu folgen. Tennis lässt mich aber auch regelmäßig darüber philosophieren, warum mir das **Gewinnen** wichtig ist – auch abseits des Courts. Die Frage klingt banal, doch die Antworten lassen tief blicken. Geht es mir darum, mir und anderen meine Stärke zu beweisen? Mein Selbstvertrauen durch Applaus und Anerkennung aufzumöbeln? Manchmal bestimmt. Allerdings weiß ich inzwischen: Die Tatsache, dass all diese Motive von einem erfolgreichen Ergebnis abhängen, das nicht immer in meiner Macht liegt, führt meist nicht zu besseren Leistungen – sondern zu mehr Zweifeln, Druck, Angst, Frust und Enttäuschung. Sobald ich spiele, weil ich es liebe zu spielen (schau dir bitte gleich noch einmal das Zitat von Andrea Petkovic auf Seite 207 an) und weil ich neugierig bin, einen neuen Leistungszenit zu entdecken, mache ich mein Wohlbefinden unabhängiger vom Ausgang des Matches.

Tennis lehrt mich auch immer wieder, mir selbst mit **Wertschätzung** und **Respekt** zu begegnen, ja liebevoller mit mir umzugehen. Eine Vorstellung, die sich lange fremd für mich anfühlte, weil ich glaubte, innere Stärke basiere auf Härte gegen sich selbst. Inzwischen glaube ich zu wissen, dass ein glückliches und erfülltes Leben in einer gesunden Innenwelt beginnt. Ich stelle fest: Wenn ich mein Leben liebe und genieße, dann liebe und genieße ich auch das Tennisspiel viel mehr – und umgekehrt! Seit mehr als 30 Jahren ist **Tennis das schönste Spiel des Lebens** für mich. Ich freue mich auf die nächsten 30 Jahre. Und dann hoffentlich noch einmal ...

Du feierst morgen deinen 90. Geburtstag.

Auf **welches Leben** möchtest du zurückblicken?

Beame dich einmal viele Jahre und wahrscheinlich einige Jahrzehnte in die Zukunft. Stell dir vor, du sitzt an einem lauen Sommertag in deinem Garten, erfreust dich an den singenden Vögeln, blickst in den Himmel und auf dein langes Leben zurück. An was möchtest du dich erinnern? Wofür möchtest du anderen in Erinnerung bleiben? Was soll wirklich wichtig gewesen sein in deinem Leben? Worauf möchtest du stolz sein können? Diese Reflexion kannst du von Zeit zu Zeit wiederholen. Manchmal wird es eine kurze Erinnerung an deine Prioritäten sein, manchmal kannst du aber auch auf ganz neue Antworten stoßen …

„Die Freude am Spiel gehört dem, der sie entdeckt."

PATRIK & FELIX

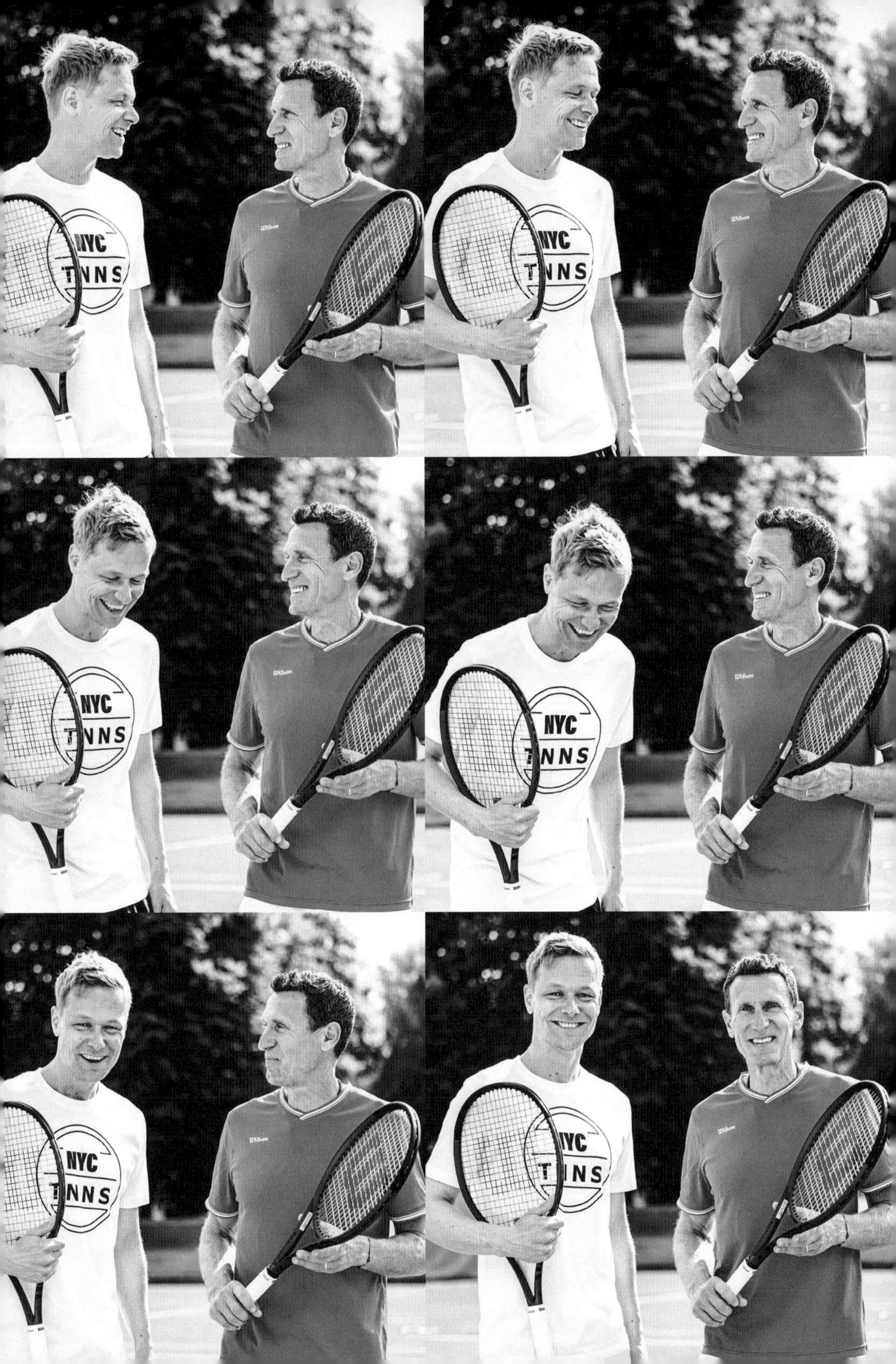
NYC
TNNS
Wilson

FINALE

Patrik und Felix im Gespräch

Wir haben uns sehr viel unterhalten während dieses Buch entstanden ist. Zusammengerechnet wahrscheinlich ein paar Hundert Stunden. Manchmal dachten wir zwischendurch: Hätten wir bloß frühzeitig angefangen, unsere Gespräche aufzuzeichnen, wer weiß, was sich daraus noch ergeben hätte? Ganz am Ende des langen und schönen Entstehungsprozesses dieses Werks, als das letzte Wort von Kapitel fünf bereits geschrieben ist und auch unser Layouter seine Arbeit schon fast beendet hat, sitzen wir noch einmal beim Abendessen zusammen in München. Diesmal läuft das Aufnahmegerät ...

FG: Patrik, wir haben in den letzten Monaten mehr als 250 Seiten mit unseren Gedanken übers Tennisspiel, das Leben und wie beides zusammengehört gefüllt. Glaubst du, alles ist gesagt?

PK: Kann man überhaupt alles über diese Themen sagen? Ich finde, wir haben sehr viel aufgeschrieben, und jetzt, in diesem Moment, fällt mir keine Botschaft ein, die wir vergessen haben könnten. Wir wollen ja auch nicht den Anspruch vermitteln, dass wir alles wüssten. Wir teilen unsere Erfahrungen und erzählen, was uns hilft, um das Tennisspiel und das Leben noch mehr zu genießen. Aber wir sagen nicht, was richtig oder falsch ist. Nicht alles, was für mich stimmig ist, passt auch für dich – und umgekehrt. Ich glaube, diese Message ist sehr wichtig.

FG: Deshalb haben wir sie ja auch schon ganz vorn in unserem Warm-up erwähnt. Ich finde, wenn jeder Leser nur einen Impuls aus diesem Buch für sich herausziehen würde, der ihn oder sie im Herzen erreicht hat, dann auf dem Tennisplatz damit experimentiert und ihn vielleicht sogar in andere Lebensbereiche überträgt, hätten wir mit diesem Buch schon viel bewirkt. Manchmal genügt eine kleine Erinnerung, um etwas Großes zu verändern. Ein Perspektivwechsel kann reichen, um das ganze Leben anders zu sehen. Deshalb glaube ich ganz fest daran, dass dieses Buch das Leben von allen Tennisspielern da draußen wirklich verbessern kann.

PK: Da bin ich komplett bei dir. Ich gebe dir ein Beispiel: Tennis hat für mich heute eine ganz andere Bedeutung als zu meiner Zeit als Profi. Ich habe erst nach meiner Karriere gelernt und verstanden, wie viel Freude mir dieser Sport wirklich bereitet und wie wichtig Tennis tatsächlich für mein Leben ist – und zwar nicht, weil mich der Sport ernährt, sondern weil er mich erfüllt. Seit ich mir dieser Bedeutung bewusst bin, nehme ich mich und meine Umwelt beim Spielen anders wahr. Meine Prioritäten haben sich verändert. Mir geht's nicht mehr darum, Matches zu

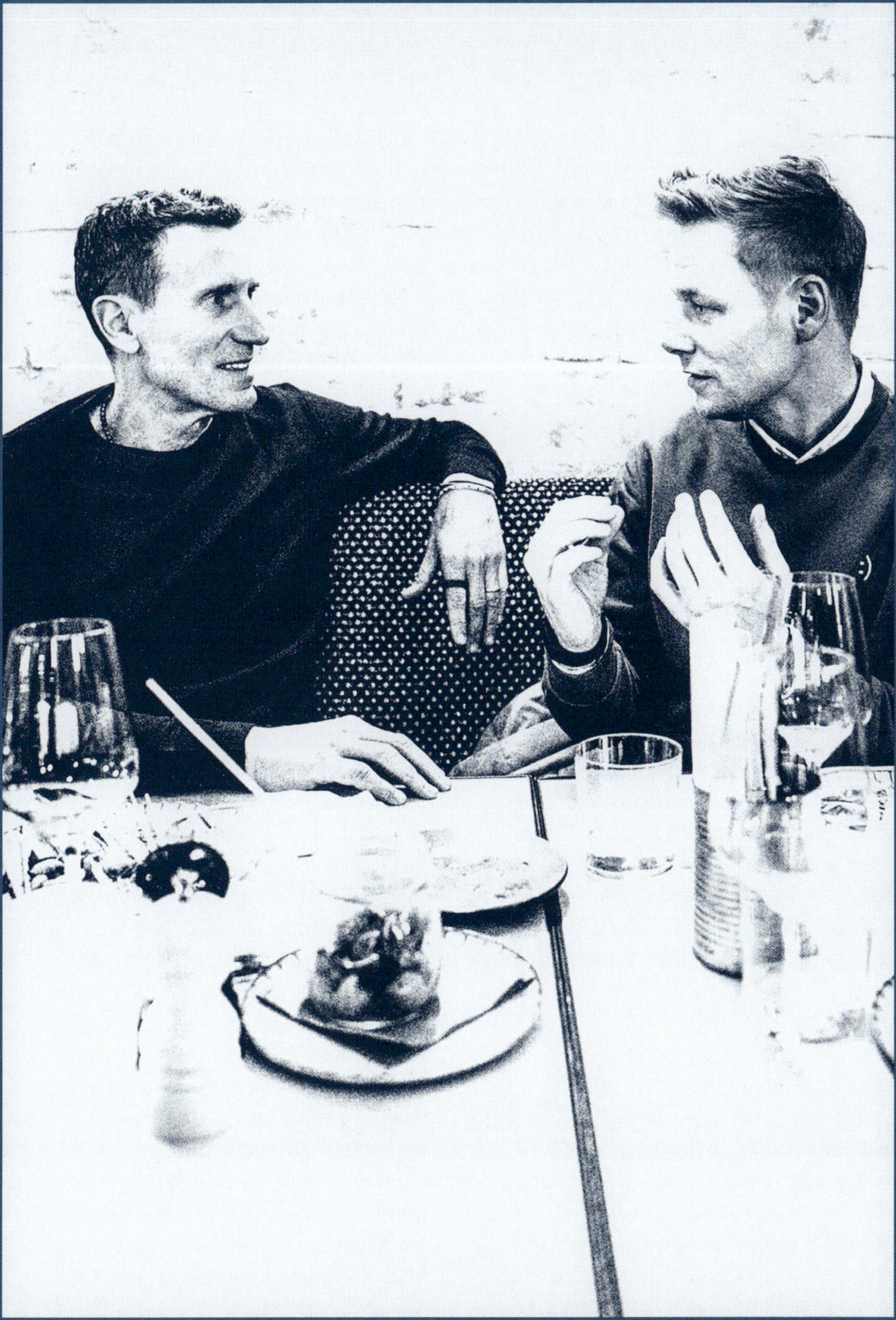

gewinnen und mich darüber zu definieren, ob ich Erfolg habe oder nicht. Natürlich will ich auch heute noch gut spielen, aber was für mich wirklich zählt, ist die Freude am Spiel.

FG: Kann man doch auch super auf unser gemeinsames Projekt übertragen: Angenommen, niemand würde unser Buch lesen wollen, dann wäre ich zwar enttäuscht und du wahrscheinlich auch. Aber so widersprüchlich es klingt: Ich wäre gleichzeitig immer noch glücklich übers Produkt, weil unsere Zusammenarbeit so viel Spaß macht und der Prozess von der Idee bis zum fertigen Werk für mich Erfüllung pur ist. Dieses Gefühl kann mir niemand mehr nehmen. Ich finde, das ist der größte Game-Changer – beim Tennisspielen und genauso bei allem anderen: zu genießen, was du tust, und deine Glückseligkeit nicht von einem Ergebnis abhängig zu machen. Das macht so vieles plötzlich so viel einfacher und schöner. Ich habe schon oft erlebt, dass ich viel besser Tennis spiele, wenn ich mich vom Zwang befreie, unbedingt gewinnen zu müssen. Und weil ich besser spiele, gewinne ich dann auch öfter, obwohl es mir nicht mehr so viel bedeutet. Weißt du, was ich glaube, was das größte Problem vieler Menschen ist?

PK: Bin gespannt ...

FG: Wir vergleichen uns zu viel mit anderen und wir hören zu viel auf das, was andere über uns sagen, ganz davon zu schweigen, wie oft wir uns einbilden, man würde uns belächeln oder verurteilen, obwohl es gar nicht der Fall ist. Warum fürchten wir uns davor, ein Match zu verlieren? In den seltensten Fällen, weil das Resultat tatsächlich unangenehme Konsequenzen hätte. Meistens haben wir Angst vor dem Gefühl, das eine Niederlage in uns auslösen kann. Wir wollen uns nicht klein, unterlegen und geschlagen fühlen, weil wir irgendwann einmal gelernt haben, dass man diese Attribute mit einem Verlierer verbindet – und dass es im Leben nicht so cool ist, ein Verlierer zu sein. Und weil wir diese Glaubenssätze verinnerlicht haben, können wir manchmal nicht schlafen vor einem Wettkampf, stehen angespannt und nervös auf dem Platz, beschimpfen uns, wenn es nicht läuft, und sind deshalb meilenweit davon entfernt, so zu spielen, wie wir es könnten. Dass wir den Sport eigentlich lieben, gerät in diesem Modus in Vergessenheit. Das lässt sich auf fast jeden Lebensbereich übertragen.

PK: Ich glaube, dass der Begriff der Nervosität ziemlich negativ besetzt ist, im Freizeitsport wahrscheinlich besonders häufig. Dabei kann sie hilfreich sein. Bis zu einem gewissen Grad brauchst du eine Anspannung im Körper, damit du in der Lage bist, alles aus dir herauszuholen. Selbst Rafael Nadal erzählt, dass er nach mehr als einem Dutzend Titeln bei den French Open immer noch nervös ist, wenn er den Chatrier (Center Court in Paris, *Anm.*) betritt. Ohne Nervosität wäre er nicht in der Lage, bis ans Limit zu gehen. Das Problem entsteht erst dann, wenn aus gesunder Nervosität eine ungesunde Angst wird. Du kennst ja die Geschichte vom Davis-Cup-Finale 1993, als ich am Abend vor dem Doppel in meinem Zimmer saß und Panik bei dem Gedanken bekam, am nächsten Tag rauszugehen und mit Michael (Stich, *Anm.*) dieses wichtige Match zu spielen.

FG: Damals hast du deinen Coach Helmut Lüthy angerufen und er hat dir immer wieder eine einzige wunderbare Frage, bestehend aus zwei Worten, gestellt: „Und dann?“ Die Geschichte ist Teil von Kapitel vier, wo es um den Umgang mit Krisen geht. Ich finde, sie ist eine deiner schönsten Anekdoten in diesem Buch.

PK: Ich hatte Tränen in den Augen, als die Story entstanden ist. Helmut wurde wieder so lebendig für mich. Ich vermisse ihn ...

FG: War er dein wichtigster Mentor?

PK: Es gab einige Trainer und Coaches, die wichtig waren für mich. Robert Rheinberger vor allem in meiner frühen Jugend, oder Edouard Samuel, der mich lange im Verbandstraining betreut hat. Aber die Beziehung zu Helmut war etwas Besonderes. Er hatte die tolle Gabe, schwierigen Situationen mit Leichtigkeit zu begegnen. Er war jemand, der mit einem Lächeln durchs Leben ging, sein Glas war stets halbvoll. Helmut hat mehr über Lösungen gesprochen als über Probleme, das hat mir schon damals imponiert. Ich verbinde zwei wertvolle Fragen mit ihm, die er mir sehr oft gestellt hat. Wir haben sie auch als Reflexionsfragen im Buch, und zwar im Kapitel Training & Vorbereitung. Sie lauten: Was ist dein Ziel? Und was bist du bereit dafür zu tun?

FG: Zwei absolute Power-Fragen, weil sie ins Handeln führen – vom Reden und Träumen zum Machen. Es gibt übrigens noch eine dritte Frage, die ich in diesem Zusammenhang super finde und die in diesem Buch noch nicht aufgetaucht ist: Was hält dich bisher davon ab, dein Ziel zu verfolgen?

PK: Stark! Die Antwort darauf schafft Klarheit – und Klarheit ist Power! Ganz egal, ob es um ein Tennismatch geht, in dem ich nur mit einem klaren Blick auf die Situation die notwendigen Veränderungen vornehmen kann. Oder ob es sich um große Lebensziele handelt. Wenn du weißt, was dem Erreichen deiner Ziele im Wege steht, hast du die Macht, deine Strategie zu wechseln. Wir lernen alle aus unseren Erfahrungen, das finde ich total wichtig. Zu wissen, wie etwas nicht funktioniert, kann eine wertvolle Erkenntnis sein, weil ich daraus meistens ableiten kann, wie es stattdessen besser klappen könnte.

FG: Ich finde, das Reflektieren ist eines der wichtigsten Tools für jegliche Form der Klarheit im Leben. Es beginnt doch schon damit, sich selbst besser kennenzulernen. Deshalb finde ich die Frage „Wer bist du?“ im letzten Kapitel so großartig. Ich habe die Übung das erste Mal vor ein paar Jahren in einem Seminar gemacht. Wir haben damals alle unser Handy aus der Tasche geholt und jeder hat ganz für sich allein ein Selfie-Video aufgenommen und diese Frage beantwortet. Das war eine unglaubliche Erfahrung. Bewegend, berührend und irgendwie auch verwirrend. Ich wiederhole das von Zeit zu Zeit, und ehrlich gesagt habe ich jedes Mal ein wenig Bammel davor. Mir wird dabei immer klarer, wie unbedeutend so viel von dem ist, wovon man sich im Leben gern blenden lässt – Erfolge, Status, Anerkennung, die Meinungen anderer Menschen und so weiter. Wenn man erkennt, dass das, was zählt, selten zählbar ist, bekommt das Leben einen anderen Wert. Angst vor einer Niederlage auf dem Tennisplatz, finde ich, kann man dann gar nicht mehr haben.

PK: Deshalb bestätigen auch fast alle Spitzenspieler, dass ihnen Höchstleistungen noch wichtiger sind als Siege. Geht's wirklich immer nur ums Gewinnen? Nein, vielmehr darum, dass ich mein Bestes gebe. Wer das beherzigt, kann zwar verlieren, gewinnt aber dennoch. Denk an das Nadal-Zitat in diesem Buch (Seite 115, *Anm.*). Sinngemäß sagt er, es sei ihm wichtiger, in einem Match alles zu geben und bis ans Limit zu gehen, als am Ende zu gewinnen. Das erzählt ein Mann, der mehr gewonnen hat als 99,9 Prozent aller anderen Menschen auf der Welt, unglaublich, oder?!
Der innere Antrieb, entdecken zu wollen, was man imstande ist zu leisten, kann das Bestmögliche aus einem Menschen herauskitzeln.

FG: Andre Agassi hat in seiner Biografie „Open" etwas Ähnliches über seine Rivalität mit Pete Sampras geschrieben: „Wenn ich Pete öfter geschlagen oder zu einer anderen Generation gehört hätte, sähe meine Bilanz zwar besser aus, und ich würde vielleicht als besserer Spieler gelten, aber meinem Charakter würde etwas fehlen." Schon stark, finde ich.

PK: Hab ich dir mal von meinem Gespräch mit Roberto Bautista Agut erzählt?

FG: Ich kann mich nicht erinnern ...

PK: Wir haben uns vor vielen Jahren bei den US Open getroffen und waren in Manhattan essen. Damals war er von den Top Ten noch weit entfernt. Wir sprachen über die Einstellung von Profis, über Mindset, Gedankenkraft und so weiter. Ich war zu dem Zeitpunkt noch Davis-Cup-Kapitän und erzählte ihm, dass ich meine Jungs oft fragte: „Wenn du von 100 Matches im Jahr 95-mal vom Platz kommst, in den Spiegel schaust und sagen kannst, dass du alles gegeben hast, egal, wie das Ergebnis am Ende lauten mag, wo würdest du dann im Ranking stehen?" Roberto überlegte kurz, dann fragte er: „Warum nur 95-mal?" Er meinte die Frage wirklich ernst! Für ihn gab's nur die 100-Prozent-Methode. So hat er trainiert und seine Matches gespielt. Er hat zwar bisher keinen Major-Titel gewonnen, aber er hat es in die Weltspitze geschafft. Bestimmt hat er durch diese Einstellung mehr erreicht, als es sonst der Fall gewesen wäre.

FG: Das ist so ähnlich, wie die Erinnerung daran, jeden Tag zu versuchen, ein Prozent besser zu sein als am Tag zuvor. Nach dem Motto: Der einzige Vergleich, der gestattet ist, ist der mit deinem gestrigen Ich. Das kann auf der einen Seite ein sehr starker Motivator sein, weil man sonst oft Gefahr läuft, sich auf seinen Erfolgen auszuruhen. Andererseits finde ich, dass es ein schmaler Grat ist und dieses Mindset gerade für Freizeitsportler oder für Kinder und Jugendliche gefährlich sein kann – weil's ein wenig anders interpretiert leicht Druck erzeugt und dann kontraproduktiv ist.
Es kann zu der Annahme führen, niemals gut genug zu sein. Nie zufrieden sein zu dürfen, weil schließlich noch mehr möglich sein kann und man noch mehr von sich verlangen muss, anstatt sich einfach mal für das zu feiern, was man bereits geleistet hat. Verstehst du, was ich meine?

PK: Ja, aber es ist anders gemeint, denn man kann sich mit dieser Einstellung vom Ergebnis lösen. Wenn ich weiß, dass ich alles gegeben habe, was unter den ent-

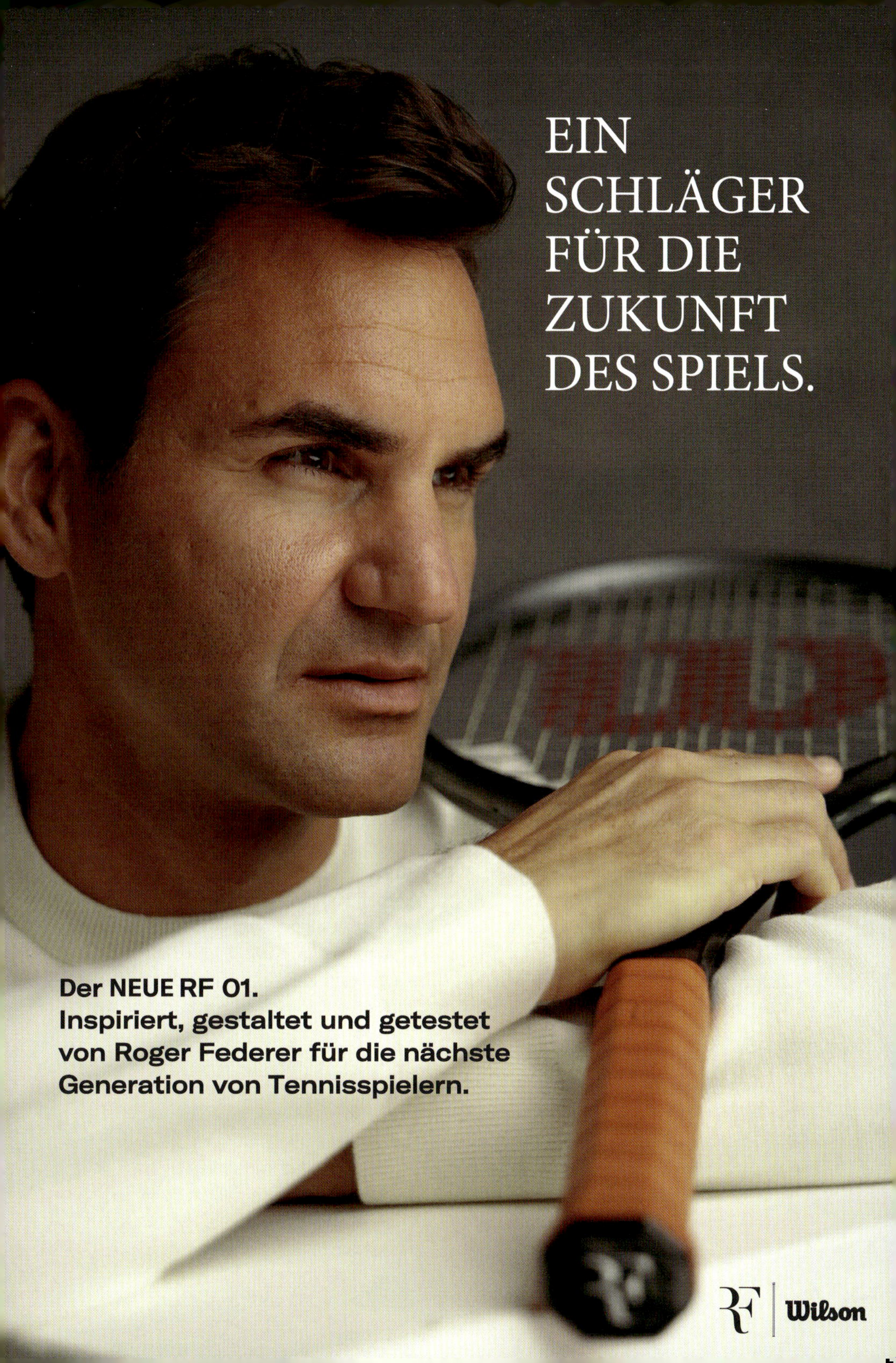

sprechenden Umständen und mit meiner heutigen Tagesform möglich war, kann ich zufrieden sein – und zwar auch dann, wenn ich verloren habe oder etwas schiefgegangen ist. Ich muss mich hinterher nicht kritisieren, weil ich mir nichts vorzuwerfen habe. Es geht also nicht um höher, schneller, weiter, sondern um bewusstes Hinterfragen, ob ich meine Möglichkeiten wirklich ausgeschöpft habe – und wenn nicht, kann ich reflektieren, was mich davon abgehalten hat. Da fällt mir Helmut wieder ein. Er hat mir einmal erklärt, dass wir von 100 Prozent, die uns grundsätzlich zur Verfügung stehen, an manchen Tagen vielleicht nur 80 oder 60 Prozent nutzen können – und die Herausforderung darin bestehe, diese vollkommen auszuschöpfen.

FG: Lebst du dein Leben nach dieser 100-Prozent-Methode?

PK: Du kennst mich ja inzwischen ziemlich gut und weißt, dass ich mich bemühe, das Beste aus jedem Tag zu machen. Ich habe zum Beispiel herausgefunden, dass mir fünf Tage Sport pro Woche sehr guttun und mir wichtig sind. Wenn ich zu viele Tage auslasse, fehlt mir etwas. Ich mag einen gesunden Lifestyle und weiß, dass es mir damit körperlich und geistig gut geht. Das ist Teil meiner Identität. Ich muss nicht fünfmal die Woche an meine körperliche Leistungsgrenze gehen. Aber jedes Mal, wenn ich etwas für mich mache, dann mit ganzer Aufmerksamkeit und klarem Bewusstsein für das, was ich tue. Das sind meine 100 Prozent. Keine Ablenkung, keine Störungen, keine Ausreden. Das ist „meine Zeit", in der ich mich an Position eins setze. Danach kann ich mich wieder anderen Aufgaben widmen. Aber es gibt eben diese eine Phase am Tag, die nur mir gehört. Am besten klappt das für mich früh morgens.

FG: Denkst du manchmal darüber nach, wie deine Karriere hätte verlaufen können, wenn du dein Wissen von heute schon damals gehabt hättest?

PK: Gedanken habe ich mir darüber tatsächlich gemacht, vor ein paar Jahren aber mehr als heute. Obwohl es natürlich hypothetisch ist, weil ich mir die Was-wäre-wenn-gewesen-Frage nie werde beantworten können. Was ich aber weiß: Als Davis-Cup-Coach habe ich viel von dem, was ich gelernt habe und als Spieler noch nicht wusste, einbringen können. Auch heute, wenn ich Camps für Freizeitspieler mache, fließen diese Erfahrungen ins Coaching ein. Das erfüllt mich sehr.

FG: Ist es nicht genau das, was das Leben ausmacht? Wir stehen ständig an Kreuzungen und müssen entscheiden, ob wir links oder rechts abbiegen – und nie werden wir erfahren, wie unser Weg verlaufen wäre, hätten wir die andere Option gewählt oder, wie in unserem Beispiel, schon über Wissen verfügt, das erst heute vorhanden ist. Für mich ist das die ultimative Definition von Vertrauen: eine Gewissheit zu spüren, dass alles, was geschieht, meinem Wohl dient. Manchmal mag ich das zwar nicht erkennen können, aber ich weiß, dass irgendwann der Moment kommen wird, in dem ich in den Rückspiegel blicke und sich alles zu einem klaren Bild zusammensetzt. Ich finde, dieser Gedanke ist eines der wichtigsten mentalen Werkzeuge überhaupt. In der Lage zu sein, ein scheinbar negatives Erlebnis als Wegweiser zu verstehen und darauf vertrauen zu können, dass sich

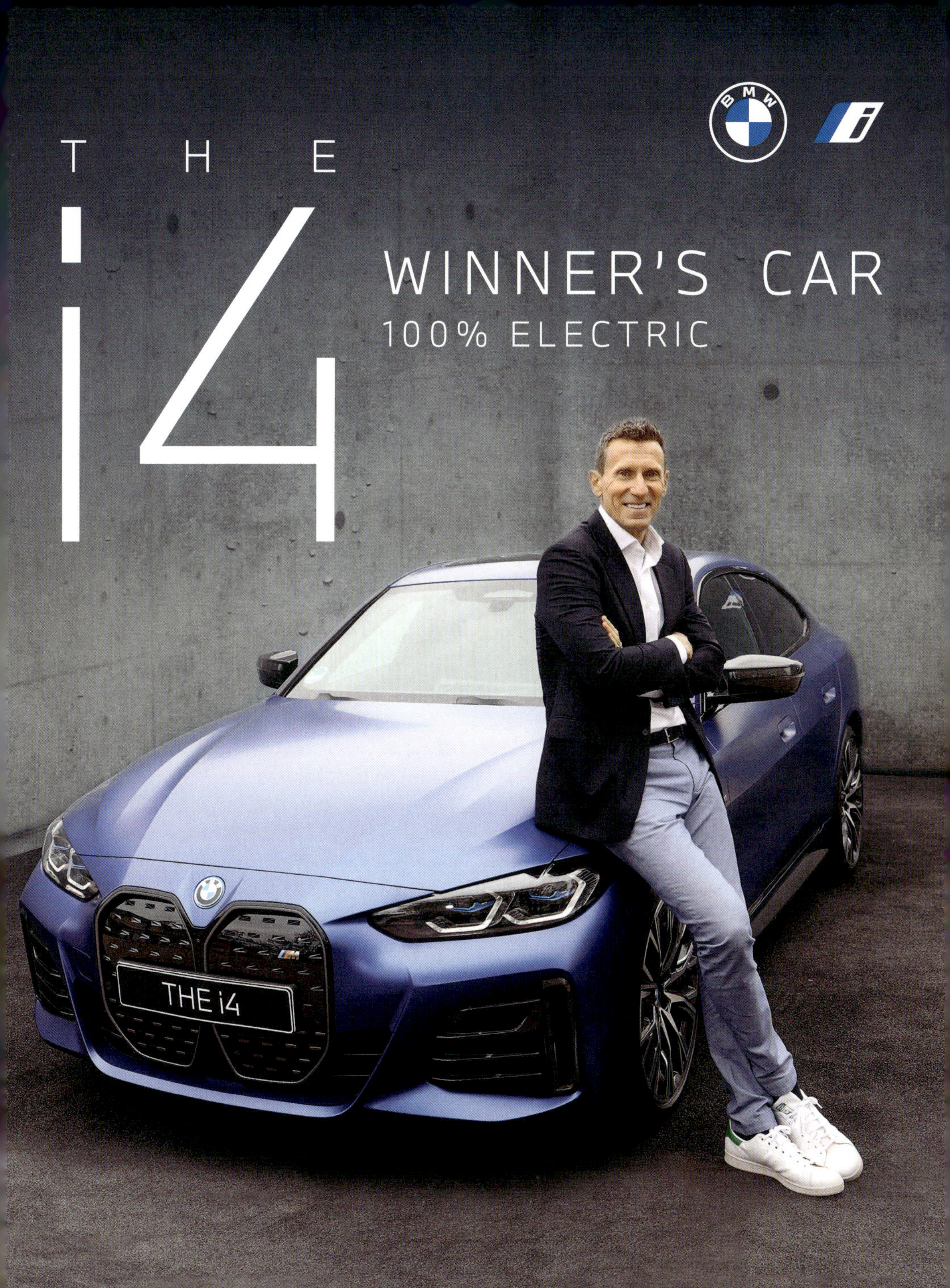

Auch hier steht Freude im Fokus:
Patrik Kühnen als Turnierdirektor der
BMW Open (ATP 500) mit dem Siegerfahrzeug 2023.

Bild: Getty Images

diese Erfahrung eines Tages als Geschenk erweisen wird.

PK: Dazu passt wunderbar das Tagebuch über Borlänge 1993 in Kapitel zwei, erinnerst du dich? Die Geschichte mit Michael (Stich, *Anm.*) und den drucklosen Bällen. Damals habe ich gelernt, dass meine Sichtweise darüber entscheidet, ob etwas für oder gegen mich läuft. Michael war in dieser Hinsicht immer schon beeindruckend intelligent, reflektiert und in der Lage, seine Perspektive zu verändern und sie ins Hilfreiche zu drehen. Das hat sich sogar in unseren Trainingseinheiten widergespiegelt. Michael wollte Abwechslung, Neues ausprobieren, kreativ sein und im wahrsten Sinne des Wortes spielen. Wir haben manchmal eine halbe Stunde im Kleinfeld gezockt. Ich glaube, Niki (Pilic, *Anm.*) hat innerlich gebrodelt. Aber wir hatten Spaß, das war echte Freude am Spiel!

FG: Und deshalb wart ihr so erfolgreich. Ich habe euch damals übrigens geliebt! Ich war acht Jahre alt und saß stundenlang vor dem Fernseher. Als ihr die Schüssel gewonnen habt, wollte ich danach sofort auf den Platz. Da aber in der Halle nichts frei war und ohnehin niemand so spontan Zeit gehabt hätte, bin ich mit meinem Schläger in den Garten gelaufen und habe im Dunkeln Aufschläge in die Büsche gedonnert. 29 Jahre später sitzen wir hier und sprechen über unser gemeinsames Buch. Verrückt, wie das Leben laufen kann, findest du nicht?

PK: Ist schon faszinierend, wenn man darüber nachdenkt. Überleg mal, du wolltest dieses Buch schon schreiben, als wir uns 2011 zum ersten Mal in der Türkei getroffen haben. Wären wir das Projekt damals wirklich schon angegangen, hätte es sich völlig anders entwickelt. Die Inhalte von heute hätten wir beide damals noch gar nicht so teilen können. Wahrscheinlich wäre ein Buch mit Grafiken und komplizierten Erklärungen entstanden. Sicher auch okay, aber eben nichts Besonderes. Jetzt ist es ein Werk geworden, in dem wir unser Wissen mit vielen persönlichen Erfahrungen belegen können. Und trotzdem steht das Tennisspiel im Fokus.

FG: Ich finde, wir dürfen uns alle noch viel öfter daran erinnern, dass das Leben ein Spiel ist – und Tennis erst recht! Das wichtigste Motiv beim Spielen sollte die Freude sein. Deshalb ja auch unser Titel: **Enjoy your Game!** Auch da schließt sich ein Kreis. Ein Mentor von mir hat einmal zu mir gesagt: „Was ist so wichtig am Leben, dass du es so ernst nimmst?! Du kommst hier doch sowieso nicht lebend raus. Du hast dieses eine Leben und irgendwann ist so oder so Schluss. Es ist deine Entscheidung, ob du deine kostbare Zeit damit verbringen willst, dir Sorgen zu machen, deinen Ängsten zuzuhören und mit Situationen zu hadern, die außerhalb deiner Macht liegen – oder ob du dein Leben genießt, den Druck rausnimmst und deinen Leidenschaften folgst. Glück ist eine Entscheidung." Der letzte Satz ist für mich der wertvollste. Die schönste Erinnerung überhaupt.

PK: Ein wunderbares Schlusswort, finde ich.

FG: ... und der ideale Moment, um noch einmal auf den Anfang des Buches zu verweisen. Auf Seite 14 steht ein Zitat von Roger Federer. Ich finde, es ist wie eine Zusammenfassung unserer 266 Seiten.

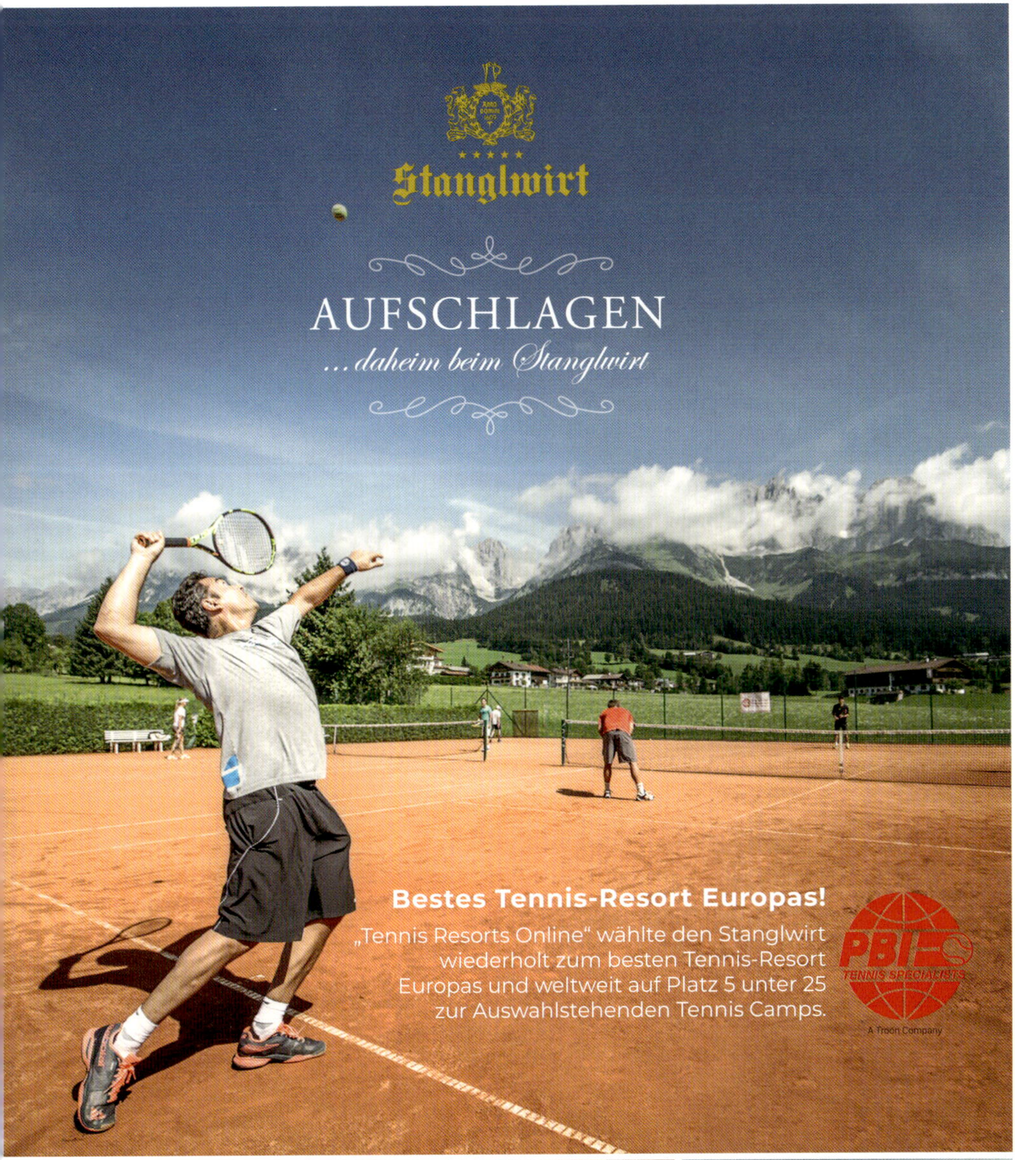
Stanglwirt
AUFSCHLAGEN
...daheim beim Stanglwirt
Bestes Tennis-Resort Europas!
„Tennis Resorts Online" wählte den Stanglwirt wiederholt zum besten Tennis-Resort Europas und weltweit auf Platz 5 unter 25 zur Auswahlstehenden Tennis Camps.
PBI
TENNIS SPECIALISTS
A Troon Company

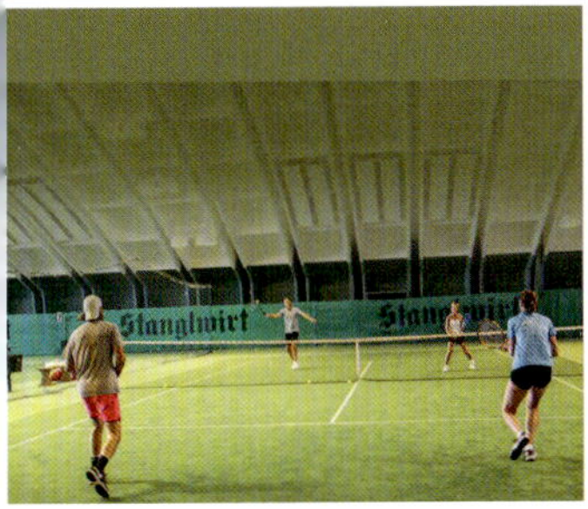
Stanglwirt

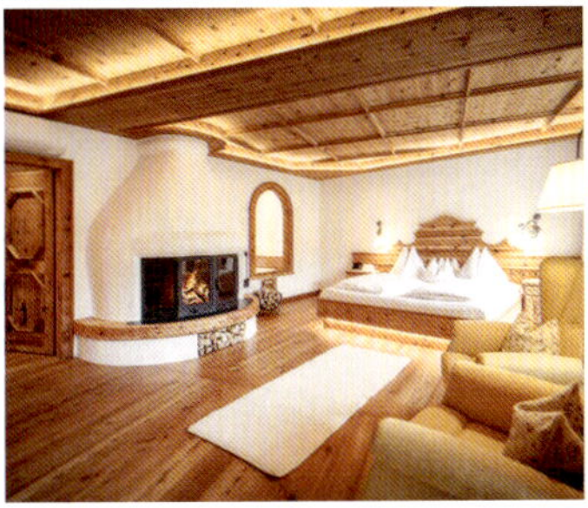

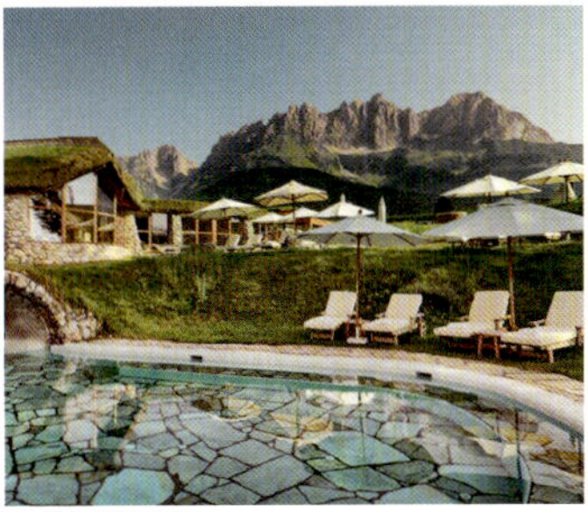

Patrik und Felix sagen Danke

Vielen haben wir gemeinsam zu danken, weil sie großen Anteil daran haben, dass dieses Buch entstehen konnte:

- Unserem Layouter Jochen Schäfers für seine bewundernswerte Kreativität, mit der er unsere Texte zu einem Gesamtbild gestaltet hat, das genau dem entspricht, wie wir es uns zu Beginn des Entstehungsprozesses gewünscht hatten.

- Unserem gemeinsamen Freund und Fotografen Jürgen Hasenkopf, der uns nicht nur drei Tage lang beim MTTC Iphitos in München begleitet und fotografiert hat, sondern von dem auch ein Großteil der anderen verwendeten Bilder in diesem Buch stammt.

- Unserem Verleger Hendrik Schulze Kalthoff, der sofort an die Idee dieses Buches geglaubt hat und uns mit seiner langjährigen Erfahrung ein wichtiger Ratgeber war.

- Wir danken Michael Stich für sein Vorwort zu diesem Buch und für sein bereicherndes Feedback.

- Auch Niki Pilic danken wir für die Anekdoten über seine Liebe zum Tennis.

- Ein großer Dank gebührt Detlef Hennies für seinen scharfen Blick auf viele kleine Fehler und Ungenauigkeiten, die er in der ersten Korrekturschleife entdeckt hat.

- Außerdem danken wir den Firmen Wilson und BMW für ihre Unterstützung.

Patrik sagt Danke

Die Liste derer, die meinen Weg in der Tenniswelt begleitet haben, ist lang. Die wichtigsten Menschen möchte ich hier erwähnen:

- Mein größter Dank gilt meinen Eltern, die mich nicht nur tatkräftig unterstützt haben, sondern auch unzählige Opfer brachten, Mut bewiesen und mich in allen Lebensphasen in Liebe begleitet haben.

- Danke an meine Freunde, Jona Siebel, Christoph Schaal und Frank Weyland, die mich schon fast mein ganzes Leben lang begleiten, unterstützen und stets für mich da sind.

- Danke an all meine Tennistrainer, die mich im Laufe meiner aktiven Zeit begleitet haben, jeder Einzelne hat mich auf besondere und einzigartige Weise bereichert und geprägt. Insbesondere gilt mein Dank Alex Albers, Edouard Samuel, Gerd Dobner, Ole Palmer, Robert Rheinberger, Helmut Lüthy und Niki Pilic.

- Danke an meine Davis-Cup-Jungs, mit denen ich dreimal das Privileg hatte, den Pokal zu holen. Erlebnisse von unschätzbarem Wert, die mein Leben nachhaltig verändert und geprägt haben.

- Ebenso danke ich jedem einzelnen Profi und Nachwuchsspieler, der mich zur stetigen Weiterentwicklung als Coach angetrieben hat. Besonders den Team-Mitgliedern eines jeden Davis-Cup-Spiels, das ich als Kapitän betreuen durfte, verdanke ich ein tieferes Verständnis, was es bedeutet, erfolgreich zu coachen.

- Danke an meine Tennis-Camp-Teilnehmer, durch die ich meine Aufgabe, den Breitensport tatkräftig zu unterstützen, erst erkannt habe.
- Ein großer Dank an Nelson Artz für das mehrmalige Weichenstellen, das meinem Leben jedes Mal eine andere Richtung gegeben hat.
- Ein von Herzen kommendes Danke an Tony Robbins, der mir geholfen hat, das große Ganze zu sehen, mein Leben nach Werten und nicht nach Resultaten auszurichten, und mir beigebracht hat, anzunehmen, was ist, um eine bessere Perspektive für eine erfüllendere Zukunft zu sehen.
- Danke an Michael Stich für unsere langjährige und ehrliche Freundschaft und unsere stets inspirierende Zusammenarbeit.
- Danke an Boris Becker für die unzähligen grandiosen und besonderen Erinnerungen, für unsere Freundschaft durch dick und dünn – und dafür, dass er mir meine Frau vorgestellt hat.
- Danke an meine Frau Katharina, die Liebe meines Lebens. Die mir Klarheit schenkt, wenn ich sie nicht sehen kann, die mir Kraft gibt, wenn ich mich schwach fühle, und die sich jeden Tag aufs Neue dazu entschließt, mich zu lieben.

Felix sagt Danke

Die Tatsache, dass ich zum Tennis eine so besondere und innige Beziehung entwickeln konnte, verdanke ich insbesondere folgenden Menschen:

- Michael Dulige, meinem ersten Trainer. Er hat mir nicht nur die Grundlagen vermittelt, sondern auch meine große Leidenschaft für den Sport entfacht.
- Kay Schmidt, meinem wichtigsten Trainer. Ihm habe ich viele der schönsten Tennismomente meiner Jugend und jungen Erwachsenenzeit zu verdanken. Sein Einsatz war außergewöhnlich.
- Timothy Gallwey, dessen Erkenntnisse über das innere Spiel meine Entwicklung seit vielen Jahren prägen. Ebenfalls dankbar bin ich ihm für viele spannende Kurse und die Möglichkeit, die Inner-Game-Philosophie weiterzugeben.
- Kurt Wiederkehr, der mich mit seiner Mental-Match-Play-Methode zu einem anderen Blick auf das Tennisspiel und das Leben inspiriert hat.
- Dankbar bin ich auch allen meinen Förderern, die meinen beruflichen Werdegang in der Tenniswelt begleiten, der mir schon viele unvergessliche Erlebnisse und Begegnungen beschert hat – in den Jahren als Redakteur beim tennis MAGAZIN, als Pressesprecher beim Deutschen Tennis Bund und inzwischen in der Selbstständigkeit.
- Der größtmögliche Dank gilt den wichtigsten Frauen in meinem Leben: Zum einen meiner zauberhaften Freundin Annabell, die nicht nur wertvolle Ideen zu diesem Buch beigesteuert und viel Zeit investiert hat, sondern die mir auch jeden Tag eine wundervolle und starke Doppelpartnerin ist – manchmal sogar auf dem Court.
Zum anderen meiner Mutter: Sie hat mir all jene Werte vermittelt, auf die ich stolz bin. Über viele Jahre war es für sie selbstverständlich, ihr Leben meinem Sport unterzuordnen und Entbehrungen in Kauf zu nehmen, damit ich meinen Weg gehen konnte. Die Bedeutung dessen ist mir erst heute vollumfänglich bewusst. Vor allem aber hat sie mir stets gezeigt (und tut es bis heute), dass Liebe niemals an Ergebnisse geknüpft ist.

IMPRESSUM

Enjoy your Game

Warum Tennis das schönste Spiel des Lebens ist – und wie du immer gewinnst

ISBN 978-3-96416-075-1

Autoren

Patrik Kühnen

Felix Grewe

Herausgeber

Neuer Sportverlag

Projektleitung und Redaktion

Hendrik Schulze Kalthoff

Nadine Müller

Gestaltung

Jochen Schäfers

Layout, Satz und Bildbearbeitung

Jochen Schäfers

Produktion & Vertrieb

Neuer Sportverlag, 71332 Waiblingen, www.neuersportverlag.de

Bildnachweise

Jürgen Hasenkopf (Titelfoto, S. 15, 20 und alle weiteren Tagebuchporträts, 21, 27, 32, 42 und alle weiteren Tagebuchporträts, 43, 44/45, 52, 55, 62/63, 67, 68, 70, 79, 80, 85, 92, 98, 105, 114, 119, 129, 131, 138/139, 140, 145, 146, 149, 153, 162/163, 172/173, 179, 192, 206/207, 215, 216, 219, 220, 230/231, 255, 267); picture alliance/dpa I Tobias Hase (S. 7), picture alliance/dpa I Sven Simon (S. 88), picture alliance/dpa I Ralf Kosecki (S. 200); NXT Sport (259); Fotoagentur Kunz (S. 69, 175); Paul Zimmer (S. 95) Illustrationen: Shutterstock/icondesigner (58/59); Shutterstock/Bilal Sirrullah (111); Shutterstock/Irina Adamovich (135); Jochen Schäfers (alle weiteren Illustrationen)

Anmerkung: Wir haben unser Bestes gegeben, um alle Urheber sämtlicher Fotos zu ermitteln. Sollten wir jemanden vergessen oder nicht ausfindig gemacht haben, möge sie oder er bitte mit uns in Kontakt treten.

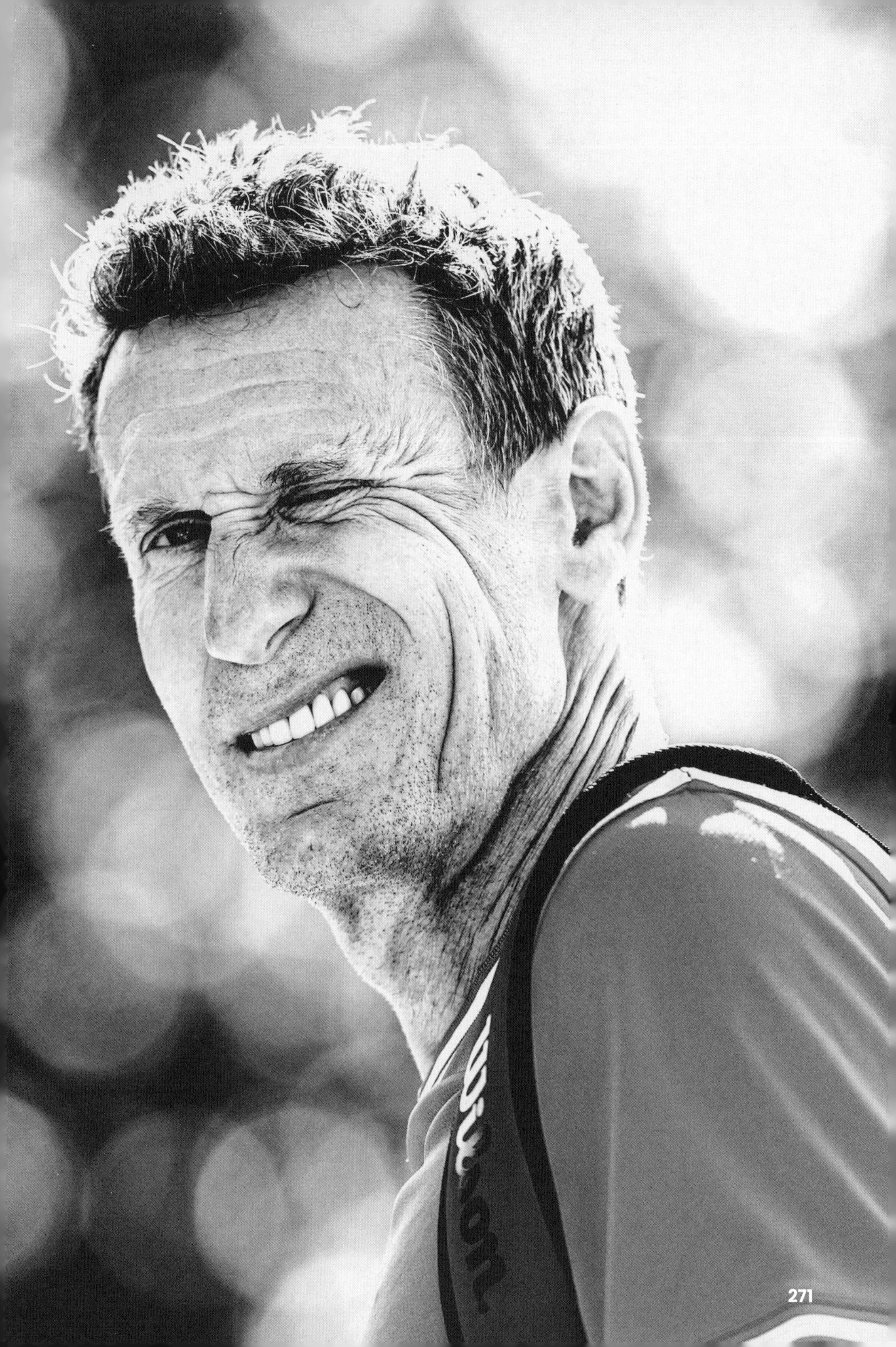

LITERATURVERZEICHNIS

Kapitel 1

Federer recalls rise to top, http://www.atpworldtour.com/News/Tennis/2012/10/41/Shanghai-Thursday-Federer-Recalls-Rise-To-Top.aspx, https://quotepark.com/quotes/1732490-roger-federer-sometimes-youre-just-happy-playing-some-people/, 22. Dezember 2022

Bobby Jones Quotes; https://www.the-golf-experience.com/bobby-jones-quotes.html, 22. Dezember 2022

Richard Williams; Black and White – the way I see it, 2017

David Foster Wallace; Roger Federer: Eine Huldigung, 1. Auflage, 2021

W. Timothy Gallwey; Tennis – das innere Spiel: Durch entspannte Konzentration zur Bestleistung, 2012

Why the journey matters more than your goal; https://medium.com/taking-note/why-the-journey-matters-more-than-your-goal-7aad1835093a, 22. Dezember 2022

James Nestor; Breath – Atem: Neues Wissen über die vergessene Kunst des Atmens, 13. Auflage, 2021

Wim Hof; Die Wim Hof Methode: Sprenge deine Grenzen und aktiviere dein volles Potenzial, 1. Auflage, 2021

Billie Jean King Quotes; https://www.brainyquote.com/authors/billie-jean-king-quotes, 11. Januar 2023

Jon Kabat-Zinn; Im Alltag Ruhe finden: Meditationen für ein gelassenes Leben, 3. Auflage, 2019

Novak Djokovic; Siegernahrung – glutenfreie Ernährung für Höchstleistung, 2. Auflage, 2015

Kapitel 2

James Buddell; Happy 90th Birthday, Nick Bollettieri, https://www.atptour.com/en/news/bollettieri-90th-birthday-feature-atp-heritage, 22. Dezember 2022

Michael Graham; Pete Sampras in quotes, featuring brutal Andre Agassi blast, https://www.tennis365.com/tennis-legends/pete-sampras-in-quotes-featuring-brutal-andre-agassi-blast/, 22. Dezember 2022

Boris Becker; Augenblick, verweile doch ..., 1. Auflage, 2003

Kapitel 3

Christopher Clarey; Der Maestro Roger Federer, 1. Auflage 2021

Kristin Neff, Christopher Germer; Selbstmitgefühl – Das Übungsbuch: Ein bewährter Weg zu Selbstakzeptanz, innerer Stärke und Freundschaft mit sich selbst, 2019

Rod Laver Quotes, https://www.azquotes.com/author/24913-Rod_Laver, 22. Dezember 2022

Greg Garber; World No.1, three-time Grand Slam winner Ashleigh Barty announces retirement, https://www.wtatennis.com/news/2546898/world-no-1-three-time-grand-slam-winner-ashleigh-barty-announces-retirement, 22. März 2022

Christian Albrecht Barschel; 0:6, 0:5, 0:40: Das Comeback aller Comebacks von Barbie Bramblett, https://www.tennismagazin.de/news/06-05-040-das-comeback-aller-comebacks-von-barbie-bramblett/, 22. Dezember 2022

Venus Williams Quotes, https://quotefancy.com/quote/1471343/Venus-Williams-Just-believe-in-yourself-Even-if-you-don-t-pretend-that-you-do-and-at-some, 22. Dezember 2022

Kapitel 4

Charles Pépin; Die Schönheit des Scheiterns – Kleine Philosophie der Niederlage, 3. Auflage, 2021

J.K. Rowling; Text of J.K. Rowling's speech, https://news.harvard.edu/gazette/story/2008/06/text-of-j-k-rowling-speech/, 22. Dezember 2022

Marleen Gründel; „Von der Faxverkäuferin zur Milliardärin", https://www.manager-magazin.de/unternehmen/handel/spanx-wie-sara-blakely-von-der-fax-verkaeuferin-zur-milliardaerin-wurde-a-9cf6f198-3470-4b22-8961-3e04dd04521f; 21.11.2021, 22. Dezember 2022

Xifan Yang; „Über Niederlagen redet im Tennis keiner", SZ Magazin, Heft 41/2016

Kapitel 5

Andre Agassi; Open: Das Selbstporträt, 3. Auflage, 2019

Dr. Hans Christian Meiser; Als wär's das letzte Mal – 24 Anregungen für ein todesmutiges Leben, 1. Auflage, 2014

Angelique Kerber; Eine Frage des Willens: Mein Weg nach oben, 1. Auflage, 2022

Benjamin Blümchen, Folge 12: als Briefträger, Kapitel 24

Axel Hacke; Das Beste aus aller Welt, Süddeutsche Zeitung Magazin, Heft 50/2011, https://sz-magazin.sueddeutsche.de/das-beste-aus-aller-welt/das-beste-aus-aller-welt-78687, 22. Dezember 2022

Weitere Literatur, die uns inspiriert hat

W. Timothy Gallwey; Inner Game Coaching – Warum Erfahrungen der beste Lehrmeister sind, 1. Auflage, 2010

W. Timothy Gallwey; Inner Game Stress – Wie Sie größere innere Stabilität gewinnen, um die Herausforderungen des Lebens zu bewältigen; 1. Auflage, 2012

Mihaly Csikszentmihalyi; Flow – Das Geheimnis des Glücks, 9. Auflage, 2022

Hannes Treichel; Meuterei des Denkens, 2017

Rafael Nadal, John Carlin; Rafa – Mein Weg an die Spitze, 2. Auflage, 2012

Maximilian Breböck, Leon Brudy; Der tägliche Athlet – 366 Mal Inspiration und Motivation für Fokus, Mindset und Erfolg, 2. Auflage, 2022

Anmerkung: Nicht immer ist es möglich, die Ursprungsquelle eines schon häufig verwendeten Zitats zu finden. Wir haben nach bestem Wissen und Gewissen recherchiert und hoffen, dass wir alle Personen korrekt zitiert und alle Quellen richtig genannt haben.